东北师范大学日本研究丛书
主编：尚侠

日本近代地方自治制度的形成

郭冬梅 著

商务印书馆
2008·北京

图书在版编目(CIP)数据

日本近代地方自治制度的形成/郭冬梅著. —北京:商务印书馆,2008
(东北师范大学日本研究丛书)
ISBN 978-7-100-05814-8

Ⅰ.日… Ⅱ.郭… Ⅲ.地方自治-政治制度-研究-日本-近代　Ⅳ.D731.39

中国版本图书馆 CIP 数据核字(2008)第 038877 号

所有权利保留。
未经许可,不得以任何方式使用。

东北师范大学日本研究丛书
主编:尚侠
日本近代地方自治制度的形成
郭冬梅　著

商　务　印　书　馆　出　版
(北京王府井大街36号　邮政编码 100710)
商　务　印　书　馆　发　行
北京瑞古冠中印刷厂印刷
ISBN 978-7-100-05814-8

2008 年 4 月第 1 版　　　开本 880×1230　1/32
2008 年 4 月北京第 1 次印刷　印张 10½
定价:22.00 元

本丛书承蒙日本国际交流基金资助出版

序

陈景彦

郭冬梅所著《日本近代地方自治制度的形成》是她多年从事日本问题研究的结晶，亦是她心血与汗水的回报，诚可谓"有志者事竟成"。

关于日本近代地方自治，尤以近代地方自治制度的形成，为我国学界涉猎甚少者，故而长期以来形成一个学术盲点。研究这一问题不唯需要创新意识与勇气，且亦需要历史学、政治学、行政学、社会学、财政学、法学等多门学科的基础知识以及相当程度的日语水平。另者，本课题国内研究既少，可参照成果自属寥寥，而日本成果又甚多，小心翼翼寻求切入点与避免受其观点束缚实为研究过程所必克之难关。

本书之付梓，一如作者在序章中所指出的那样，不仅可以使我们了解日本近代化的一个侧面，同时也可加深对战后日本地方自治制度特点的理解。同时，我国近代曾经学习日本的地方自治，故而此问题之研究，也可厘正一些模糊不清的认识，对研究中国近代地方自治问题有一定的裨益。更重要的是，通过研究日本近代国家初建时期地方政策从行政到自治的发展演变历程，可以为我国当前处理国家与社会、中央与地方关系提供一定的启示，为我国当前更好地实行村民自治等提供一些经验和教训。此皆为本书之价值与意义之所在。

所谓地方自治,系指由地方居民进行自我管理的一种政治制度。然则本书并非只是一部单纯从政治学角度进行研究的著作。作为和地方民众生活联系十分紧密的一种制度,除了政府的政策之外,本书所论述的民众自下而上的斗争,社会历史传统的影响以及地方行政、财政等内容十分广泛,这可谓本书的特色之一。从日本近代地方自治制度的形成过程看,明治政府,主要是以山县有朋为代表的明治官僚,把地方自治的设置看作是"政党政治的防波堤",可以起到"防止中央的异动波及地方的作用",因此而设计了具有明显"官治"色彩的地方自治。但是,仅依此而单纯强调政府的作用亦非全面——明治初期蓬勃兴起的地方民会,推动政府不得不修改地方政策,同意设立府县会和町村会,允许地方实行有限的自治,即地方社会从下而上的斗争对地方自治制度形成所起到的推动作用也是不容否认的事实。此外,作者还把研究的重点放在了最底层的町村上,分析了幕末村落共同体的自治特点、其内部公共关系的发达,并同中国进行了对比,指出日本与中国自治传统的不同之处,注意到这一特点对日本近代地方自治制度形成产生的影响。可以说,这些视角都是极为新颖的。

本书从总体来看,把日本近代地方自治制度的形成分成了五个时期来论述:从明治初期的地方行政制度到三新法时期初步承认底层町村的自治;再到政府又加强对地方的官僚统治的明治十七年改革;1888年和1890年地方自治的立法形成;最后地方自治制度实施并进行修改,在1911年左右随着日本资本主义的形成而最终确立下来。本书逻辑严谨,脉络清晰,章节细目结构合理,此为本书的特色之二。

本书的第三个特色是作者提出了一些独到之见解和观点，使人耳目一新。如作者分析日本历史上的地方统治和地方自治传统时，总结出日本既不完全同于西欧，亦不同于中国，而是有其自己的特质；论及日本近代地方自治制度的形成原因，认为其建立了近代地方财政制度是重要内容之一，而中国近代实行地方自治制度的失败则有缺乏近代财政制度的支撑这一因素。对于一位年轻学者来说，这些都是难能可贵的。

诚然，本书也明显存在着一些问题。首先从研究方法来看，作者希望从一个较全面的视角来研究日本近代地方自治制度的形成，但显然又力不从心，各种研究方法的综合运用并没有发挥应有的效果；其次，在资料方面，在论述政府政策时虽利用了很多原始资料，但在论述地方的实际状况时，第一手资料却显得不够丰富，因而有时不得不转引他人所用资料。

不过，尽管有此不足，本书并不失之为一本颇具学术价值且值得一读的史学专著。希望学界前辈及同仁能够善意地提出批评意见，帮助年轻学者成长。

冬梅女士，嘱余作序，力辞不果，方不揣昧陋，涂鸦数几。是为序。

丁亥冬至，草于陋室

目　　录

序章 ……………………………………………………………… 1
　　一、课题选择的意义 ………………………………………… 2
　　二、前期的研究成果 ………………………………………… 9
　　三、研究的视角和方法 ……………………………………… 18
　　四、课题的基本内容与创新 ………………………………… 23
第一章　前近代日本的地方自治传统 ………………………… 29
　　第一节　日本历史上的地方统治 …………………………… 30
　　第二节　地方自治传统的产生与成长 ……………………… 39
　　第三节　幕藩体制下村落共同体的特质 …………………… 45
第二章　明治初期的地方行政 ………………………………… 57
　　第一节　明治初期的地方行政政策 ………………………… 58
　　第二节　明治初期的地方财政 ……………………………… 68
　　第三节　地方民会的产生与发展 …………………………… 75
　　第四节　大区小区制下矛盾的激化 ………………………… 88
第三章　地方自治的初步实验 ………………………………… 94
　　第一节　明治政府对地方制度的新探索 …………………… 94
　　第二节　三新法体制的形成 ………………………………… 103
　　第三节　三新法的施行 ……………………………………… 112
第四章　地方自治的新反动 …………………………………… 120

  第一节 松方财政与自由民权运动的高涨 ················ 120
  第二节 府县制度改革 ································ 125
  第三节 明治十七年的地方制度改革 ···················· 130

第五章 近代地方自治的立法形成 144
  第一节 地方自治的立法准备 ·························· 145
  第二节 市制町村制的审议与发布 ······················ 153
  第三节 府县制郡制的制定与发布 ······················ 161
  第四节 近代地方自治与天皇制国家 ···················· 169

第六章 近代地方自治制度的确立 194
  第一节 市制町村制的实施 ···························· 195
  第二节 府县制郡制的实施和完善 ······················ 208
  第三节 日俄战后的市制町村制改革 ···················· 216

尾章 228
  一、日本近代地方自治制度的形成总结 ················ 228
  二、中国近代学习日本的地方自治 ···················· 234
  三、中国的和谐社会构建与地方自治 ·················· 240

参考书目 245

附录 266
  千叶县议事则 ······································ 266
  地方官会议日志 卷十四 ·························· 267
  地方官会议日志 卷十五 ·························· 269
  地方体制等改正事之上书 ···························· 276
  岩仓具视府县会中止意见 ···························· 280
  莫塞演述自治论 ···································· 282
  地方自治制意见 ···································· 288

征兵制度及自治制度确立沿革………………………	292
市制町村制理由………………………………………	307
关于市制町村制郡制府县制之元老院会议演说………	310
市町村制度的实施将给政治运动带来极大变化………	314
山县有朋总理大臣在贵族院之演说…………………	318
市制町村制改正法律案理由要领……………………	321
后记………………………………………………………	322

序　章

　　地方自治(local self-government)是相对于中央集权而言,由地方上的民众进行自我管理、自我治理的地方统治形式,是基于分权原理而设计的一种地方政治制度。我国1992年出版的《中国大百科全书》的《政治学》分卷对地方自治一词有明确的定义:"在一定的领土单位之内,全体居民组成法人团体(地方自治团体),在宪法和法律规定的范围内,并在国家监督之下,按照自己的意志组织地方自治机关,利用本地区的财力,处理本区域内公共事务的一种地方政治制度。"可以说这个概念基本上概括了地方自治的主要特点,即"本地方的人,用本地方的钱,办本地方的事"。地方自治的要素主要有以下五点:第一,地方自治团体应具有法人的资格,也即在法律上具有独立的人格。这是地方自治团体与官署的根本区别。第二,地方自治团体具有地域性特点,其权利义务关系受地域的限制。第三,自治经费由本地方负担,以地方税办理本地方之公共事务。第四,遵循国家法律,受政府之监督,不能脱离国家而独立存在。第五,地方自治团体为地方自治的主体,自行处理其事务。①

　　世界各个国家地方自治制度的产生历史和特点不尽相同,但是近代地方自治制度大体是16世纪以后在欧洲近代中央集权国家的

---

①　陈绍方:《地方自治的概念、流派与体系》,《求索》2005年第7期。

建设中首先形成的,后陆续传播到东亚等后发展国家,成为近代以来立宪国家所普遍选择的地方政治制度,并一直发展到今天。近代的地方自治制度自产生之日起,就受到普遍的重视,被认为是近代宪政民主制度的基础性结构,是国家政治近代化的重要标志之一。19世纪末到20世纪初的爱尔兰政治学家詹姆斯·布拉伊斯(1838—1922年)在他的《近代民主政治》一书中即主张,地方自治和民主政治是相辅相成的,"民主主义的根源存在于共同体的自治中","地方自治是培育人们公共精神的最好场所。"①在我国清末到民国时期,也曾经把地方自治看做是宪政的基础、实行民主的基石。可以说,西方国家没有近代的地方自治,就没有近代以来民主的高度发展,因而近代的地方自治是一个十分有价值的研究领域。

一、课题选择的意义

在世界各个国家中,我选择了日本的近代地方自治,把其制度的形成作为研究课题,主要是基于以下几点重要意义。

首先,在世界各个国家中,日本的近代地方自治具有较强的代表性。它不是自发产生的,而是通过模仿德国形成的,因而是非西方国家引进西方国家地方自治的典型。但是日本在模仿西方国家的同时,又受自己特殊的社会传统和当时历史条件的制约,使其地方自治带有自己独特的特点。因而研究日本的近代地方自治,具有一定的代表意义。

---

① 引自黄東蘭著:『近代中国の地方自治と明治日本』,汲古書院2005年版,第22頁。

近代的地方自治最早产生在西欧,到 19 世纪中叶以后,大致形成两种类型,即以英国为代表的居民自治和欧洲大陆的团体自治两大种类。这两种自治各有缺点,居民自治"太注重人民(居民)个人自治,忽略团体自治,其自治无强有力的组织依托。"而团体自治则"太重团体自治,以团体的自由为个人自由的基础,忽视个人自治精神的养成"。① 对此,19 世纪德国著名的宪法与行政法学者格奈斯特主张,应该把英国的名誉职制度融合到德国的团体自治中,这是德国地方自治所应该采取的形态。②

在发展滞后的亚洲,随着西力东渐,各个国家先后面临沦为殖民地和半殖民地的危机。在这些国家中,日本无疑是抗拒这种命运、成功摆脱危机的代表。近代日本不仅在政治制度上成功导入了西方的立宪政治,而且在地方制度上,也成功施行了地方自治制度。这以 1888 年市制町村制和 1890 年府县制郡制的发布为标志。日本近代的地方自治制度同宪法一样,导入了德国模式,更多地学习了德国,因而其首先多了一种特性即学者所指出的"外来导入性"。③ 日本也因此成为非西方国家引进西方国家近代地方自治制度取得成功的典范。对其进行研究,无疑对理解非西方国家引进地方自治历史的经验有重要参考意义。

但是仅以"外来导入"来看待日本近代的地方自治不免失于偏颇。马克思主义对内因和外因的辩证关系认为,外因是起重要作用的,内因是起绝对作用的。也就是说,非西方国家引进外来制度时,

---

① 陈绍方:《地方自治的概念、流派与体系》,《求索》2005 年第 7 期。
② 前田多門著:『地方自治の話』第二朝日常識講座第六卷,朝日新聞社昭和五年版,第 8 頁。
③ 以藤田武夫为代表的很多学者早就指出了这一点。

并不是简单地照搬照抄,而是受其本国所固有的社会历史传统和当时所处的社会条件制约而进行某种变形。一粒种子撒下去,在不同的土地上会长出不同的东西。引进外国制度的过程实际上也是本国社会传统同外来制度融合的过程。如果这种融合成功了,外来的引进就获得了成功;如果无法融合或相互排斥,则注定要失败。由于各国都有自己固有的历史传统和处于不同社会条件,因而决定了各国的道路也具有多样性。这就是同样学习西方,为什么有的国家会取得成功,而有的国家却反而加深了殖民地和半殖民地危机的内在原因。

地方自治问题尤其如此,因为它与基层社会传统有着更深的联系。早在战前,日本学者已经注意到日本社会传统的独特之处,通过与西方国家社会传统的对比来分析日本在引进西方国家地方自治时所不得不克服的问题。战后大石嘉一郎在研究日本地方自治问题时,也指出应该重视研究地方自治得以形成的"国内的基础"和"自生的条件"。[1]

那么这些"自生的条件"究竟是什么呢?它在日本近代地方自治的形成过程中产生了怎样的影响和作用呢?它使日本近代的地方自治呈现了何种独特的特色,使外来引入的地方自治制度固定并发生了变形?弄清这些问题,无疑是研究近代日本地方自治制度形成的关键所在。

马克思主义认为,历史的发展既有普遍性,也有特殊性。日本作为东亚的后发展国家,在从封建社会向近代社会转型的普遍历史条件下,由于其历史和民族的特殊性,必然具有自己的特殊性。因此,

---

[1] 大石嘉一郎著:『日本地方財行政史序説』,御茶の水書房1968年第2刷,第4—5頁。

那种只强调日本地方自治的"外来导入性"的观点是片面的,它没有深入研究日本近代地方自治的本质特征,也没有对日本近代地方自治制度的形成给予正确的描述。

也就是说,日本近代地方自治作为后发国家引进先进国家制度取得成功的典型,其研究的价值还不只在于一个后发的国家如何去导入西方的先进制度,更重要的意义还在于一个非西方国家本身所具有的资质如何在近代化①过程中发挥自身所特有的特性,使传统社会的近代化转型取得成功。我们研究日本近代地方自治的意义正在于此。

第二,研究日本近代地方自治,是更好地理解战后日本地方自治的基础。

可以说,当代日本实行的地方自治制度是具有典型特征的。但是当代日本地方自治的许多特点都承继于近代的地方自治。战后日本发布了民主宪法和地方自治法,明确宣布实行地方自治制度,地方自治制度基本上民主化。但战后日本的地方自治不是不存在问题,由于还有很多不尽完善之处而被称为"三分的自治"。国家委任事务过多,以及补助金制度的实行等都与战前的地方自治有很大的关系。② 直到上世纪90年代改革后这种状况才有所改变。日本许多学者已经认识到,战前和战后的地方自治实际上有很多一脉相承的特点。当然也有学者提出了战前和战后的断裂观。③ 但是无论如

---

① 虽然学界主张将"近代化"统一为"现代化",但笔者在论述日本近代历史时,按照日本学者的传统,依然使用"近代化"一词。
② 山中永之佑著:『日本近代地方自治制と国家』,弘文堂平成十一年版,序。
③ 参见村松歧夫著:『地方自治』,现代政治学丛书15,东京大学出版会1991年第4刷,第22—34页。

何,通过探讨战前日本的地方自治,是我们更好地理解战后日本地方自治的基础,而我国的日本学研究者却缺乏对这一问题的深入研究,在研究成果中也基本侧重于战后,对战前的研究很薄弱。因此做好日本近代地方自治的研究,是加深我们对战后日本地方自治制度理解的不可缺少的一步。

第三,日本近代地方自治制度的形成是日本政治近代化的重要内容之一,研究这一问题,也可以更好地理解日本的近代化问题。

近代的日本,是东亚惟一成功摆脱殖民地和半殖民地危机,在近代化转型上取得成功的后进国家。因此,在相当长的一段时间,日本成为近代化的楷模,其近代化的经验和教训成为学者们研究的对象。我国实行改革开放后,日本史学研究者更是把关注的焦点集中到日本的近代化上。但是他们在研究日本近代化的历史时,重视的只是产业革命、资本主义的经济改革、颁布宪法、开设国会等,没有对近代地方自治问题给予应有的重视,对此不仅缺乏细致和深入的分析,相关的研究也极为少见。

但是,地方制度的近代化与国家的近代化是不可分割的,具有极为重要的地位。明治维新后,日本成功克服了幕藩时代的封建割据,建立了中央集权的近代国家,为日本实现近代化改革提供了有力的保障。此后,日本在地方制度上不断探索,最终选择了实行地方自治制度。日本近代的地方自治立法,与明治宪法的发布和开设国会大体同步,这正是明治政府认识到其重要性所在的证明。近代地方自治立法制定的主持者、时任内务卿的山县有朋就深刻地认识到实行地方自治的重要性,因此坚决主张"如预完备中央之组织,必先立町村自治之组织"。① 由此可见,地方自治从最初的确立起,对于近代日本国家建设就具有重要意义。但是对于这一重要的问题,我国的学者却缺乏应有的重视和研究,这不能不说是一个缺憾。因此研究这一问题,对我们更好地理解日本近代化的历史具有重要意义。

第四,日本近代地方自治曾辐射周边地区,研究日本近代地方自治,是深入理解中国近代地方自治的桥梁。

日本近代地方自治制度形成后曾经成为中国的学习对象。早在1905年,直隶省天津县就在袁世凯的主持下开始学习日本的地方自治。1909年,清政府正式颁布地方自治法令,也基本上以日本的地方自治法令为蓝本。尽管中国清末的地方自治失败了,但近年来国内对其对中国政治现代化的影响也给予了一定的肯定的评价。② 民国以后,阎锡山在山西实行的村制,也一定程度地存在着日本近代地方自治的影子。乃至孙中山和蒋介石主张实行地方自治,也不可否认受到了日本的影响。因此仿照德国形成的日本近代地方自治又传到中国应该是个不争的事实。

目前,近代中国实行的地方自治问题成为中国史学界研究的热门课题,但是鉴于日本对中国地方自治的影响,因此,要深入研究中国的地方自治,不能不首先了解日本近代的地方自治。只有理解了日本的地方自治制度,才会理解诸如名望家制度、等级选举制等的本来含义,通过分析其在中国发生的演变,来更深入地理解近代中国的地方自治。但遗憾的是,我国日本学界目前缺乏这方面的研究,没有

---

① 山県有朋:「徴兵制度及び自治制度確立沿革」,国家学会编:『明治憲政経済史論』,宗高書房大正八年発行,昭和四十九年影印,第408頁。

② 见高旺:《清末地方自治运动及其对近代中国政治发展的影响》,《天津社会科学》2001年3期。

给中国史提供一定的借鉴,而研究中国近代地方自治的学者们因为没有了解日本近代的地方自治,所以也无法弄清中国近代地方自治的某些特性,出现一些模糊不清的认识。因此可以说,研究日本近代的地方自治问题是更好地理解中国地方自治的关键,是理解中国地方自治问题的一把钥匙。

第五,日本近代地方自治制度的选择是明治政府调节国家与社会、中央与地方关系而选择的政治制度。研究这一问题,也可以为调整我国国家与社会、中央与地方的关系乃至地方制度的现代化,构建和谐社会提供一些借鉴和启示,具有一定的现实意义。

地方自治自形成起,就被视为调整国家与社会关系、中央与地方关系的重要而有效的工具。日本近代地方自治也是明治维新后国家与社会互动的产物,是明治国家在探讨中央与地方关系、在地方制度上的最终选择,它的形成具有一定的进步意义。

在我国现代化取得瞩目成就的今天,国家与社会的关系出现不协调性,学者们普遍认为中国国家与社会的关系是"强国家弱社会",认为有必要改变这种格局,使之变成"强社会强国家"。[①] 借鉴别的国家实行地方自治的经验有助于发挥民众的自主性,提高社会的自治能力。

另一方面,随着我国经济的发展,旧有的中央和地方关系也越来越显现出其不适应性。在中央和地方关系的改革探索中,不少学者提出了中国应该"推行和完善地方自治制度"[②]的主张,学者们对地方自治的研究也出现了前所未有的高潮。我国从上世纪80年代开

---

① 参见孙晓莉著:《中国现代化进程中的国家与社会》,中国社会科学出版社2001年版,第4页。

② 熊文钊著:《大国地方》,北京大学出版社2005年版,第138页。

始实行村民民主自治,是新中国建立以来从完全的行政制度向基层社会的自治过渡的有益尝试。一个国家从完全的行政过渡到地方自治时,在这种转型过程中会出现许多问题,是一个不断探索、不断实验的过程。因而考察日本近代地方制度选择上从完全的行政到地方自治施行的历史过程,分析其形成原因和特点,会为我们今天实行村民自治和进行地方制度改革提供一定的参考。中国的地方制度改革绝不能一蹴而就引进当代西方国家的地方自治,必须建立符合自己特色的地方自治制度。为此,不仅需要研究当代西方国家的地方自治制度,非西方国家引进西方国家地方自治制度和本国社会传统成功结合的经验和教训,更显得重要。总之,在日益重视地方治理的国际社会发展和中国现实需要的情况下,研究这一问题更凸显其重要的现实意义。

综上所述,研究日本近代地方自治问题,不论在理论上,还是在现实上,都具有相当重要的意义。

二、前期的研究成果

(一)日本的研究

日本学者对本国近代地方自治的研究有着相当丰富的成果。总结其研究的特点,可以用三句话来概括,一是研究开始时间早;二是研究角度多样;三是相关著述丰富,呈阶段性特色。这里所谓的时间早,是指在战前就已经有相当的学者涉足了此领域;所谓角度多样,是指学者从不同的角度,如法学、财政学、行政学、政治学、社会学、历史学等多个角度对这一问题进行了阐述,丰富了日本的地方自治研究;而著述丰富、呈阶段性特色是指不仅学者们出版的成果较多,而且在各个时期都有各自的特点。以下我大致把日本的近代地方自治研究分成三个大的时期，即战前、战后初期至20世纪70年代和80年代以后，具体进行论述。

1. 战前的研究

日本近代地方自治的研究，可以说最早始于战前的大正时期。这方面的代表颇多，而且呈现多角度的特点。

战前从法学角度进行的研究取得了突出的成果，这些成果多集中在对底层町村性质的研究上。其代表作有中田薰的《村及入会的研究》（岩波书店，1949）、戒能通孝的《入会的研究》（日本评论社，1943）、福岛正夫和德田良治的《明治初年的町村会》（收入明治史研究丛书第一期第二卷《地租改正和地方自治制》，御茶水书房，1956）、《我国町村会的起源》和《明治初年町村会的发达》（收入明治史研究丛书第二期第一卷《明治权力的法的构造》，御茶水书房，1959）等。这些成果虽然有的是战后出版的，但基本上都是战前发表的成果。中田认为，1888年町村制发布后，"日本传统的村落自治体（格尔曼法型的实在的总合人）开始向近代的町村公共团体（罗马法型的近代的拟制人）的法人格转化"。① 中田这一观点的提出在当时产生很大的反响，但也受到了很多批判。如福岛和德田通过对寄合②和町村会的法的性格进行比较，认为1878年后被公开承认的町村会和原来的寄合并存共同分担各种功能，特别是在町村制施行以后，具有近代的代议制度特征的町村会和原来的寄合的町村居民集

---

① 笔者没有看到『村及び入会の研究』的论述，但在收入中田薫著『法制史論集』第二卷（岩波書店昭和四十五年版）中的「明治初年に於ける村の人格」一文中也有相关的论述。

② 日本町村全体居民的集合。

会并存,从而批判了中田的村落自治体完结说。而戒能则认为,在德川时代的村,作为行政单位的功能和作为生活单位的功能是融合统一的,但明治以后二者实质上分裂,只有行政单位的功能方面实现了近代化,由町村制完成了其变革,生活单位的功能方面则依然存续下来。以上这些研究主要是从法学的角度进行分析,其特点是"先从法律学的立场设定近代的指标,然后提出从实在的总合人到罗马法的拟制人、从公私未分化的封建秩序体制向公的秩序体制转化等概念"。① 这对研究日本近代地方自治起到了开拓的作用。

战前从财政学角度进行的相关研究有藤田武夫的《日本地方财政制度的成立》(岩波书店,1941)、《日本地方财政论》(霞关书房,1943)和《日本地方财政发展史》(河出书房,1949)。在这些著作中,藤田通过丰富的史料来考察地方财政制度的形成和发展过程,认为近代地方财政制度形成的原因,不是来自地方团体的利益,更重要的是确保国家的利益。町村制的制定是国内政治体制的确立和实现条约改正的国家紧急课题的要求,而不是町村财政自身的要求及自然的发展,从而指出日本近代地方自治存在着官治性和从上的官制性等缺点。

从地方制度史角度进行研究的成果有龟卦川浩的《自治五十年史 制度篇》(东京宪政调查会编,龟卦川浩执笔,良书普及会,1940)和《明治地方自治制度的成立过程》(东京市政调查会,1955)等著作。这些著作利用有关地方制度的基础资料对日本近代地方自治制度的形成进行了总体考察,保留了大量珍贵的资料。

此外,战前的宪政学者尾佐竹猛在《日本宪政史论集》中则收集

---

① 大島美津子著:『明治国家と地域社会』,岩波书店 1994 年版,序言。

了地方民会的资料并进行了研究。

战前的这些从法制史、财政史、地方制度史、宪政史等角度进行的研究为战后进一步深入研究奠定了坚实的基础。

2. 战后初期至20世纪70年代的研究

战后初期日本的历史研究,总体说来是近代史学和马克思主义史学占主导地位。"战后改革的主要目标是前近代性,即所谓封建遗制的克服和资本主义近代的推进和确立,"[①]因而重视反省战争,分析日本"近代化"所具有的畸形特征,这种研究倾向也表现在近代地方自治的研究中。分析日本近代地方自治同欧美地方自治的区别,强调日本地方自治的后进性和官治性是这一时期取得的重要成果。其代表作有辻清明的《地方自治的近代型和日本型》(收入《新版日本官僚制的研究》,东京大学出版会,1977)。辻清明认为近代地方自治的典型是英国,英国中央统治的主要方法是劝告和通报,知识的集权体制和权力的分权体制二者有机的结合是其基本特征。通过和英国的比较,他指出日本地方自治的主要特色是"以强有力的中央集权为基调的官僚制束缚和地方团体的自主性被剥夺"。[②]由此总结出日本近代地方自治具有官制性、从上的模仿性或权力的集权和官僚制的束缚等特点。

石田雄从与国家统治的关系角度对地方自治的构造进行了分析。他在《明治政治思想史研究》(未来社,1954)中认为在明治二十年代形成的地方自治是以前近代的集团——家和村落共同体为基础的。在后来的《近代日本政治构造的研究》(未来社,1956)中,他又

---

① 永原慶二:「『20世紀日本の歴史学』についての若干の弁疏」,『歴史評論』第646号,2004年2月。

② 辻清明著:『新版日本官僚制の研究』,東京大学出版会1977年版,第136頁。

进一步发展了这一理论,认为地方自治作为天皇制国家体制的基础,使天皇制得以安定的根源就是重组的共同体秩序。即共同体的名望家统治所具有的非政治化的作用(对居民的权利要求的政治能源进行中间的阻止转换和过滤的功能及对官僚统治权力的浸透进行过滤的功能),使天皇制国家体制得以安定,创造出了以官僚机构和名望家统治的结合、共同体秩序为基础的"保守主义的代议制"这一概念。

大岛太郎的《日本地方行财政史序说》(未来社,1968)从行政学的视角研究了官僚统治体制的形成过程、国家对村落共同体的掌控过程、以官僚制和共同体为媒介的政治中间层的形成过程等,他认为日本近代地方自治的形成过程就是下层的共同体保留和上层的官僚体制化过程。而福岛正夫《明治前半期的家制度的形式》(收入日本法社会学会编《家制度的研究》上卷,有斐阁,1956)指出家也成为明治政府施政基点。此外还有藤田省三《天皇制国家的统治原理》(未来社,1966)等等。以上的研究可以说主要是通过中央政府的立法资料对国家的地方统治构造和地方统治政策,对地方自治和天皇制统治制度的内部关联进行了研究。

可以说,战后初期的近代史学和马克思主义史学的兴盛,使对日本近代地方自治的非近代性的批判成为研究的主流。但是随着日本逐渐走出战败的阴影以及经济的复兴,在历史研究领域,出现了新的研究动向。在近代地方自治研究领域,出现了一些从新的视角进行研究的成果。

在对以往的成果进行反思方面,出现了大石嘉一郎的《日本地方财行政史序说》(御茶水书房,1961)。大石反对只从行政和制度的方面分析地方自治问题,认为应该探究这种制度在日本得以成立的内部条件,即地方自治制度形成的基础在于寄生地主制的经济构造的形成,它是在政府和民众运动势力的不断对抗和联合的基础上形成的。

原口清《明治前期地方政治史研究》(塙书房,1973—1974)分析了静冈县的地方政治构造、行政构造和民众运动构造的关联。御厨贵的《明治国家的形成和地方经营》则从分析明治领导者对地方政策的不同论争入手,探索地方政治的形成过程。

继承了战前从法学角度研究的传统,神谷力的《家和村的法史研究》(御茶水书房,1976)以爱知县为例,对从明治维新的变革到町村制施行的生活共同体的法制度的实态和功能,从村组织、村财产、村规约等角度进行研究,分析了政府的权力统治构造和功能的影响。山中永之佑的《日本近代国家的形成和村规约》(木铎社,1975)则通过对村规约的具体分析,认为明治以后的村规约已经向国家的官僚体制转化,实际继承了战前的法制史研究的方法。此外他的《日本近代国家的形成和官僚制》(弘文堂,1974)等也对地方自治中的官僚制进行了具体分析。

由上可见,战后初期至20世纪70年代的研究在继承了战前研究成果的同时,研究角度已经开始呈现多样化,较战前的研究有了进一步发展,地方性资料的运用丰富了相关的研究。

3. 20世纪80年代以后的研究

进入到20世纪80年代,日本的近代地方自治研究又出现了新的动向,基本特点是出现了许多新的观点,研究的内容和角度更加多样。

第一,实证的研究修改了一些传统的观点。其中代表人物是神户大学的奥村弘。奥村弘的关于大区小区制的相关研究改变了人们传统上对大区小区制和三新法的认识。他对传统的观点进行了重新的论证,提出了新观点,在研究界产生了很大影响,同时也引起了学界对大区小区制研究的高潮。

第二,采用新的角度。例如对以往忽视的名望家自治问题进行了较多的研究。其代表作有石川一三夫的《近代日本的名望家和自治——名誉职制度的法社会史的研究》(木铎社,1987),研究了长期以来被忽视的名誉职制度在日本的产生与发展,对深入理解日本近代地方自治制度的本质有重要的意义。山中永之佑的《近代日本的地方制度和名望家》(弘文堂,1990)、高久岭之介的《近代日本的地域社会和名望家》(柏书房,1997)反对以往的对名望家的传统认识,通过实证分析,认为名望家在地方实际上起到了一定的积极作用,从而拓宽了人们的研究视野。这些著作从不同的角度进行切入,使日本近代地方自治的研究又取得了新发展。

此外,大石嘉一郎和西田美昭编著的《近代日本的行政村》(日本经济评论社,1991)是另外一个重要的成果。鉴于以往的研究强调日本地方自治的自然村和行政村的分离,大石通过对长野县埴科郡五加村的实证研究,分析了近代行政村的构造和展开过程,因而填补空白的意义非常大。韩国学者金长权的《近代日本地方自治的构造和性格》(刀水书房,1992)则主要通过对日俄战后地方改良运动的研究,探讨日本地方自治的构造和特点。

第三,综合性的研究成果不断出现。在这方面,山田公平的《近代日本的国民国家和地方自治》(名古屋大学出版会,1990)可谓是代表之作。山田公平把日本近代地方自治放入了整个19世纪世界的民族国家形成的大背景中,通过与西方国家的对比分析,总结出近代日本国民国家形成过程中地方自治所具有的世界意义和独特特性。因此该书所具有的独特视角的确令日本近代地方自治研究又前进了一大步。

山中永之佑从法学角度进行的研究取得了很大的成果。《日本近代地方自治制和国家》(弘文堂,1999)认为明治维新以来的近代中央集权的地方自治的产生根源在于日本社会不均衡的发展构造,作者对整个日本近代地方自治制度的形成和发展变化进行了精密的分析,可谓是集大成之作。

大石嘉一郎的《近代日本的地方自治》(东京大学出版会,1990)则力图全面分析"地方自治制的生成、成立过程,并把它作为经济构造的特定历史发展所规定的诸阶级、诸阶层的政治对抗和联系的产物来把握"。作者在承认日本近代地方自治具有"官制性、输入模仿性"的同时,更重视把握使这种外来输入制度得以形成的"自生的国内的条件"。① 此外,大岛美津子的《明治国家和地域社会》(岩波书店,1994)也是这一时期研究地方制度的代表成果。

进入到新世纪后,该领域的新研究成果不断出现。例如渡边隆喜的《明治国家形成和地方自治》(吉川弘文馆,2001)深入研究了在地方自治形成过程中地方民会的发展,"通过地方民会追求明治国家形成的特质"。② 都丸泰助的《现代地方自治的原型——明治地方自治制度研究》(大月书店,2000)以及高寄升三的《明治地方财政史》(劲草书房,2000—2007)6卷本的发表,都是对明治地方自治制度进行研究的最新的代表性著作。

此外还须特别一提的是日本上智大学黄东蘭教授的《近代中国

---

① 大石嘉一郎著:『近代日本の地方自治』,東京大学出版会1990年版,第4页。
② 渡辺隆喜著:『明治国家形成と地方自治』,吉川弘文館2001年版,第1页。

的地方自治和明治日本》(汲古书院,2005),该书出版后即获日本藤田奖。虽然该书主要研究中国的地方自治问题,但其对日本地方自治的特质也进行了探讨,其方法和观点值得参考和借鉴。

总之,从战前到今天,日本关于近代地方自治的研究成果极为丰富,这为我们进行研究提供了不少帮助。

(二)中国的研究

中国对日本近代地方自治的研究,也可以用三句话来概括:那就是起步早、水平低、盲点多。

起步早是指清末到民国时期我国也一度实行地方自治,而且主要学习的是日本,因此有不少人很早就开始对日本地方自治进行介绍。如清末五大臣和其他政府官员对日本地方自治制度进行的考察、留学生对日本地方自治的介绍等。其中代表性的作品有梁载熊的《日本地方自治市町村制精义》(上下两卷,在东京的北京大学留日学生编译社,1912)和唐演编纂的《日本地方自治制度调查记》(在东京的北京大学留日学生编译社,1909)等。而水平低是指当时的成果主要是介绍和直接翻译,深入研究的较少。新中国成立后,由于我国在地方制度上基本实行的是行政管理(少数民族地区是民族区域自治),因而相关的研究更没有开展起来。研究日本地方自治代表的成果有鲁义教授的《日本地方自治制度》(吉林大学出版社,1993)及相关的论文,中国社会科学院日本研究所的韩铁英教授也发表了许多成果,但是这些成果主要是研究战后日本的地方自治制度。张健、王金林主编的《日本两次跨世纪的变革》(天津社会科学出版社,2000)虽然探讨了战前的地方自治,但内容也不多。其他的研究只简单带过,缺乏相应的深入研究,因此存在着很多的盲点。鉴于我国的日本近代地方自治制度研究的薄弱性,研究这一课题在学术上是有相当的价值的。

三、研究的视角和方法

(一)研究的视角

1. 与中国的比较

日本学者的相关研究虽然成果丰富,角度多样,但多是从日本国内的视角或与西方先进国家的对比去研究日本近代的地方自治问题,缺乏与后发展国家的对比探讨其形成过程与原因,从而完整地看待日本近代地方自治的视角。在这一方面,应该说山田公平的著作《近代日本的国民国家和地方自治》弥补了这一不足。但遗憾的是山田依然主要以西方国家为参照物,虽然对后发展国家如中国、印度和俄国进行了一些对比,但并没有过多的深入。

我认为,与其把日本的地方自治与西方国家相比看到其本身所具有的局限性和落后性,不如同时也与后发展国家特别是中国相比,更能分析其得以形成的深层原因和独特特性,由此给我们带来一些启示。

2. 国家与社会的互动

从日本近代地方自治的形成原因看,它应该具有两方面的因素。一方面是明治政府从上而下实行的,在地方制度的探索和实行上起到主导的作用。但是政府的政策不是任意的,它受到地方社会历史传统、地方民众反对斗争的制约,是与他们不断斗争、妥协、融合的产物。因此我认为分析日本近代地方自治的形成过程,就要从国家与社会的互动入手,从国家与社会的互动中全面地研究这一问题。

实际上不是没有日本学者注意到这一问题,前已提及,大石嘉一郎在分析日本近代的地方自治问题时,曾注意把政府和自由民权者的对抗当作主要内容来分析。而大岛美津子的《明治国家和地域社会》,也注意到"政府的地方统合政策和民众的动向相关联"。但是她把目光只集中在"农民骚扰、士族叛乱、自由民权运动、民党运动"等,①很少从日本社会历史传统的角度对其进行研究。

在这里,我认为社会是一个广泛概念,在明治维新后的日本,它既包括自由民权运动等的民众运动和斗争,也包括社会历史传统影响下的各种习惯和制度,这些因素融合在一起,构成了推动日本近代地方自治形成的社会因素。日本近代地方自治制度就是在国家与社会的互动中最终形成的。

(二)研究方法的选择

在研究方法的选择上,我认为要在吸收原有研究成果的方法基础上,应做到有所创新。因此,本书选择的研究方法有以下几点:

1. 吸收社会学的相关成果

地方自治制度的形成虽然是一种地方政治制度的建立过程,但是不能专门用政治学的方法来研究。因为地方社会的历史传统对地方自治的影响非常之大。日本近代的地方自治制度是学习德国外来导入的,但是任何外来导入的制度如果没有内部的基础也很难固定下来,尤其是和基层社会的特点密切相关的地方自治制度,更是如此。日本学者在研究本国的地方自治制度时,对于基层社会的特点已经很熟悉,因此没有更多加以重视。但是作为一个外国人,我在研究日本近代地方自治制度的形成过程中,发现日本基层社会,特别是

---

① 大島美津子著:『明治国家と地域社会』,序言。

最底层的村落社会,有其自己的构成形态和特点,和中国存在着相当大的差别,它对地方自治的形成有着很重要的影响。如果不从社会学的角度去分析,深入地把握日本基层社会的特点,则很难了解到问题的实质。

我国的近代史研究者常常把日本近代地方自治与中国进行比较,从中总结出日本取得成功和中国失败的原因,但是学者们很少从基层社会特点的比较来分析产生这种差异的原因。我在研究这一问题时发现,中国和日本在近代以前的基层社会特点是不同的,它对两国实行地方自治的成败产生了重要的影响。因此,从社会学的角度,研究日本基层社会的特点,并和中国进行对比,是完成本课题的必须要求之一。

因此,前近代日本具有怎样的自治传统,村落社会的特点如何,在地方自治制度的引进过程中传统的社会结构发生了怎样的变化,起到了怎样的作用等等,这些以往没有被重视的问题将成为本研究的重要内容。

在这里需要指出的是,对日本社会的理解,日本的农村社会学理论起到了很大的作用。日本的农村社会学起源于战前的二三十年代,主要是在吸取了横井时敬的农政学和柳田国男的民俗学基础上产生的,有贺喜左卫门、喜多野清一、铃木荣太郎等是主要的代表人物。他们的农村社会学主要集中在对日本村落社会结构的分析上,产生了"同族团"和"讲组结合"、"自然村"等理论。尽管他们提出的理论被称为忽视阶级观点,是战前的劳农派和讲座派之外的第三条路线,但不能否认确实是相当优秀的成果,可谓是理解日本社会文化的一把钥匙。此外,战后日本社会学家福武直对日本社会结构、中日印三国农村社会结构的比较分析等,都成为研究本课题的重要指导理论。

2. 重视地方财政学的研究

没有地方财政的独立,就没有真正的地方自治。日本政府在引进近代地方自治时,接受了19世纪德国著名学者格奈斯特的理论,而格奈斯特把地方自治定义为:"就是根据国家的法律,以地方税收负担经费,而以名誉职之职员办理的地方行政事务。"① 由此可见财政问题在地方自治中的重要作用。日本近代地方财政的形成发展及特点,是本课题研究的重要内容之一,因而运用财政学的研究方法,也是本课题的必然要求之一。

近代地方自治的形成同时伴随着地方财政的近代化过程,这在日本地方自治制度形成中表现得尤为突出。我认为,作为支撑近代地方自治制度得以运营的近代地方财政制度的形成,应该包含着以下两方面的内容:一是地方公共团体财政权力地位与财产权利资格的活动,这是"地方公共团体与集权体制之下地方政府的关键区别"。② 二是地方财政的公共运营。即由地方民众选举的地方议会审议地方财政的收入和支出,并对其进行监督。本人将主要围绕这两个方面来研究日本近代地方财政制度的形成,分析其所具有的特点,从而总结出日本近代地方自治制度的特点。而且分析日本近代地方财政问题,并适当与中国对比,也能总结出两国近代地方自治不同命运的原因。

3. 法学与政治学、行政学等多角度成果的借鉴

日本的地方自治团体是仿照德国建立的,实行的是团体自治。

---

① 前田多門著:『地方自治の話』,第8頁。
② 周刚志著:《论公共财政与宪政国家》,北京大学出版社2005年版,第148页。

地方团体形成的一个标志就是地方公法人格的获得。日本学者在研究近代地方自治问题时，取得的最大成果之一就是从法学角度进行的研究。如渡边宗太郎通过分析地方团体的性质来分析日本的地方自治，而中田薰、戒能通孝以及德田良治等的成果都是从法学的角度进行的，战后山中永之佑等也主要从法学的角度进行分析。因此，学习和分析这些法学的先期成果，是做好本研究的重要一步。同时，地方自治问题又是政治学、行政学领域的问题，因此相关的分析必不可少。

4. 比较与实证的研究

上文已经谈到，我在研究和探讨日本近代地方自治问题时，会尽量地与中国进行多角度的比较，通过比较的研究分析，更能明晰日本近代地方自治形成的原因与特质。

其次是实证的研究。历史研究的本质就是史实的真实再现。因而实证的研究成为不可以称其为方法的方法。笔者认为，地方自治的形成，是国家与基层社会互动的结果，因此在利用史料研究中央政府的自治政策制定的同时，也注意发掘地方上的资料对日本地方社会进行实证分析。在外国问题的研究上，囿于资料的有限，进行相关的研究会存在很多的困难。不过在这里虽不能像日本学者那样充分掌握某一地方的史料，但是笔者会尽可能地利用已经出版的可入手的町村史、议会史等地方资料来进行实证分析。

上述关于研究视角和方法的选择，既有对原有研究的继承，也有个人的创新，可以说是一种综合的研究。

四、课题的基本内容与创新

（一）基本概念的界定

地方自治是一个非常宽泛的概念。首先从内容上看，它不仅包括府县市町村等与中央相对的地方团体自治组织，同时从具体区分上，又分为城市的自治和农村的自治等。本文的研究界定为地方团体的自治，而在内容上又倾向于农村自治的研究。究其原因，在明治时期农村人口占80%以上，日本当时还是一个农业国家。因此，近代的地方自治形成时主要是农村的自治。而且研究日本农村的自治对于我国目前实行的村民自治也有一些启示。

日本近代的地方自治，在日本学界多称为明治地方自治，即特指"在明治宪法体制下战前的地方自治制度的总称"，[①]也专指明治时代的地方自治。不过也有学者使用近代地方自治的称呼。如龟卦川浩就指出：市制町村制发布后，日本"近代的地方自治制度踏出了第一步"。[②] 笔者赞同这种提法，认为，正如发布宪法、开设国会代表着日本政治近代化一样，地方自治制度的实行也代表着日本地方制度的近代化。因此本人在这里称为日本近代地方自治制度。

同时，为了便于研究，我把地方自治的内涵分为以下两个方面：一是相对于中央集权的地方分权，这是地方自治概念得以形成的主要内涵。但要注意封建的地方分权和近代的地方分权的区别；第二是地方的自我管理和运营，即地方公共关系的形成。这里"所谓地

---

① 吉冈健次著：『日本地方财政史』，东京大学出版会1981年版，第288页。
② 龟卦川浩著：『地方制度小史』，劲草书房1962年版，第3页。

方的公共关系,是在各国的政治发展中,作为地区居民通过共同生活的展开而形成的政治、法律、经济、文化的诸关系的复合体而成立发展起来的"。① 这两个内涵是相辅相成的。如果仅有地方分权,而地方上缺乏内部管理的公共性,或地方上的自我管理和运营实现了公共化,但地方分权缺乏保障,都不能真正体现近代地方自治的精神,不能称为完全意义上的近代地方自治。大森钟一和一木喜德郎合编的《市町村制史稿》中也说:"市町村制是当时帝国之情况下实行的自治和分权两原则。"②就指出日本近代地方自治的这两个内涵。以往的研究缺乏从这两方面的分析。我认为,研究日本近代地方自治问题,不仅要关注到地方分权,也要重视地方的自我管理和运营问题。通过这两方面的分析,将更有助于对日本近代地方自治特质的理解。

(二)时间断线

本研究在时间的跨度上是从明治维新开始到明治末年,即整个明治年代。在日本学者中,对于日本近代地方自治的形成问题,大体上有如下共识:即认为以1888年市制町村制和1890年府县制郡制的发布为标志,日本近代地方自治得以"成立"。如研究日本地方自治制度史的龟卦川浩的著作都持此说;此外,在承认地方自治"成立"的同时,把地方自治的最终"确立"时间放在了日俄战后,特别是1911年新市制町村制发布后。如大石嘉一郎认为,"近代日本的地方自治制于1888年市制町村制和1890年的府县制和郡制制定而成

---

① 山田公平著:『近代日本の国民国家と地方自治』,名古屋大学出版会1991年版,第70页。
② 大森钟一、一木喜德郎:「市町村制史稿」,原口敬明编:『明治史料』第三集,明治史料研究連絡会,1957年,第21页。

立,此后经过补充和改革,到 1900 和 1910 年左右确立。"①之所以称为"确立",主要原因是:"创设时的地方自治制不仅制度本身是官制的、模仿的、折中的,而且使制定者的意图实际发挥功能的社会基础并不充分,因此不仅不安定,也没有作为具有内实的制度稳定下来。地方自治的内实化是在初期议会下由官民双方推进的。其构造的安定是在日清、日俄战争和两次战后经营的展开过程中,与经济过程中资本主义的确立和寄生地主制的安定后达成的。地方自治制的构造的安定同时意味着近代天皇制国家的确立。"②山田公平也认为日清、日俄战争后所进行的地方自治的"重组"标志着"明治地方自治的最终确立"。但是山田主张"确立"的理由是"府县郡市町村的地域公共关系制度化构造的完成"。③

对此,笔者认为,从立法程序上看,1888 年和 1890 年发布的市制町村制和府县制郡制已经标志着明治地方自治的立法形成,但是立法的实施还需要一定的时间,在此期间内,国家与地方社会的继续互动中,政府又对外来引入的制度进行修改,使其"日本化",最后日本近代地方自治制度稳固地确定下来。因此笔者也赞同把日本近代地方自治的形成界定在 1911 年,即本论的时间断线是从 1868 年明治维新到 1911 年,也就是说贯穿了整个明治时代。

(三)基本内容

明治维新后日本地方制度的演变与近代地方自治制度的形成过程可以分为以下五个阶段:

(1)从明治维新后新政权的建立到 1878 年三新法发布前,这一

---

① 大石嘉一郎著:『近代日本の地方自治』,第 3 页。
② 大石嘉一郎著:『近代日本の地方自治』,第 143 页。
③ 山田公平著:『近代日本の国民国家と地方自治』,第 489、529 页。

段时期是日本近代地方制度的探索期。在地方制度上实行了中央集权的废藩置县和大区小区的行政制度,还没有明确的地方自治观念,但是在社会传统和启蒙思想影响及自由民权运动的推动下,地方民会蓬勃兴起,使政府不得不思考改变地方制度。

(2)三新法的发布到1884年,可以称为地方自治的实验期。三新法初步承认了底层町村的自治,允许设立府县会,整理了地方财政制度,与此同时政府加紧官僚体制的建设,加强对基层社会进行监督。

(3)1884年的明治十七年改革到1888年地方自治立法制定前。随着自由民权运动的发展,政府的自治政策受到冲击,因此再次对地方制度进行了改革,缩小了地方的自治权限。这一时期是三新法的反动期,但是同时也是建立近代地方自治制度的准备期。

(4)1888市制町村制和1890府县制郡制法律制定期。在山县有朋的主导下,地方自治制度仿照德国,主要是普鲁士建立,近代的地方自治立法形成。

(5)法律发布后到1911年,是地方自治制度在地方的具体施行及改革时期。法令发布后市制町村制基本按时在地方实施,但府县制郡制的施行则直到1899改革后才完成。日俄战争后,明治政府实行了地方改良运动,1911年对市制町村制进行改革,日本近代地方自治制度终于稳固地确立下来。

因此本书基本上按照时间的顺序来安排内容,每个时期为一章,分别为第二章到第六章。此外另有序章,概述本书选题的意义、前期的研究成果和研究方法、创新观点等。第一章分析历史上日本的地方自治传统,重点分析近世日本的村落共同体的自治功能。最后的尾章对日本近代地方自治制度的形成进行总结,并探讨对我国清末及民国时期地方自治的影响和对我国当前地方制度现代化的启示。

(四)创新观点

地方自治相对于地方行政而言,是一种制度上的巨大进步。尽管关于地方自治问题的争议随着历史的发展还有很多,但是不可否认的是,在历史进入到近代以后,它是西方先进的资本主义国家所普遍采用的地方制度,它适应了民主的要求,成为民主的"实验室"。因而近代日本从传统的地方行政发展到地方自治是一种历史的进步。在研究中本人形成了如下的创新观点。

(1)前近代的日本具有与西方和中国不同的地方分权与社会自治传统。研究日本近代化的学者认为日本历史和欧洲具有相似性,如存在着庄园制和一定程度的地方分权等。但是我们应该看到二者之间是有差距的,日本历史上的分权与自治传统既不同于高度分权的欧洲,也不同于高度中央集权的中国,具有自己的特色。本书在具体追溯了日本历史上的地方统治制度演变及地方自治传统后得出这样的结论。

(2)日本近代地方自治制度的形成既是由明治政府自上而下施行的,也是日本社会传统和自由民权运动等从下而上推动的结果。历来的研究多注重国家层面的研究,对社会的重视也往往限定在自由民权斗争等领域,本书通过与中国的对比,认为社会传统的影响,特别是地方社会蕴含的公共关系的发达同时也是不可忽视的。

(3)近代地方财政制度的建立是日本近代地方自治制度形成的重要保障,但与此同时也存在着弱点。即虽然在财政的运营上实现了议会主导,但是财政的地方分权较弱,主要表现为地方税的国税附加税中心主义。因此地方自治缺乏应有的物质保障,这对近代地方自治制度产生了不利的影响。

(4)后进国家的地方自治是与建设近代民族国家统一进行的，日本近代地方自治的形成正是建立了近代中央集权的民族国家后，由中央政府自上而下制定的产物。但与此同时，在重视地方公共关系制度化的同时，轻视地方分权，即自治与官治并存，成为日本近代地方自治制度的一大特点和缺陷。而近代中国实行的地方自治并没有实现地方公共关系的制度化，这是近代中国实行地方自治失败的重要原因之一。

第一章　前近代日本的地方自治传统

近代的地方自治,发端于西欧资本主义国家,英国是最典型的代表。到19世纪,已经基本形成了以英国为代表的居民自治和欧洲大陆的团体自治。近代的地方自治之所以先发端于欧洲,马克斯·韦伯认为,近代西方的地方自治起源于中世纪的自治城市,同时韦伯还强调说,这种自治城市只在西方国家存在。对于西方以外的国家,韦伯在《城市的类型学》一书中首先分析了日本。他说:"在日本,身份构成纯粹是封建的,武士和下士与农民、商人和手工业者对立。既缺乏市民身份的概念,也没有城市自治体的概念。"[①]

但是作为东方国家的日本,是否就不存在着自治传统,而只能通过移植的方式来建立近代的地方自治制度呢?事实上,早在日本进行近代地方自治立法前,已经开始了关于这一问题的探讨,以井上毅、山县有朋为代表的一些明治官僚,围绕着日本是否存在着自治传统提出了自己的主张,而且基本上是持肯定的态度。如井上毅认为,日本"旧来町村之制已有自治之性质"。[②]而主持制定近代地方自治

[①] 马克斯·韦伯著,世良晃志郎訳:『都市の類型学』,創文社昭和三十九年版,转引自佐藤進:『日本の自治文化——日本人と地方自治』,株式会社ぎょうせい1992年版,第6頁。

[②] 井上毅伝記編纂委員会編:『井上毅伝』史料篇第一,国学院大学図書館,1966年,第460頁。

制度的山县有朋也指出,"我邦从来所设之五人组、庄屋、名主、总代、年寄等制度中,本存有自治制度之精神。"①

历史的发展是具有连续性的,特别是地方自治,作为和民众生活联系最紧密的一种制度,更容易受到历史传统的影响和制约。因而在研究日本近代地方自治制度的形成前,首先要去探讨前近代日本的地方自治传统,分析日本是在怎样的基础上引入地方自治制度,外来制度怎样受到传统的影响,二者怎样通过排斥和融合,最终在日本固定下来,形成有特色的日本地方自治制度,这是我们更好地理解日本近代地方自治的一把钥匙。

第一节　日本历史上的地方统治

近代地方自治的重要内涵之一是地方分权,因此在这里我们首先探讨一下日本历史上的地方分权传统。但是笔者在此强调,历史上的地方分权不能直接等同于地方自治,二者的关系是:有分权的地方未必是自治,而实行自治的地方必定有某种程度的分权。但尽管如此,历史上的分权传统还是会对近代地方自治的形成产生相当大的影响,因此我们对日本从古代直到德川时代地方统治的演变情况进行一下梳理,从中考察日本历史上地方分权与中国和西欧的异同,并分析其对日本近代地方自治形成产生的影响。

一、古代地方统治

地方制度是在国家形成后产生的。中国史书班固的《汉书·地

---

① 山県有朋:「徴兵制度及び自治制度確立沿革」,国家学会编:『明治憲政経済史論』,第401頁。

理志》中记载,"乐浪海中有倭人,分为百余国,以岁时来献见云",这是我国史书中最早记载日本国家的情况,说明这时的日本列岛已经出现了百余国。后来在《三国志·魏志·倭人传》中出现的邪马台国和狗奴国等,都是这些百余国中的一个小国。但是根据日本学者的研究,这些小国只是原始社会以血缘关系为主形成的各个氏族部落而已。

在战前日本内务省编纂的《自治要义》中认为,"本邦地方行政区划如追其根源,远在成务天皇时,界山河,分阡陌,在国郡置长,在县邑置主,乃国史上所记。"即在第十三代成务天皇时,被战前的日本视为有地方制度的开始。① 这里所谓的"国史"是指日本的古典《古事记》和《日本书纪》。但是众所周知,《古事记》和《日本书纪》中存在很多神话色彩,因而其记载,特别是第十五代天皇以前的历史许多是不可作为历史研究凭证的。日本学界普遍认为,公元4—5世纪左右的古坟时代是日本的古代国家形成期。约在5世纪后半期到6世纪前半期,在地方居民划分上出现了国造制,② 这是日本最早的地方制度,是大化改新前日本国家的地方统治制度,也是古代国家形成的重要标志之一。

国造制的特点是各个地方分为国,国的长官称国造,由朝廷派遣或任命,这种体制成为日本最初的统一的地方统治制度。但除了国之外,在地方组织上还有县。关于国和县的关系,日本学界有不同的认识,井上光贞认为县是国下面的行政组织,县的长官称为县主,国造和县主都是一些中小的氏姓贵族;而上田正昭则认为,县制和国制

---

① 佐藤进著:『日本の自治文化——日本人と地方自治』,第11—12頁。
② 八木充:「国造制の構造」,『岩波講座日本歴史2 古代2』,岩波書店1975年版,第10頁。

只有时代的前后关系,"倭王权先以县主制为基盘","后到五世纪至六世纪,以国造制为中心树立了新的统治体制。"①

到大化改新以后,国造制开始解体,并开始向令制国司制转化,同时受唐朝的影响,在地方上设国、郡、里,分别由国司、郡司、里长治理。"这样,把原有的氏姓贵族统辖的大小诸国,置于中央的直接控制之下。"②到公元7世纪,日本开始了大规模向中国学习的历史,引进了隋唐的各种典章制度,地方制度当然也是重要的内容。据史书载,早在孝德天皇时代,日本就输入了唐朝的五保制度,合五家为一保,负有连带责任。至《大宝律令》制定,日本进入到律令时代后,在地方上将全国划分为五畿和七道,③每道由中央派去巡察使。在其下继续实行仿照唐朝州县制的国郡里(里后改为乡)制。

国郡里制中的国司是由中央派遣的贵族官人,任期六年,郡司则任命当地的豪族担任,里长在里内的居民中选择。④ 不过,值得注意的是,国司实际上是通过郡司进行国内统治的,因为郡司地方豪族的性质依然很强,有反律令的危险,因而国司实际上是强行把郡司的势力纳入到国家的统治组织中来,并对其进行监督和统治。⑤ 可以说国郡里制是当时日本律令制下中央集权的重要内容,同时也形成了后来日本地方行政区划的基础。但是到了10世纪以后,国司层同郡

---

① 八木充:「国造制の構造」,『岩波講座日本歴史2 古代2』,第3页。
② 吴廷璆编:《日本史》,南开大学出版社2004年版,第55页。
③ 五畿分别是大和、山城、摄津、河内、和泉。七道为东海道、东山道、北陆道、山阴道、山阳道、南海道、西海道。
④ 吴廷璆编:《日本史》,第65页。
⑤ 岸俊男:「律令体制下の豪農と農民」,『岩波講座日本歴史3 古代3』,岩波書店1962年版,第101页。

司层的结合倾向日益明显,国司的反中央性也开始增大。①

不仅如此,在古代地方税制和财政方面的研究成果表明:"古代税制以田租为中心。但这些田租并不是都集中到中央,而是一部分运到京,大部分则置于国司的管理下。而且对于作为劳役服务的杂役,国司和郡司在一定范围内有调配权。堤防、桥梁、道路等地方设施的建设、维持、修筑当然需要很多费用,这些财源的调配在一定范围内,以地方自由裁量的形式处理。"因此认为,国郡"在一定范围内存在着地方自治的余地"。②

总结日本古代国家形成后,从国造制到国郡里制,其地方统治制度的特点是:在地方政治中起核心作用的是古代的地方豪族。在氏姓时代起作用的地方豪族"到了律令时代依然被活用",甚至在后来的地方制度中也保存了下来。③ 这显示了地方豪族的强大力量和日本古代中央集权制度的不稳定性。因此佐藤进甚至强调说:"古代国家和中央集权国家相差甚远。"④

二、中世的地方统治

很多学者发现,日本虽然位于东方的亚洲,其"创造出的某些社会制度和政府类型,反而令人吃惊地和西方类似"。⑤ 在这方面表现最明显的就是在日本历史上也出现了类似于西欧的封建庄园制。

---

① 米田雄介:「新野直吉著『日本古代地方制度の研究』」,『日本歴史』,1975 年 10 月号。
② 佐藤進著:『日本の自治文化——日本人と地方自治』,第 13 页。
③ 米田雄介:「新野直吉著『日本古代地方制度の研究』」,『日本歴史』,1975 年 10 月号。
④ 佐藤進著:『日本の自治文化——日本人と地方自治』,第 13 页。
⑤ [美]霍尔著,邓懿、周一良译:《日本——从史前到现代》,商务印书馆 1997 年版,第 5 页。

大化改新后实行的公地公民制,在日本没有实行太长的时间,很快被庄园制所代替。公元743年,政府颁布了"垦田永世私财法",正式承认了土地的私有,成为催生庄园出现和发展的重要法令。它促使贵族、寺院等凭借自己的势力圈占土地,形成了日本最初的庄园。9、10世纪后,随着土地私有化的发展和庄园的兴盛,庄园渐渐地拥有了"不输不入"权,即取得了不输租权、杂役免除权和不承认政府在庄园里有司法权和警察权。到12世纪,这种庄园已经在日本得到普及。

但是,我们同时应该看到,日本的庄园也具有不同于西欧的特点,其最大的表现是日本大部分是"寄进庄园"。为了寻求更有力者的保护,小庄园主往往把自己的庄园寄进(进献)给更大的庄园主,而更大的庄园主又把自己的庄园寄进给京都的大贵族。这种庄园制结构的特点,也是形成日本藤原摄关政治的经济基础,因为国内的庄园都是以藤原家为顶点的金字塔的形式存在的。因此,庄园制的出现,虽然是封建社会地方分权的重要表现,但在日本却有着自己独特性。

12世纪以后,由于庄园领主制完全确立起来,封建庄园占全国土地之半,而所剩余的土地,则通过"知行国"制的确立,也逐渐封建领地化。所谓"知行",是指对土地和财产的直接统治。"知行国"或"领国"是指特定的个人(皇族、廷臣、后来也包括"武家栋梁")拥有知行权的国(地方),实际上就是采地。①

随着武士集团的兴起,日本历史进入了武家时代。源赖朝原来主要在关东掌握了自己的国衙领和庄园,但是镰仓幕府开设后,幕府却通过把自己的御家人(将军的家臣)派驻到各地做守护和地头的

---

① 吴廷璆编:《日本史》,第99页。

形式建立了全国性的武士政权。守护的职务称作"大犯三条",即组织武士担任宫廷警卫,搜捕谋反、杀人的凶犯。守护原则上各国设一人,负责统管该国国内的御家人和维持治安的工作。"但实际上是作为地方行政官,将国衙的在厅官人置于其管辖之下,接办以前国衙承担的行政事务,代替了国司。"①于是就形成了这样一种情况,"虽然朝廷仍和过去一样任命国司,管理全国的行政,但东国事实上是幕府完全统治地区,在其他各国,也通过守护干预国衙的任务,逐渐剥夺了国司的行政权。"②使原来天皇政权下的国制名存实亡。地头原来是指当地的统治者,后来成为寄进地系庄园的庄官的职名,由庄园的领家等任命,镰仓幕府获得朝廷的许可后,开始把御家人任命到全国的国衙领和庄园为地头,保证他们的在地领主权。当然在国衙领和庄园之下,旧的国郡行政单位出现了解体,形成了郡乡体制,③而在最下级则出现了中世的庄园村落。

镰仓时代对地方的统治是通过任命守护和地头的方式,到室町幕府时期,一样在各国设置守护,在庄园设置地头,但是起到重要作用的是守护大名。相对于镰仓幕府,室町幕府对守护的控制力量极弱,因而造成地方势力的膨胀。到室町时代末期的战国时代,各地区的大名及其属下的家臣团完全掌握了该地区的统治权,终于形成了大名领国制,日本实际上处在完全分裂状态下,历史上的地方分权达到了顶峰。当时最强的大名先后有织田信长、丰臣秀吉、德川家康等。此时庄园已经完全被破坏,领国下设郡奉行和郡代,最下级是町

---

① [日]依田熹家著,卞立强等译:《简明日本通史》,上海远东出版社2004年版,第62—63页。
② [日]依田熹家著,卞立强等译:《简明日本通史》,第64—65页。
③ 山田公平著:『近代日本の国民国家と地方自治』,第343页。

和村。

　　日本中世的庄园制虽然与西欧的庄园制有不同的特点，但是其封建分权原理是相同的。此外，地方上分据为国，这都是地方分权的一种表现。可见，在日本的历史上，并没有像中国一样长期实行中央集权下的郡县制，而是形成了一定的封建分权的特点，尽管这种分权是有限的，仍是中央集权名义下的分权，天皇和将军始终是名义上的最高统治者。

　　三、幕藩体制下的地方统治

　　1603年关原之战后，德川家康统一了日本，建立了江户幕府。江户幕府的统治体制被称为幕藩体制。即幕府掌握了约占四分之一的直辖领地外，把其他土地分封给约270个大名，由其进行独立的管理，此即为藩。幕藩体制的最大特征仍是"分割统治"。① 幕府与各藩的关系是以幕府可以动员各藩的军事力量为基本，除了利用改易②、转封③等手段对他们进行控制外，"幕府对各大名不行使上级征税权。各藩所控制的领地收入，原则上全部由各藩消费，控制大名的主要手段——参觐交代，以及临时向大名课收土木工程与仪式典礼的分担费用，可以看成是和平期代替的军役。"④虽然在第八代将军德川吉宗时，为了打破幕府的财政危机，曾一度向各大名课收"上米"（每封禄一万石课收现米一百石），但这一政策也只实行了七年。可见，幕府对各藩的控制力并不强，各藩大名在自己的领国内，地位

---

　　①　［日］依田憙家著，卞立强等译：《近代日本与中国　日本的近代化——与中国的比较》，上海远东出版社2004年版，第346页。
　　②　改易：对武士没收俸禄、房屋、剥夺身份。
　　③　转封：把大名的领地转到他处，也称移封。
　　④　［日］依田憙家著，卞立强等译：《近代日本与中国　日本的近代化——与中国的比较》，第347页。

至高无上,拥有财政、军事、司法和行政等权力。因而幕藩体制下幕府对各藩的统治,也具有一定封建分权的性质。

幕府直辖领和各藩对其所属地区的统治,一般是分成许多由中世的乡分割而成的村,这种村一般都有五六十户,是幕藩体制下最底层的行政单位。

四、日本历史上地方统治的特点及影响

在历史上国家对地方进行统治时,是实行高度的中央集权还是实行地方分权,在这方面中国和西欧是两个典型的代表。中国在历史上一直实行的是高度中央集权的地方统治制度,而西欧则是封建的分权占主要地位。可以说历史上的集权与分权传统对近代实行地方自治有相当大的影响。那么,日本的情况又是如何呢?通过回顾日本国家对地方统治的历史,可以总结出历史上日本地方统治制度的两个特点:

一是行政区划变化不大,在地方区划上为"国郡之下设町村之制,古来因袭久远",而且其区域名称"也依旧很少变动"。[1] 这是日本历史上地方统治制度的特点。

二是在绝对的中央集权下,相对的地方上存在一定的分权。古代的国造制到国郡里制,虽然是中央集权制度,但地方豪族的势力依然很强大。庄园制兴起后,地方上就出现了分权的局面,从中世到近世的武家政权时期,地方呈现一定程度的分权状态,特别是到战国时代地方分权达到了顶峰,到幕藩体制下各藩仍然保持一定程度的分权。但是这种地方分权也不同于西欧的地方具有极强的独立性的分

---

[1] 大森鐘一、一木喜德郎:「市町村制史稿」,原口敬明编:『明治史料』第三集,第10页。

权,天皇和将军始终是国家的统治者,可以认为日本的分权是一种介于西欧和中国间的弱分权状态。

日本历史上地方分权较多的特点与同为中央集权体制的中国存在着很大的不同,即与中国长期以来绝对的中央集权相比,日本具有西方国家分权制度的某些特点。这种特点给近代实行地方自治带来一定的正面影响:

第一,前近代的地方分权虽不能直接等同于地方自治,但却能孕育地方自治传统的产生和成长,为近代的地方自治形成奠定基础。西方国家的地方自治传统发达,正是源于西方的地方分权发达。而日本中世的自治城市(我们后面将要提到)的产生正是得益于战国时期地方分裂的加剧,即在分权状态下更容易产生地方自治的传统。

第二,在近代西力东侵下,地方分权和中央集权会表现出不同的应对冲击的特点。实行分权的日本地方已经有一定的自主性,因而在处理对外事务中显得相对灵活。而大一统的中央集权国家的地方则缺乏处理对外事务的自主性,尤其是面对前所未有的冲击时,地方上缺乏灵活性,只仰仗中央的命令,而当中央也缺乏相应的对策时,整个国家在面对外来的侵略时只能表现为软弱和无力。而这种软弱和无力又开始导致地方上的分崩离析,即地方实力派的成长,地方实力派的成长又导致国家陷入分裂。这种恶性循环给中国的近代化道路带来了重重的阻碍。依田熹家也认识到,"集中的封建统治制有合理的一面,但另一方面当中央权力一旦削弱时,可以代替它的强有力的政治势力难以成长。"① 我认为中日两国在近代以前地方上集权

---

① [日]依田熹家著,卞立强等译:《近代日本与中国 日本的近代化——与中国的比较》,第350页。

和分权的实态是导致两国近代不同发展道路的重要原因之一。日本在近代中央集权国家形成后,在中央法令不完备的情况下,许多地方事务由地方官自主行事,由于已有分权传统的存在,因此没有发生过度混乱的状态,就源于历史上,特别是幕藩体制下地方分权带来的地方自主性,这也为后来实行地方自治奠定了基础。

因为近代地方自治的重要内涵之一就是地方分权,因而历史上特别是封建社会末期的地方分权传统对近代地方自治的形成有重要的影响,日本近代地方自治的实行不能不说存在着这样的因素。

第二节 地方自治传统的产生与成长

近代地方自治首先发端于西方资本主义国家,是因为这些国家在历史上存在着高度的地方自治传统。那么,相对于西方社会地方自治自下而上的自然发展,作为东方社会的日本是否存在着自下而上的地方自治传统呢?这是我们需要研究的一个重要问题。

实际上经过研究,亚洲国家从古代到近世也不同程度地存在着地方自治或曰自治的传统。这些自治传统产生的时间不同、强弱程度不同、特点不同,但同样是不可忽视的。下面我们就分析一下日本历史上的地方自治传统。

一、中世的自治城市与惣村

马克斯·韦伯认为,西方的自治城市具有以下特征:(1)具有防御措施;(2)拥有市场;(3)有自己的裁判所,或至少有自己的法;(4)具有团体性质;(5)至少部分地具有自律性和自首性。[①] 根据韦伯的

---

① 转引自佐藤進著:『日本の自治文化——日本人と地方自治』,第6頁。

这一标准,日本学者在中世的日本城市中也寻找到了相同的特点。大量的研究表明,日本的中世也存在着自治城市,日本的学者正在致力于这种自治城市的研究。①

随着庄园制下农业技术的不断提高和社会分工的发展,在庄园领主的居住地、交通便利的市场和在地领主的居住地,聚集了许多商人和手工业者,开始形成了城市,这些城市由商人自治的治理,这就是日本中世的自治城市。

胁田晴子认为,日本历史上的自治城市,主要出现在14世纪的南北朝时期。② 这些自治城市都是由各町的町民来管理的,以"地下请"③的成立为标志,以地价的缴纳和行政权、裁判权的共同体委任为主要内容。代表性的城市有摄津的平野、筑前的博多、伊势的桑名等。其中位于濑户内海航路终点的堺是自治城市的典型。它不仅出现了由门阀商人组成的议会,而且还拥有自己的武装。在昭和初年刊行的《堺市史》中记载,他们即便在织田信长课税时,也以强硬的态度加以拒绝。④ 堺市在其周围挖了很深的沟渠以自卫,在战国时代成了一个安全的避难所,"宛然一个独立的国家。"⑤所以有学者说"日本甚至还有过近代自由城市共和制联盟的萌芽"。⑥ 这反映了日本中世自治城市的发达。

但是应该指出的是,日本的自治城市为数极少,而且水平低,只

---

① 佐藤進著:『日本の自治文化——日本人と地方自治』,第14頁。
② 佐藤進著:『日本の自治文化——日本人と地方自治』,第16頁。
③ 地下请:居民集体向领主交纳年贡。
④ 佐藤進著:『日本の自治文化——日本人と地方自治』,第15頁。
⑤ 東京市政調査会編:『自治五十年史』第一卷制度篇,良書普及会昭和十五年版,第27頁。
⑥ 吴廷璆编:《日本史》,第193页。

有部分人享有自治权,这是日本中世自治城市的弱点。到了丰臣秀吉时代由于加强了对城市的统制,使得中世的自治城市很快衰落下去。因此日本虽然一度出现了类似西欧的自治城市,但是从水平和后来的发展趋势来看,又和西欧存在着一定的差别,以至于后来走向了消亡。对于为什么日本会产生自治城市,许多学者认为是历史上的分权状态导致了自治城市的形成。

村落共同体的自治是日本中世自治传统产生的又一表现。早在镰仓时代,由于国司的腐败,就出现了农民协同斗争的形态。随着全国的庄园化,下层百姓地位的上升,到了十二三世纪,自治的村落形成。① 到了室町期,村落中进一步形成了誓约、共同负担、地区的共同祭祀,反映了中世村落自治开始出现。随着农村农民团结的加强,形成了农民在发生重大事件就来到中心神社处集会的传统,成为同封建主进行斗争的最主要方式。与此同时,还出现了农民团结起来拒绝领主代官进入庄园,规定向领主交纳年贡由集体承担,这被称为地下请和百姓请。这种在斗争中自发形成的农村结合的组织被称作惣,而有惣的村被称为惣村。这种惣村主要由名主来把持,被称为初步带有农民自治色彩的组织。惣在其发展过程中,除了肩负组织农民向领主做斗争的任务外,还掌握了处理用水和入会地等农村日常生活中经常需要解决的问题的权利。15 世纪以来甚至出现了利用一条河水,生活在一个盆地或需要共同利用入会地的几个乃至十几个自然村的惣的联合组织,这种联合组织往往超越郡的界限。惣村主要是在近畿地方,尤其是在近江、山城、奈良等农业发达的地区形

---

① 吴廷璆编:《日本史》,第 173 页。

成较快,而在关东、东北、九州等地区形成很慢。① 而且,有研究发现,在中世的村落中已经出现了"寄合"。"在寄合里,严格要求成员的全员参加",②是町村合议的重要机关。这种合议机关到近世乃至近代一直保留下来。

不过,日本这种村落自治的发达,也存在着弱点,即这种统治还是家父长制的,没有同血缘的结合分离出来,甚至有的地方就是一种同族的结合。③

中世的自治城市和自治村落,集体的斗争是重要内容之一,特别是在室町后期发生了很多著名的事件。但是在日本历史研究界,对于这些斗争也存在着不同的认识。如历史上有名的山城国一揆,有人认为是地方自治,但也有人主张是"在地领主反对守护的斗争"。但是无论哪一种观点,都没有反对这是"同中央的统治势力对抗的一种自治形态"。④

十五六世纪以后,战国大名领国制形成,惣村、惣町等为了地区的利益和大名展开对抗,从而加强了自治的基础。但是到了丰臣秀吉时代,加强了对城市自治权的压抑和剥夺,确立了领主对城市的所有权,町丧失了自我管理的功能。另外,在农村开始进行了太阁检地,为了收取年贡的需要,把中世的乡分割成小村,中世以来的"村惣中"也开始解体。

中世的城市自治和村落自治是在日本中央集权最弱的时代,即室

---

① 吴廷璆编:《日本史》,第173页。
② 歴史学研究会、日本史研究会編集:『講座日本歴史4 中世2』,東京大学出版会1985年版,第137頁。
③ 吴廷璆编:《日本史》,第173页。
④ 佐藤進著:『日本の自治文化——日本人と地方自治』,第14頁。

町和战国时代形成的,它的出现,对于日本的历史有着深远的影响。

二、幕藩体制下的町自治和村落共同体

幕藩体制下的大城市失去了自治权,但是在后来形成的城下町,仍然由町众进行自治的治理,由町寄合进行自治的运营,町内也由五人组处理自治事务。

在农村,中世的乡、庄解体后,领主将作为生活单位的小地区集团切割为"村",作为他的统治和年贡收取单位,近世的村就是这样形成的。这种领主确定一个村的土地、农民和收获量,以自立的小农为基础以村为单位的地租榨取制,称为村请制。不仅如此,村同时也是领主对农民进行统治的基本单位。各村都设有名主(也称庄屋,就是村长)、组头(也称年寄,名主的辅助者)、百姓代(村民的代表,对名主进行监督),称作村方三役,作为领主统治的末端机构,负责命令的传达、年贡征收、劝农、土木事业和治安维持等。所有的农民都被编成五人组,在法律和交纳贡租上负有连带责任。此外,领主还通过"宗门人别帐"对各个家单位进行把握。这样,通过村役人(官吏)—五人组—家长—家族员的系列,领主实现了对村的统治。

但是近世的村落不仅仅是领主统治的行政单位,同时它也是生产和生活的单位,是具有很强自治功能的村落共同体。生产上的作业,如插秧、耕田、防治病虫害、脱谷等都是以村落为单位进行共同劳动来实现的,而在日常的生活方面,祭礼、婚礼、葬仪等都是靠村民的互相协助共同进行的。

近世的村落共同体具有很强的自治功能。中世以来村落的寄合仍然保留下来并有所发展。近世的寄合可以说是村中所有户的户主联合会,基本上是由本百姓(年贡负担者)一户一人组成,但不承认水吞百姓(不负担年贡者)的参加。所协议的事情除了最主要的年贡分配外,村役人的选出、村预算的决定、冠婚葬礼和祭礼等都是最重要的议题,村内的诉讼和犯罪的取缔等关乎农民生活的问题也都包括在内。最有趣的是在寄合里讨论问题时,实行的既不是权威者的发号施令,也不是近代的多数议决制,而是全员认可制。一个问题,必须得到所有成员的同意,才能付诸实施,只要有一个人不同意,也绝不执行。在第一回寄合上未取得一致的问题必须经过两次、三次的协议,达到全员同意才可以上升为整个共同体的意思。各村的村方三役,基本是由村落共同体选出来的,他们作为领主统治的末端机构的同时,更是村民的代表,村落自治运营的主持者,因此"在一定的条件下,有可能作为全体村民利害的代表者同领主进行对抗",①是同时具有两种功能的"复杂微妙的存在"。②

在村中还有共同的"村规约"即村法。前田正治认为,近世的村法是自治规范的同时,也是领主法,有一个不断领主法化的过程。③表明近世日本的村落共同体是"自治自卫组织"的同时,也是"领主强制体系基础的一个环节"。

当然,关于日本近世的村,大体上分成两种意见:一种认为,日本近世的村有很强的自治功能,这种观点的代表人物是水本邦彦;而另一种观点则认为主要是领主的下层组织,这种观点的代表人物是佐佐木润之介。④ 二者的不同实际上最终都集中到对村请制的认识上。

---

① 大島美津子著:『明治国家と地域社会』,第76頁。
② 都丸泰助著:『地方自治制度史論』,新日本出版社1982年版,第18頁。
③ 参见前田正治著:『日本近世村法の研究』(有斐閣昭和五十三年版)的论述。
④ 青木美智男等编:『争点日本の歴史』5 近世编,新人物往来社平成三年版,第65—66頁。

尽管我们从历史上寻找到日本自治传统的痕迹,但是要过高地评价这种自治传统也是不正确的,正如辻清明指出的那样,"应该慎重地把历史事件和制度同现代地方自治观念简单地等同化。例如我们常常举例的中世城市由有力的问屋众①进行町政统治,也并非是所有市民都参加,江户时代城市的各种制度,也都在幕府和领主的奉行、代官等的严格监督下,五人组也是专门为防犯、防火、征税而设,(它们)比起町民的意思表达机关,实际上主要是一种统治手段。关于村落,也有人对村方三役过高评价以论述其自治秩序,但是特定少数家格高的统治层独占三役地位,下层的小前(普通)百姓等没有充分的发言权,只不过被村社会的强制所束缚地生活。因此,即使承认村落有自治性,这也是近于分权或团体自治的性格,和今天个人单位的居民自治相差很远。"②

总之,分析日本历史上的地方自治传统,可以总结出以下三个特点:一是在日本历史上的中央集权弱地方分权强的室町时代一度出现了类似于西欧社会的自治城市;二是日本的地方自治传统多是一些小范围的自治,如一个町的自治、一个村的自治或一个城市的自治,缺乏大范围的自治;三是日本的地方自治传统总体上说程度较弱。

第三节　幕藩体制下村落共同体的特质

明治维新后日本仍然是个农业国家,农村人口占 80% 以上,因

---

① 问屋众:批发商的合议组织。
② 辻清明著:『日本の地方自治』,岩波书店 1976 年版,第 167 页。

此近代地方自治也主要是农村自治，所以幕藩体制下村落共同体的自治与近代地方自治有着重要的关联（这一问题我们将在后面涉及），也是明治官僚重视的对象，因此本节我们将通过与中国的对比，进一步考察日本幕藩体制下的村落共同体自治的特点。

这里我们引入"地方公共关系的发达"这一概念。所谓"地方公共关系的发达"，山田公平总结为：即由公选议会代表的地方居民团体，居民团体具有公法人格的性格，具有自律和自首性，即自己制定条例和选出自己的代表，而且由有薪的专门职员履行职务，以及对地域全体的自治行政由居民进行统治等内容。① 结合日本的历史实际，我则将它分为四个方面：一是类似于近代议会的地方居民的合议机构；二是关于村落财政的运营；三是地方团体的拟公法人性；四是地方团体的法。

一、日本村落共同体的公共关系

1. 寄合

按照常理来说，在前近代类似于近代议会的合议机构，会在近代地方自治的形成过程中转化为地方议会，即便不是直接的方式，单是这种长期以来养成的合议传统和习惯也会对近代议会的形成产生良性推动力。世界上的许多国家历史上的村落都存在着这样的机构，如俄国和印度。在日本的村落共同体，我们也发现了这样的机构——寄合。前已述及，日本町村的寄合早在中世纪就开始出现，到江户时代已普遍存在于村落共同体中。寄合是团体居民的总集合，其主要功能是协调商议町村内以町村役人的选举和町村财政为中心

---

① 山田公平著：「明治地方自治の国际的性格——比较史の观点から」，日本地方自治学会编：『日本地方自治の回顾と展望』，地方自治丛书2，敬文堂1989年版，第51页。

的大小事项,在寄合中通常实行的是"全员一致"原理(当然,也有学者认为从近世中期以后,也有地方形成了由多数决定的习惯,即投票)。① 因此从日本村落共同体的寄合传统来看,它已经具有这种性质。

2. 协议财政

近代地方自治形成的重要内容之一是地方财政的公共财政化,包括地方财政运营的公共化。即地方财政的运营不是由一个人来专断地决定,而是其收入和支出等都需要合议机构的共同协议。实际上许多学者早已注意到财政问题在近代宪政中所具有的重要作用,而把宪政的思想归结为"人民有交税的义务,就要参与国政"。日本村落共同体中寄合的一项重要功能就是协议"年贡的分割"和"村入用"(村费)。德川时代领主征收年贡实行的是村请制,即以村整体承包的形式而不是按各户来征收年贡,因此年贡的分割要由各村自主进行。年贡的分割"不是根据领主的指示,而是所有百姓集合,基于合议的方式进行的,其公正性在百姓的合议和监督下得到了保证"。② "村入用"也是如此。关于"村入用"要召开村寄合,其重大事项要由村民共同协议。村财政的支出先由名主垫付,然后在年终进行结算,并付给名主一定的利息。同时账目要接受村民的监督,而且还要接受上级官吏的检查。出现临时的费用和大额的费用要和百姓代表商谈。如果村役人有不正行为,"一般村民还可上诉。"③村落中关于财政的协议传统对近代日本地方自治形成的影响也很大,它

---

① 青木美智男等编:『争点日本の歴史』5 近世编,第 153 页。
② 斎藤善之:「幕藩制における村落共同体と年貢勘定」,『歴史学研究』548 号,1985 年 11 月。
③ 藤田武夫著:『日本地方財政制度の成立』,岩波书店昭和十六年版,第 10 页。

使民众很容易接受近代公共财政、租税等观念,并且能够适当利用此来维护自己的权利。

3. 入会

村落共同体的拟制公法人性。在研究日本近代以前的村落时,我们常常会接触到这样一个词汇"入会"。对于这个词汇,日本人并不陌生,而且认为是理所当然的一种现象,但是中国人看到,却一定是一头雾水。所谓"入会",即除了土地的个人私有外,作为生活必要补充的薪炭、牲畜的饲料所需要的草等都要在山林中获取。但是除了富人有自己的山林外,普通的农民只能采取入会的方式来进行。只有入会后,才能拥有这片土地的使用权力。近代以前日本一般的村都有村持入会地。在法律上村持入会地一般被看做是总有或是町村共有。① 入会的传统在中国是不存在的,它表现了日本村落内部高度团结的状态。中田薰称日本的村落共同体具有"日耳曼法型的实在的总合人"性质,认为这种"实在的总合人"经过1888年市制町村制发布后变成了"罗马法的拟制人"。② 近代日本地方自治采用的是团体自治,因此地方团体公法人化是重要内容,前近代是否存在着相似的传统有很重要的影响。

4. 村法

近世日本的村落共同体内部,还存在着自己的村法。这种村法极为严格,对所有村民都具有约束力。这种具有制约力的村法的存在,加大了日本村落共同体社会内部的自我管理和自我约束。

---

① 戒能通孝著:『入会の研究』,日本評論会,昭和十八年版,第3、18頁。及中田薰:「明治初年に於ける村の人格」,收入中田薰著:『法制史论集』第二卷,第1103頁。

② 中田薰:「明治初年に於ける村の人格」,收入中田薰著:『法制史论集』第二卷,第1104頁。

近代地方自治的形成要求地方上存在着自我管理和运营的能力,这是通过"地方公共关系的制度化"来实现的。① 以上我们通过分析,发现日本村落共同体的寄合、财政共同协议、入会以及村法的存在,表现了幕藩体制下村落共同体公共关系的发达。这些公共关系为近代地方自治的形成作了一定的制度上的准备。

二、中日地方自治传统的差异

因为日本存在着村落共同体,所以战前不少日本人往往认为中国也存在着类似的村落共同体,甚至用同样的视角来研究中国问题。1940年,为了加强对中国的侵略,日本的兴亚院和满铁曾经组织一部分学者对中国农村进行了详细的调查,这次调查的资料战后由岩波书店整理出版,书名为《中国农村惯行调查》(全六卷),成为各国学者研究中国农村极为重要的第一手资料。② 但是在战后的日本,却根据这些调查资料得出了完全相反的两种结论。以平野义太郎为代表的一派学者,从中国农村的"看青苗"传统中分析中国也存在着村落共同体,而戒能通孝则认为"在中国缺乏共同体的性质",而且后来基本上是"否定的倾向比较强",③但关于这一问题的探讨直到今天也没有结束。④ 也就是说,在对于中国村落社会特点的分析中,"中国是否存在共同体",成为日本学者始终争论的问题焦点。战后石田浩在《中国农村的历史与经济》中提出中国农村组织的基本性质不是"村落共同体",而是"生活共同体"。佐佐木在《中国民众的

---

① 山田公平著:『近代日本の国民国家と地方自治』,第70页。
② 如美国学者杜赞奇的《文化、权力与国家:1900—1942年的华北农村》等著作就是利用这些资料来完成的。
③ 旗田巍著:『中国村落と共同体理論』,岩波书店昭和四十八年版,代序。
④ 参见内山雅生:「近现代中国华北农村社会研究再考」,『歷史学研究』第796号,2004年12月。

社会与秩序》中,在福武直理论(后面将要提到)的基础上提出了"中国村落的结社性质"、"多层结构"和"动态结构"等概念,[1]这都是对中国农村社会特点认识的代表成果。

在这些争论中,东京大学社会学家福武直教授的理论最为引人注目。他不是分析中国农村是否存在村落共同体,而是通过在40年代对中国的直接考察,总结出了中日两国农村社会存在的巨大差异。他认为:"虽然同属于东洋社会这一范畴",但中国的社会和日本的社会却"性格迥异",这主要表现在农村社会上。他总结出中国和日本农村社会几点主要的不同是:(1)家族制度的差异,即日本的家族制度实行的是长子继承制,而中国实行的是诸子均分制;(2)农村的同族不同,日本重本家和分家的关系,中国重视辈分长幼;(3)佃农和地主的关系不同,日本是亲方子方的关系,中国是直接对立的契约关系;(4)中国的村落大多没有村有财产,村民缺乏共同体意识,而日本的村落多共有入会地和采草地等,存在着强烈的共有财产意识和共同体情感;(5)在村的政治机构上,中国的地主富农等有实力者成为统治者,而日本统治层和被统治层则结成了保护和服务的相互依存关系等等。[2]

由上可见,日本和中国尽管都处于东亚,同属于马克思所说的亚洲共同体,但是从农村社会特点上看,日本和中国则有着非常明显的差异。巴林顿·摩尔在他的《民主和专制的社会起源》中也发现了这一问题,他说:"中国的村庄,像其他国家一样,是农村社会的基本细胞。但和印度、日本甚至欧洲的一些地方相比较,中国的村庄显然

---

[1] 李国庆:《我国农村社会变迁与农村社会学研究述评》,学说连线网2002年。
[2] 福武直著:『日本農村の社会的性格』,東京大学出版会1956年版,第49—56页。

缺少凝聚力……中国的村庄与其说是生活和功能性的共同体,还不如说是许多农家的聚居地。"①而日本则是"高度集中"的农村,"由于农民阶级所表现出来的集中化程度反映了个体生存其间的整个社会关系体系,所以对于政治发展态势具有明显的重要意义。"②

这种不同的农村社会特点,也影响到两国自治传统的不同。对于中国的自治,早在清末实行地方自治时,不少人就提出自治传统在中国自古就存在。如1907年(光绪三十三年)端方等在上书中即指出:"地方自治之制,其名词译自日本,其经画始于欧美,自列强均势,凡政治学家之言,皆曰非立宪无以自存,非地方自治无以植立宪之基本。而疑中国数千年来,有官制无自治。臣等以为周之间胥、比长,与汉之三老、啬夫,虽命自国家事殊团体,然其首任自选举而来,其用人必不出本郡。揆诸自治之意,不啻导以椎轮。"③而清末署名"攻法子"者亦云:"欲问中国地方自治体何在,则绅士是矣。绅士所得干预之地方公事,其范围与各国地方自治同,而时或过之。……故中国之地方自治,真有相沿于自然之势,有自治之实而无自治之名。"④即便是我国当今的一些学者,在探讨中国的自治传统时,也提出此说,认为中国的自治传统古来有之。

中国历史上的自治在南方被称为族制,在北方也有家族的联合体,此外还有所谓的乡绅自治。但是无论是宗族自治,还是乡绅自

---

① [美]巴林顿·摩尔著,拓夫等译:《民主和专制的社会起源》,华夏出版社1987年版,第165—166页。
② [美]巴林顿·摩尔著,拓夫等译:《民主和专制的社会起源》,第385页。
③ 故宫博物院明清档案部编:《清末筹备立宪档案史料》下册,中华书局1979年版,第722页。
④ 引自沈延生、张守礼:《自治抑或行政——中国乡治的回顾与展望:历史上的乡治》,中国农村研究网。

治,如果我们深入分析的话,发现它都没有像日本村落共同体那样,形成地方的公共关系。既缺少一种可供村落全员参加的集会,缺乏共有财产,更谈不上财政问题的公共协议等。即"基层社会公共性的缺乏,是中国社会一个主要的特色"。① 日本学者也指出,这种所谓的自治也"只不过是以少数有力的权威者为中心势力,对多数无力的民众进行统帅的寡头政治的自治而已","如果仅仅因为是自治就把他理解为是民主的,则是大大的错误……如果深入其实质,就会发现,那里丝毫不存在民主主义,是由长老统治的专制世界。"②甚至有人认为,"中国的农村社会实际上不存在日本近世社会的高度自治。"③这是中国自治传统的特点,它导致自下而上自主的近代自治要求的缺失,缺乏推动地方自治实行的基层力量和传统习惯的支撑,而且也没有为近代地方自治制度的形成提供制度上的准备,这不能不说是中国近代地方自治失败的重要原因之一。因此,虽然同为自治,由于日本在基层组织上更为严密和地方公共关系的发达,所以日本近代地方自治的转化过程中存在着更多的有利因素,这将通过以后的具体研究得到证实。

三、对日本村落共同体特质的探讨

日本学者在研究村落社区或者社会时喜欢使用共同体一词,据学者考证,这一词最早来源于卡尔·魏特夫,④在第二次世界大战前已经被广泛使用。共同体一词,是英文 community 的译语,而现在则

---

① 麻国庆著:《家与中国社会结构》,文物出版社1999年版,序。
② 松本善海著:『中国村落制度の史的研究』,岩波书店1977年版,第16、540页。
③ 内山雅生:「『中国農村慣行調査』と中国農民」,收入『岩波講座 近代日本と植民地4 統合と支配の原理』,岩波书店1995年版,第274页。
④ [美]杜赞奇著,王福明译:《文化、权力与国家:1900—1942年的华北农村》,江苏人民出版社2004年版,149页。

被普遍翻译成社区一词。但是日本选择共同体,实际上有着独特的含义。

1953年,马克思的《资本制生产前的诸形态》一文在日本发表,影响了日本学者对村落共同体的定义。他们都把村落共同体视为落后的、生产力不发达的表现,认为随着社会的发展,这种村落共同体必将解体并转化为现代社会的个人主义。

如丸山真男在强调日本近代化的畸形发展时,指出村落共同体的保留就是重要原因。他说,"绝对主义的集中正如前述是在权力的顶部出现了'多头一身的怪物',相应的社会的平准化也没有到达最底部的村落共同体。其两极的中间地带快速地'近代化'是因为在制度上、意识形态上顶点和底部两极温存和利用了'前近代性'。以同族(当然包括拟制)的纽带、共同的祭祀和邻保共助旧惯形成的部落共同体,其内部不允许个人的析出,在决断主体明确化和回避利害对决情绪即直接结合态这点,或者在固有信仰的传统发扬地这点,在权力(特别是通过入会和水利统制表现出来)和恩情(亲方子方关系)自然统一这点上,是传统人类关系的模范,构成了国体最终的细胞。"①东京大学社会学家富永健一也指出,村落共同体"是社会关系限定在一定土地范围内的闭锁状态",随着社会的发展,社会关系向外扩张,共同体开始解体。②

但是正如前面所探讨的那样,我们从日本的村落共同体中看到了它蕴涵着向近代发展的因素,尤其是对近代地方自治形成的积

---

① 丸山真男:「日本の思想」,『丸山真男集』第七卷,岩波書店1996年版,第227—228頁。

② 富永健一著:『近代化の理論——近代の西洋と東洋』,講談社2001年版,第306—308頁。

极作用。山田公平教授在他的《近代日本的国民国家和地方自治》一书中即指出，日本传统地域社会公共关系的发达，正是近代地方自治制度得以形成的重要因素。龟卦川浩也把村称为幕末惟一的自治体。[①] 因此可以说，这是一种村落社会的特点，即内部结合的紧密性，在这种紧密的结合中同时孕育着公共关系的发达。即虽然村落共同体是封闭的，对个人起到束缚的作用，是封建的、落后的，但我们不能否认其所蕴涵的地方公共性，而地方公共性的发达，必然为近代地方自治制度的实行奠定良好的基础。

四、幕末村落共同体的变迁

我们前面分析了幕藩体制下村落共同体的特质，强调其地方公共关系的发达。但是到了幕府末期，由于西力东渐和商品经济的浸润，这种村落共同体也发生了很大的变化，在这种变化中，日本迎来了明治维新。

幕末给农村带来巨大影响的是商品经济的发展。幕藩体制下的村落是以具有负担一定租税能力的本百姓（自耕农）为中心的组织，但是随着商品经济的发展，农村中的农民阶层开始发生分化。一方面是土地日益集中，出现了新的豪农和地主。所谓豪农，是指"或从事地主手作经营或作为农村小工业的经营者而活跃的社会层"；[②]另一方面是失去土地的农民，日益变成水吞（不负担年贡者）、小作（雇农）、日雇等阶层。这种农民阶层的分化，给幕末的农民斗争带来了新变化。

德川前期的农民斗争，大多是名主等村吏代表农民，向封建统治

---

① 東京市政調査会編：『自治五十年史』第一卷制度篇，第24頁。
② 伝田宮著：『豪農』，教育社1979年版，第10頁。

者申诉,要求减免贡租等,但是到了中后期,随着农村内部贫富差距的加大,农民、佃农对地主、高利贷者的斗争日益激化。

一揆是日本一种独特的农民斗争形式,其表现为全村农民的共同行动。一揆在日本有着很长的历史,到德川中后期,又开始大规模地出现。其根本原因还在于幕藩体制下的封建领主对农民的剥削增强,加上自然灾害频繁发生,使农民生活陷入没落。如1732年(享保十二年)西日本发生大虫害而发生了享保大饥馑,1782—1787年(天明二至七年)和1833—1839年(天保四至十年)由于东北地方的冻灾而发生了天明、天保大饥馑,都严重加剧了农民的没落、农村的荒废,因此农民的一揆斗争再度高涨起来。

幕末的农民一揆被称为"改世一揆"。其原因是幕藩体制下以本百姓为中心的体制解体,豪农兼并土地,并同领主势力勾结起来,成为村落中的特权阶层。这样,原本以本百姓为中心形成的村落秩序被打破了,豪农、地主等与中下层农民的对立激化,因此,下层农民反对特权阶层的村方骚动和村政改革运动此起彼伏。他们的斗争口号是"改革世道",要求改革村政,实现村政的公正性,提出了"降低物价、减轻年贡杂役、新税撤废、质物返还和追究村役人地主的不正"等口号,往往不是直接指向幕府的制度,而是对着村役人和豪农地主的不公正行为。

在这种背景下,幕末的村落共同体的自治也发生了变化。德川初期以本百姓为主体的具有自治特点的村落共同体开始从"统治手段"转变为"抵抗手段"的自治组织,①开始向小农民的自主、自治组织转化,这种影响一直持续到明治维新以后。

---

① 渡边隆喜著:『明治国家形成と地方自治』,第4页。

一种新型的制度能否成功实行,与其国的历史传统有很大关系。特别是地方自治这一与地方居民生活紧密联系的新型制度的形成,更不能在短时期内一蹴而就,而是需要一个历史过程,受历史上自治传统发达与否的影响很大。因此本章首先追溯了日本历史上的分权和地方自治传统,结论是日本历史上地方分权较多;历史上日本具有一定的自治传统。这种传统不同于欧洲,也不同于中国,总体说来具有自己的特色。

　　首先从分权来看,尽管在历史上日本一直实行地方行政,但是这种地方行政不同于中国长期以来中央集权的郡县制,而是一定程度上具有分权的特点,这一特点对日本的影响很大。同时日本历史上产生了地方自治传统,并一度形成了类似于欧洲的自治城市,这是在中国的历史上看不到的。特别是到近世,在最底层的自治村落社会,蕴涵了地方公共关系的发达。因此,在向近代地方自治制度的转化过程中,会相应地减少阻力,过渡会更容易些。渡边隆喜认为,"近代地方自治制的形成,是继承了幕藩体制下的地方行政后展开的,这一点是不能忽视的。"[1]因此在日本近代地方自治制度形成过程中,外来制度和固有自治的关系成为战前以来地方自治研究中的重要课题。[2]

---

[1] 渡辺隆喜著:『明治国家形成と地方自治』,第5頁。
[2] 山田公平著:『近代日本の国民国家と地方自治』,第336頁。

第二章 明治初期的地方行政

　　明治维新初期，新政府最重要的目标就是加紧实现中央集权，这是建设近代民族国家所必需的步骤；同时，政府开始了各项资本主义改革。因此在地方制度上，一级行政区划上实行府藩县三治制到废藩置县后，对于府县以下的地方在很长的一段时期内没有形成固定的政策，基本上还维持着旧幕时代的特点。到1871年，为了掌握户籍的需要，在府县以下各地划分了户籍区。而这种户籍区很快又演变成行政区划的大区小区，直到1878年三新法发布后才改变。所以在日本一般把这一时期称作地方制度的大区小区制时期。大区小区制的特点，不论从财政还是行政上看，只能算是过渡时期的地方制度。但尽管如此，这却是一个非常重要的时期。在这一时期，不仅实行了以地税改革为代表的各项重要改革，同时启蒙思想和自由民权思潮也开始萌动，这些思潮同日本社会历史传统结合起来，推动了地方民会的出现和发展，成为迫使政府改革地方制度、初步实行地方自治的重要力量。因此，研究日本近代地方自治制度的形成，大区小区制是一个重要问题。由于从明治维新到大区小区制实行的这段时期都具有相同的特点，所以我统一把这段时期称为明治初期的地方行政时期。

第一节　明治初期的地方行政政策

明治初期政府首先收回了各藩的权力，在一级行政区划上实行废藩置县，加强了中央集权。而后在府县以下地方实行了大区小区制度，加强对底层地方的管理和对民众的控制。这些制度总体上说来，是明治政府实行的地方行政政策，地方自治的问题还没有提到日程上来。

一、从府藩县三治到废藩置县

1868年1月"王政复古"政变成功后，明治新政府发布布告，宣布没收幕府的直辖领地，在重要的地方设裁判所，置总督，管理手下的官员和处理地方事宜。为了迅速实现中央的权力集中，同年6月，政府发布《政体书》，在规定中央的政治体制的同时，也对地方体制进行了新规定。在政府的直辖地（旧幕府直辖地）下设府和县，置知事和判事（称知府事、判府事和知县事、判县事），知事总"掌繁育人民、富殖生产、敦教化、收租税、督赋役、知赏刑、兼监府（制乡）兵"之事。① 共设置了9府22县（1869年7月除京都、大阪外皆废府置县）。各藩仍如从前，但也并非凡事都"自由裁量"，而是规定"应体誓文，勿以其一方之制法而概他方，勿私授爵位，勿私铸通宝，勿私雇外国人，勿与邻藩或外国立盟约，即不可以小权犯大权而紊乱政体"。② 这就是最初的府藩县三治制，可以说，该制度是明治政府在实行中央集权过程中的过渡政策。但它的发布还是有着很重要的意

---

① 「政体書」，内務省地方局内自治振興中央会編：『府県制度資料』上卷，歴史図書社1973年版，第9页。

② 「政体書」，内務省地方局内自治振興中央会編：『府県制度資料』上卷，第3页。

义:它表明日本要实行以太政官为中心的统一管理,并开始对地方实行府县制度,"府县成为政府展开统一的全国政策和赋予地方官行使广泛权限的统一国家的地方行政区划。"①

同年10月,藩制职制发布,政府强调"三治一致",规定各藩废除原来门阀世袭的家老,新设执政、参政和家知事,将各藩的家政和藩政彻底分开,并对藩政加以干涉和行政监督,从而迈出了"藩体制解体的第一步"。② 1869年2月颁布府县施政顺序,鉴于地方"政令不一,常使下民疑惑"的情况,政府具体规定了府县事务的内容。规定地方官应进行"平年量租税定府县常费之事"、"立议事之法之事"、"户籍编制户伍组织之事"、"救济贫民"以及"设立小学"、"兴地力开富国之道"等等。③ 但是除了知府县事由中央政府直接任命外,立法、司法的实际权限还委托给地方官,使府县保留了一定的独立性。6月实行版籍奉还,政府任命藩主为知藩事,同时将大小诸藩划一化,规定了旧藩主即知藩事的俸禄和藩财政经费,废止了藩士的身份阶层制,改革和削减藩士的俸禄等,迈出了中央权力对藩统治的重要一步。7月发布职员令,明定地方长官的职制和权限等,原来的"私的、家产制的体制完全解体"。④ 政府在实行版籍奉还后,命令藩知事和府县同样处理事务,其根本意图是把各藩也同样作为国家的地方单位进行把握。这样通过版籍奉还,政府使藩厅地方官厅化,否定了领主的私有特权。1870年9月,政府还公布了改革藩制度的"藩制"。

---

① 山田公平著:『近代日本の国民国家と地方自治』,第361页。
② 山中永之佑著:『日本近代地方自治制と国家』,第66页。
③ 内务省地方局内自治振兴中央会编:『府县制度资料』上卷,第22—23页。
④ 山田公平著:『近代日本の国民国家と地方自治』,第361页。

但是，由于地方割据的局面仍然存在，因此影响了政府的各项政策。1871年7月政府断然实行废藩置县，14日，木户孝允把在京的76个藩知事聚集在宫中，宣读了废藩置县的诏书，果断地废各藩，统一为府县。这样，封建割据的全国260余藩被废除了，划为1使3府302县。这种对封建领主的藩的完全否定之所以能够实行，原因在于当时各藩也苦于财政危机，因此对明治中央集权具有重要意义的废藩置县几乎没有遇到任何阻力就实现了。同年10月政府定府县官职制，12月发布县治条例及县治职制和县治事务章程，规定"地方官设令、权令，负责对人民的户籍等"。① 明确地实现了府县为中央集权国家的下级行政组织，从而实现了中央集权的统治。1875年，又进行了修改，对地方官的组织权限进行了更为细致的规定。

府县设置后也经历了多次的废合。如在废藩置县当初，共有3府302县，同年11月合并成3府72县；1876年，再次将府县进行整理，变成3府35县，与此同时，发布了县官任期令。此后到1879年政府吞并琉球国设冲绳县，日本在府县级的行政改革终于完成了。1888年，最终确定了3府43县，此后虽然有个别的变化，但总体上府县的区划是稳定的，并一直保持到战后。

废藩置县的实行在日本具有重要的意义。实际上在废藩置县实行前，新政府还曾经犹豫，究竟是"实行以藩的存在为前提的中央集权还是否定藩的存在的彻底的中央集权"，即"是封建还是郡县"②的争论曾一度存在过。由于客观条件成熟，明治政府终于毅然实行废

---

① 「県治条例」，内務省地方局内自治振興中央会編：『府県制度資料』下卷，歴史図書社1973年版，第16頁。

② ［日］依田憙家著，卞立强等译：《近代日本与中国 日本的近代化——与中国的比较》，第382页。

藩置县,它开创了日本近代的府县制,在一级的地方行政区划上实行了国家的划一管理,在加强中央集权上起到了决定性的作用,这标志着分裂割据的幕藩体制彻底结束。

但是值得注意的是,实行废藩置县后,明治政府对府县的地方统治并没有就此稳定下来,在相当长的一段时间内,"以西南雄藩和其他旧大藩为核心成立的新县反抗中央的气运还很强",以鹿儿岛、高知等县为代表,常常"有意识地歪曲或无视中央政府的诸指令",[①]给中央政府的统治带来威胁。1873 年,政府为此设立内务府,对各府县进行严格的监督。此外,各府县也不断进行废置分合,直到西南战争后,政府对府县的统治才最终稳定下来。

二、从户籍法到大区小区制

在明治政府全力加强中央集权,首先着手一级地方区划——府县的改革之时,对于府县以下的郡和町村,一时还无暇顾及,也根本没有全国规模的改革政策,只是任由地方自己进行管理。1868 年 7 月,京都府发布了"町人组五人组仕法"、"郡中制法"、"市中制法"、"村庄屋心得条目"和"町役心得条目",算是地区改革的序幕,但也只不过是"改正大小不一的町组而已",[②]并无任何新意。1869 年 9 月 12 日,明治政府发布了"村村名主组头定使给米等姑依旧惯"的布达,[③]各村基本上维持了幕藩统治时期的旧制,旧幕时代的村方三役也大多被原封不动地保留了下来。因此明治维新初期府县以下的地方统治基本上是旧幕时代的延续,"即便是有制度上的变革,那也是由各藩或府县自行实行的,而且这些改革也基本上是同幕藩体制

---

① 大島美津子著:『明治国家と地域社会』,第 61 頁。
② 東京市政調査会編:『自治五十年史』第一卷制度篇,第 22—23 頁。
③ 布达:指布告。

下的原理相同的改编而已。"①

但是随着中央集权的渐渐完备,政府开始对府县以下的地方进行改革,加强对基层地方的行政统治。这首先表现在以户口为中心,对家进行管理。② 1871 年 4 月 4 日,即废藩置县实行前的三个月,明治政府以太政官布告 170 号发布了户籍法。户籍法规定,不论居民身份如何,除皇族外,一律是天皇下的人民,必须编入户籍中,即新的户籍法采取的是"根据一君万民、四民平等原则的住居地编成主义"。这反映了明治新政府急于对民众进行以家为单位的直接控制,以将家作为征兵、征税的基础单位,③同时这也是为了防止流民的发生。④"户籍法成为国家掌握人民的统一的集权化的最初政策。"⑤

为了实行户籍制,"各地依其便宜定区划,每区设户长及副户长,掌管区内户数人员生死出入等详情"。政府规定,户长和副户长只是处理户籍事务的地方官吏。对于所划定的区,同时规定"凡定区划,譬如说将一府一郡分成几区或几十区,定其一区或四五町或七八村组合,但其小者数十,大者可一二,任其时宜合其便宜无妨"。而且"如果难于急速划定区划者暂时以一村一町进行检查亦无妨"。对于户长和副户长的设置,"根据时宜可以设长副数人,而且户长事务用此前在各处之庄屋、名主、年寄、触头等长官,或用他人亦无妨。"⑥给予地方以极为自由的处置权。由此可见,户籍法本是关于

---

① 大岛美津子著:『明治国家と地域社会』,第 76 頁。
② 大石嘉一郎著:『日本地方財行政史序説』,第 50 頁。
③ 石田雄著:『近代日本政治構造の研究』,未来社 1985 年第 16 刷,第 106 頁。
④ 大岛美津子著:『明治国家と地域社会』,第 77 頁。
⑤ 渡辺隆喜著:『明治国家形成と地方自治』,第 40 頁。
⑥ 亀卦川浩著:『明治地方自治制度の成立過程』,東京市政調査会 1957 年版,第 17—18 頁。

户籍事务的基本法规,和地方制度并没有直接的关系。但是,在实行过程中,户长处理土地和人民等其他事务的例子也很多,最后导致户籍法对日本近代的地方制度产生了很大影响。

随着区的户长所管辖的事务范围越来越扩大,其权限不断和原来町村的旧役人发生冲突,使地方事务混杂,经费增加,造成种种不便。对此,1872年3月18日大藏大辅井上馨上书正院,提出"一事涉两样,有主宰抵抗之弊害,村长诸费也随之增加",主张"废旧来之名义,都改成户长副"。①

为此,同年4月9日政府发布太政官布告第117号,其内容如下:

一、庄屋名主年寄等皆废止,改称户长副户长,此前所处理之事务不待论,关于土地和人民等事务一切由其处理。

二、废除大庄屋等类。

三、户长副户长薪金及花费,可了解从前之庄屋名主年寄等情况,由官员神官华士族僧尼等以每户或小间②分割负担。

但户籍法施行后事务繁巨,从前之薪金不足时,经调查如无不当,可再增三成,由地方随意。

四、除町村外,城郭内外或阵屋③等华士族聚居之地,可命令户长副户长对土地广狭人家多寡进行比较后,支付村町户长副户长薪金。特别是其薪金由其区内官员神官华士族僧尼农工商等无差别,以每户或小间分割负担。

---

① 山中永之佑监修:『近代日本地方自治立法资料集成』1明治前期编,弘文堂平成三年版,第138页。

② 小间:小房间。

③ 阵屋:指兵营等武士、幕府官员休息之地。

但诸费为本文准许之事。

如上条应速改正。(后略)①

布告发布后,原来仅为户籍的区发生了变化,变成了行政区划,原来只负责户籍事务的户长副户长也成了新的地方行政负责人。

但是法令发布后地方事务仍然存在很多混乱,因此同年10月10日,大藏省又发布布告146号,其内容称:

庄屋、名主、年寄等改称之事,四月已有布告宣布,但一区无总括者,事务不便,因此依各地方之便宜,一区置区长一人,小区置副区长,报酬及其他费用等由民费出,特别是从前大庄屋大年寄等以自己之权力行不正之事,因袭则生事务壅蔽之害。(后略)②

通过这一法令的发布,开始承认府县以下地方分为大区和小区,大区设区长、小区设副区长。同时为了防止他们不再像以往的大庄屋、大年寄等那样"行不正之事",规定区长必须对事务处理方式和报酬仔细调查后方能做出决定。

关于区户长的身份,政府于1873年12月规定,区户长及一般士族的身份作为一般的人民处理。即区户长不属于政府官吏,而是属于一般人民。但是在1874年3月,政府发布太政官达28号,又改变了原来的规定,把区户长的身份看成是准官吏。区长、副区长是12到15等,户长为等外1等至6等,由各地方进行适宜的规定,其薪俸要在调查后上报内务省。这样,经过改革后,区户长实际上被视为了

---

① 山中永之佑监修:『近代日本地方自治立法资料集成』1 明治前期编,第137页。
② 小早川光郎等编:『史料日本の地方自治』第1卷「近代地方自治制度の形成:明治維新——1920年代」,学陽書房1999年版,第65页。

政府的官吏。①

这样通过户籍法和其他两个法令的公布,在府县以下的地方形成了大区小区制。这是明治维新后最初的府县以下的地方行政制度,这一制度直到三新法发布的1878年后才被废除。

三、大区小区制的特点

对于明治初期地方制度的特点,主要集中在对大区小区制的争论上,时至今日仍有学者不断写文章来探讨这一问题。大体说来,从战前到20世纪80年代以前基本上形成了固定的观点,即认为大区小区制是政府实行官僚统治的产物。但80年代以后以神户大学奥村弘的实证文章为代表,掀起了对大区小区制研究的热潮,学者们开始提出了许多新观点。以下具体分成几个方面进行探讨。

(1)大区小区与传统村落共同体的关系。战前以福岛正夫、龟卦川浩为代表的观点认为,大区小区的行政区域和原来幕藩体制下的行政区域完全不同,在大区小区制下,传统町村失去了法律地位,被埋没在小区中。他们认为,同实行废藩置县的原理一样,政府对于府县下的地方行政也遵循了破旧创新的立场,总体上的趋势是否定旧的统治组织,创设全新的统治组织,以便使中央政府的权力渗透到地方。这种观点在战后被大石嘉一郎、大岛太郎、大岛美津子等继承。但是80年代奥村弘发表了实证研究成果,他认为在废藩置县以后,以旧町村为行政单位的例子并不在少数,他们都是以继承近世行政秩序的手法设定大区小区的。大区小区制不仅同近世的行政秩序带有连续性,而且在大区小区制下,町村也没有被否定,而是赋予了其最末端行政单位的位置。他通过分析认为,大区小区制的特点并

---

① 東京市政調査会編:『自治五十年史』第一卷制度篇,第33頁。

不是完全否认町村，而最重要的是中间行政机构的改革，即把日本自古以来形成的郡废止了。① 此后其他学者也发表了相关的实证研究成果，认为町村在大区小区制下没有被否定。

（2）大区小区制是否完全官制。传统观点认为，政府原则上规定，大区小区长不能由原村役人直接转变，而是在废止其基础上新设的。也就是说，新的区长和户长等实行的是任命制，其任命权由府知事和县令来把握。而任命的基本方针是不受旧习、家格的限制，只以能力为基准。根据1874年3月8日太政官达28号规定，区长和户长皆为国家官吏，给予区长户长作为官吏的权力，使之自觉响应政府的政策。同年11月27日又规定区长户长在职中其家族享受士族之待遇。至此，区长户长无论是身份、任命方法，还是职务内容，都是明确地作为地方官吏来处理的。特别是在地税改革实行后，区长户长更自觉地响应政府意向，成为忠实执行府县指令的地方官吏。② 也就是说，地方长官完全是国家官吏的性质，完全听命于中央政府，而不是地方居民利益的代表。因此官选户长的专断引起了地方居民的不满，致使不稳的局面出现。但也有学者指出，士族、府县吏员和旧的大庄屋、大年寄等多被任命为区长，而原来的地方有力者和村役人等多被任命为户长。对于政府来说，要彻底排除旧的传统村役人的统治，获得民众对新的地方统治的支持，还需要一个很长的过程。因此实际上区长多官选，户长多民选，而且由入札（投票）的方式选举出来。

（3）大区小区制是否是统一的地方制度。传统观点认为大区小区制是由独立的法律制定的，反映了政府具有统一的政策，要对地方

---

① 奥村弘：「三新法体制の歴史的位置——国家の地域編成をめぐって」，『日本史研究』290号，1986年10月。

② 大島美津子著：『明治国家と地域社会』，第85頁。

加强官僚统治。如龟卦川浩认为，大藏省布达146号的发布，标志着政府"监督统治的强化"和对地方制度进行统一化。① 但奥村弘认为大区小区制期是"各府县地方官试行错误的时期，是统一的地方自治未成立的时期"。② 政府对大区小区的规模和组织根本没有详细的规定，一任地方官依各自方便行事，自由裁量，因而导致在各府县的形态千差万别。对于中央政府来说，维新初期最重要的是对民众进行控制，对实行征税征兵等有保障就可以了。

（4）关于大区小区的区划设置问题。原有的观点认为，大区小区是任意而设，同原来的郡和町村完全没有关系，但也有观点认为，"由于大庄屋和大年寄等废止很困难，因此政府设置的大小区并非任意而设，而是与江户时代各地方的大庄屋、大年寄统治的大小区划有关。"③奥村弘经过研究认为，大区小区类似于联合町村的区划。④

以上争议还需要学者在实证研究中进一步加以论证。但对于大区小区制的特点，笔者基本上赞同奥村弘的观点，认为大区小区制应该属于明治初期过渡的地方行政政策。因为从法令上看，大区小区制不是由划一完整的法令制定的，而是经过反复修正而形成的，由户籍法和其他两个法令形成的大区小区制，法令显得粗放，规定不细密，不是"一律的制度"，⑤具有过渡性的特点。而其在地方的实际施行中亦具有多样性，"在大区小区制下，既有在町村置行政吏户长和

---

① 龟卦川浩著：『明治地方自治制度の成立過程』，第22頁。
② 奥村弘：「「大区小区制」期の地方行財政制度の展開——兵庫県赤穂郡を中心として」，『日本史研究』258号，1984年2月。
③ 山中永之佑著：『幕藩·維新期の国家支配と法』，信山社平成三年版，第305頁。
④ 奥村弘：「「大区小区制」期の地方行財政制度の展開——兵庫県赤穂郡を中心として」，『日本史研究』258号，1984年2月。
⑤ 東京市政調査会編：『自治五十年史』第一卷制度篇，第35頁。

副户长,町村作为行政单位的府县,也有在区设行政吏户长和副户长,町村未置行政吏,即不承认町村作为行政单位的府县"。① 实际上80年代以后的实证研究证实,有不少地方传统的村落共同体仍在起作用。虽然政府的法令并没有相关的规定,但在实际的实行中,由于国家还无力对地方进行全面的控制和管理,因而不少地方都按旧有的习惯来处理事务。

总之,维新后明治政府在府县一级实现了中央集权,又对府县以下的地方实行大区小区制度,对地方各级都实行了行政管理。但大区小区制度因其法令的粗放和在地方实行的多样性,因而具有过渡性的特点,建立稳固的地方制度仍是政府必须面临的课题。

第二节 明治初期的地方财政

地方财政是地方制度的重要内容。明治初期国家在实行中央集权的同时,也开始着手整顿财政,首先是改变混沌不清的财政状态,实现国家财政与地方财政的分离,其次是新建地方财政。但是明治初期,政府在地方财政上也没有统一的政策,因此出现了过渡时期的地方财政——民费财政。

一、国家财政与地方财政的分离

在幕府时代,幕府和各藩的收入主要是地税,此外有杂税和课役,作为一定的经费补充。明治维新后,1868 年 8 月 7 日,明治政府发布了太政官布告第 612 号,规定"诸国税法之事与其土风甚笃不可分,如立新法反而背离人情,故一两年仍依旧惯",地方之租税问

---

① 山中永之佑著:『幕藩・維新期の国家支配と法』,第306頁。

题由"会计官"来处理。① 因此维新后的一段时期,地方实际上一直延续着旧幕时代的各藩财政制度,政府只掌握着幕府直辖领地的收入。而且,直到废藩置县前,政府始终没有对财政制度进行大规模的改革。

对于政府直接掌管的各府县,1868年8月,政府宣布实行置米金制度,即要求府县把征收的租税米金留取自己的经费后要向政府报告。而在东京府,府下的杂税及金谷直接收入国库,国库的收入同时也是东京府的收入。② 1871年4月10日,政府新设交付"赤纸切手"制度,即规定府县在使用备置米金和租税米金时,要接受大藏省给的俗称为"赤纸切手"的传票。这种制度的设立,虽然使"府县的收支比以往更明确,中央政府掌握府县的财政更方便",③但是总体来说,中央财政和地方财政的混乱状态没有得到根本的解决,近代地方财政的改革还没有真正实行。

1871年废藩置县的实行使明治政府终于实现了中央集权。为了确保新政府的统一权力,加紧进行财政基础的建设也提上了日程。政府开始整理税收制度,促进国税和地方税的分化。1872年9月,大藏省向全国府县发出命令,规定了把原来向游女、饭盛、④女艺者等征收的杂税作为国税,但同年又规定不必上缴,而是由府县设立账目,以此费用充当道路、堤防、桥梁的营建和巡逻管制等费用。1873年,发布太政官布告第31号,规定仆婢、马车、人力车、驾笼、乘马、游船等租税规则,把它作为国税征课。同时规定府县可以征收附加税,

---

① 内务省地方局内自治振兴中央会编:『府県制度資料』下卷,第175页。
② 安藤春夫著:『封建財政の崩壊過程』,酒井書店1962年第3刷,第28页。
③ 吉冈健次著:『日本地方財政史』,第3页。
④ 江户时代在宿屋(旅店)为客人服务兼卖春的女人。

用于府县内的道路桥梁修缮、贫民救育、小学费用等地方费。1874年1月,政府发布布告,把上述规定府县征收的税金都改称赋金。

1873年7月,政府发布太政官布告第172号,公布了地税改革条例,开始把当时主要收入的地税独占为国税。随着地税改革的实行,政府开始对地方的杂税进行整理,这些杂税种类繁多,达数千种。因此政府把造酒税、酱油税等主要的种类收归中央,其他税则依旧由府县征收,上缴大藏省。但是这些税种很多都是以米谷的收获量来征收的,因此妨碍了地税改革的实行。因此政府首先着手对杂税进行了调查,于1875年8月2日发布太政官布告第23号,宣布废除在全国赋课的1550余种杂税,同年6月以太政官达第105号规定对其必要者,允许地方重新征收,但要得到大藏省的许可。

同时政府规定地方上的一部分营业税和杂税为国税。为了将国税和地方税严格分开,1875年9月,政府宣布"全国一般征收的称为国税,地方上以前称赋金,依旧有的习惯征收的称为府县税"。国税以地税为主干,还包括营业税和间接消费税等;府县税是以民费(我们下面要提到)为主的收入体系,此外包括赋金和杂税。①

这样,政府通过废藩置县和地税改革的实施,在确立了统一权力的同时,也实现了物质基础的巩固,即确立了国家财政,同时对原来混沌不明的国家和府县财政进行了明确划分,因此1875年是国家财政和地方财政彻底分离的时间。②

二、民费财政的实行

1871年政府实行废藩置县和1872年实行大区小区制度后,在

---

① 吉冈健次著:『日本地方财政史』,第5页。
② 吉冈健次著:『日本地方财政史』,第5页。

地方财政方面,规定"对于府县、区和町村的费用,除了府县由部分官费支付外,主要由'民费'支付,以府县税收入为补充"。① 即民费在这一时期地方财政中占据着最为重要的地位,这种状况一直持续到1878年三新法发布,因此这段时期的地方财政被称为民费财政。

民费一词是和官费相对应,指"以民支付的经费",本来"只限于某部落或町村内的经费,由部落民或町村民协议支付"。② 到了明治初期,民费变成了"以国库提供或以府县税收入支付以外的地方团体费用的总称"。民费一词在法令中最早出现于1872年2月的第54号布告:"各地方官其管内出差所或官员临时出差之用支付人足费等,自今以管内总高割③为民费处理。"不过藤田武夫指出,早在1869年7月发布的县官人员并常备金规则中的"县舍官员居宅并牢屋创立等临时费用,非常备之例,三分之一官给,余者应由管辖之石高分课",其中虽然没有使用"民费"一词,实际上是和民费具有同一性质的。

民费财政实行后,其内容也不断发生变化。最初只指"府县费用中由管内人民分课支付的府县管内费"。1872年4月大区小区设立后政府又规定区费亦以民费称呼,8月以后,民费的内容也包括町村费。即民费从最初的只指管内费(即府县费),变成后来包括区费(将管内费和区费合称为区入费),最后将町村费也包括在其中。④

根据藤田武夫的统计,整个民费财政其间民费总额达到1532万日元,达到府县税的20倍,国税的四分之一乃至三分之一,由此可

---

① 藤田武夫著:『日本地方財政制度の成立』,第37頁。
② 安藤春夫著:『封建財政の崩壊過程』,第359頁。
③ 指按土地收获量征收的总费用。
④ 藤田武夫著:『日本地方財政制度の成立』,第38—40頁。

见,民费在明治初期的地方财政中占有重要的地位。①

三、民费财政的特点

由于明治初期"政府忙于从封建的中央集权向近代的中央集权变革,无暇顾及地方财政的整备,而地方上又没有能力自己进行向近代自治体的改善",②因此所形成的民费财政,并不是统一、有组织的改革,只是政府通过发布"断片的、部分的"规则规定的,因此被称为"过渡的财政形态。"③归纳起来,民费财政具有以下几个特点:

(1) 民费来源狭窄,导致民费的重复赋课。民费的财源当时极为有限,主要是土地、户和人。由于明治政府实行了地税改革,把最主要的财源独占为国税,因此民费的财源极度狭小。与此同时,对府县、区和町村的分配关系也没有明确规定,所以出现了重复赋课的现象。随着所需事务费用的递增,府县、区和町村开始无秩序、无统制地对同一土地、户或个人进行重复征税,并互相竞争,大大加重了民众的负担。因此为了优先保证区入费,政府开始对町村的土地赋课进行限制。1876年10月规定给予区入费以优先征收的特权。1877年11月规定对区入费未纳者的处分适用于租税未纳者处分规则,实际上是赋予了"区入费以相当于租税的征收权力"。④ 但对于町村费,未纳者的处分依然只由村民协议,属于私债的性质,没有对其征收加以公法上的特别保护。

(2) 民费支出中国政委任事务费所占比重高。所谓国政委任事务,是指属于国家事务,"但为了行政上的便宜而特别以法律或敕令

---

① 藤田武夫著:『日本地方財政制度の成立』,第39页。
② 高寄昇三著:『地方自治の財政学』,勁草書房1975年版,第90页。
③ 藤田武夫著:『日本地方財政制度の成立』,第38页。
④ 藤田武夫著:『日本地方財政制度の成立』,第55页。

命令地方(自治体)承担的事务。"①根据藤田武夫对1873年到1877年全国民费的统计,在民费的支出项目中,国税征收费、教育费、警察费和调查费等合计占民费的38.6%,此外行政机关费占33%,正副区长的行政事务中国税征收、教育、警察和调查等国政委任事务是主要内容。因此二者合计,国政委任事务费占民费总额的70%以上。从这种意义看,虽名为"民费",但与其说是"人民自己的费用",不如说是"以民负担的费用"。② 而且这些国政委任事务费,地方团体不得自行废除或削减,都是以法令进行严格规定的义务费。所以,民费带有浓厚的委任事务费的性质。③

(3)民费财政没有实现地方财政的公共财政化。在国家近代化转型过程中,建立近代公共财政制度是重要内容之一。它包括两个方面的内容,一是公与私的明确区分。在这一方面,民费财政的特点基本是公私没有完全分开,这在最下级的町村表现得最为明显。在町村费用中,不仅是为了所有町村民的公共费用,为了一部分町村民和一个人的费用也包括在民费中,如包括用水修筑费、山林守护费、害虫预防费、农田保护费等为了一部分居民的私的费用等,因此造成了在地方财政上公私不分的局面。二是财政的公共运营,即是否有民众参与的预算决算制度。民费财政实行之初没有制定由民费负担者民众参与的预算决算制度,府县费由府知事县令专断,如指原安三在《明治政史》中就指出:"从明治四年到明治十一年期间,虽属于所谓府县税或区入费等一切民费,但以其长官为主,由外地上任的属官及区户长等随意征收支用,负担其费用之人民未能得知其预算决算。

---

① 前田多门著:『地方自治の話』,第25—26頁。
② 藤田武夫著:『日本地方財政制度の成立』,第44—45頁。
③ 藤田武夫著:『日本地方財政制度の成立』,第47—48頁。

因此即使有民费滥出之评,赋课过重之叹,也默然任之,不得不从之。"①町村费用也一改旧幕时代共同协议的办法,区户长往往不同町村民协议而独自决定费用的收支,对此民众的不满日甚。

由上可见,民费财政具有过渡的性质,也反映了明治维新后政府集中财力进行国家建设的特点,因此从一开始就具有对地方民众的掠夺性质,为日本近代地方财政制度的形成奠定了官治的特色。

但尽管如此,作为明治维新初期的地方财政制度,民费财政还是"对明治新政起到了很大的作用"。新政府所实行的地税改革等事业中,庞大的地税改革费用,以及"户籍、征兵、山林、里程的调查,学校的普及和维持,府县厅、府县办事处等的营缮,区所、区町村役场(官厅)地维持和行政的施行,道路、堤防、桥梁以及治安警察等"②都是以民费来实现的。民费财政为明治初期地方基础建设做出了不可估量的贡献。

此外还需要强调的是,为了缓解民众的不满,有些开明的地方官开始设立地方民会(本书下节将要涉及),包括府县会、区会和町村会。这些地方民会重要职责之一就是附议民费的收支问题。后来政府在没有设立町村会的地方,还颁布了《各区町村金谷公借共有物处理土木起工规则》,实行"总代"制度,这也被称为日本近代町村会的起源。③ 总代制度承认不动产所有者的关于町村财政的协议权,一定程度上保护了居民对公共财政的参与权。因此,民费时期虽然

---

① 指原安三:「明治政史」,收入明治文化研究会编:『明治文化全集』第九卷正史篇上卷,日本評論新社昭和三十一年版,第312頁。
② 藤田武夫著:『日本地方財政制度の成立』,第62頁。
③ 大森鐘一、一木喜德郎:「市町村制史稿」,原口敬明編:『明治史料』第三集,第26頁。

第二章　明治初期的地方行政　75

没有实现民众的预算决算审议权的获得,但已经开始出现了萌芽。这一点显示了民费财政从封建的地方财政开始向近代地方财政过渡的特色,也是我们将在地方民会中研究的内容之一。

第三节　地方民会的产生与发展

从明治初期政府的地方行政和财政政策的特点来看,其法令粗放,属于过渡性质,但这同时也给予了地方以很强的自主性。大凡新政权刚刚建立初期,当政府无力或无意对地方进行全面的统制时,地方社会便会表现出一定的自主性,具有自己的特色。这既有旧传统习惯的影响,也有新的外来思想的冲击。在大区小区制下,这主要表现为地方民会的产生和发展,对政府的地方政策产生了重要的影响。

一、地方民会的起源

所谓地方民会,也称民会,是指在政府正式的法令颁布前,由各地自行开设的府县会、区会和町村会的总称。①

地方民会虽然在成立当初,都是"从镇抚民众因废藩置县等产生动摇的政治意义出发而设置的启蒙设施,甚而作为使大区小区制下行政事务顺利实行的机关",而由开明的地方官设置的,②但是地方民会的府县会区会和町村会还是存在着一定的差异,因而下面将分开进行论述。

在地方最早实行议会可以追溯到明治初期政府在各藩推行的藩议院制度。为了实践"五条誓文"的"广兴会议,万机决于公论",明

---

① 国史大辞典编辑委员会编:『国史大辞典』,吉川弘文馆平成三年版,第446页。
② 大石嘉一郎著:『日本地方财行政史序説』,第62页。

治政府很早就在中央设立了被称为"封建议会"的公议所和集议院。与此同时,在1868年10月28日发布的藩制职制中,要求各藩也设立"议事之制"。藩议院同中央的议会一样,"都是建立在封建制度之上的,同以市民为基础的立宪议会有本质的区别"。① 而且在当时并没有起到多大的效果。例如在高知藩,1870年先后开设了"议事局"和"众议所",但都未能"实现预期的效果"。② 而且不久它就随着废藩置县的实行而消失了。

真正开县会和区会端绪的是在废藩置县后为推进大区小区制的实行而由开明地方官自行设置的"议事所"。1872年,作为民会的先驱,区户长会首先在爱知县、滋贺县、宇都宫县和印幡县等一部分县中开设。这种初期的区户长会,实际上只具有咨询意义。即县令为了使政策无摩擦地贯彻下去,需要区户长的支持,通过开设区户长会,进行事务协商,做到"上意下达和下意上达","使上下互动,无隔阂阻绝之患。"③

对地方民会产生较大影响的是次年兵库县实行的地方民会。1873年11月,兵库县令神田孝平以县第487号布达的形式公布了《民会议事章程略》,宣布从町村会开始,将依次开设区会、县会和地方议会。规定町村会采取公选制,而区会由区内户长、副户长中一名出席,区长为议长,县会以地方长官为议长,以区长为议员。这一民会规则在《日新真事志》上全文登载,在全国引起了广泛的影响。

大约与此同时,千叶县县令柴原和也制定了"千叶县议事则",

---

① 尾佐竹猛著:『日本憲政史論集』,育生社昭和十二年版,第86—87頁。
② 高知県議会史編纂委員会編:『高知県議会史』上卷,高知県,昭和三十七年,第8—11頁。
③ 尾佐竹猛著:『日本憲政史論集』,第159頁。

规定议长由地方长官担任,议员由各大区各公选两名组成。1874年,北条县也制定"民会议事略则",也召开町村会、区会和县会。此后各府县相继召开地方议会,到 1875 年 7 月 8 日召开地方官会议时,议长木户孝允称"今全国开府县民会 7 县,设区户长会者 1 府 22 县,还未着手召开会议者还有 2 府 17 县,其余未明"。[①] 但是,据渡边隆喜根据政府调查的《地方民会表》和当时议事规则的统计,当时实行地方民会的府县远比木户所说的要多,达到了 47 府县,占当时府县总数的 76% 之多。[②]

地方官僚何以会兴起地方民会,其原因有以下几个方面:

(1)地方官本身具有开明性。例如兵库县的县令神田孝平被称为"外国制度通",他曾经在法国留学,对西方国家的地方自治制度很羡慕,希望引进外国的议会。在当时,他和神奈川县令中岛信行都以实行开明的政策而闻名,还因此于 1875 年被免去知事之职务。有些地方官虽没有留洋经验,但也多受到启蒙思想的影响。从废藩置县到 1874 年,是日本启蒙思想的最盛期。启蒙学者福泽谕吉、中村正直、西周、加藤弘之等人的明六社的启蒙活动深受世人瞩目。尤其是福泽谕吉的《西洋事情外编》等成为空前的畅销书,书中对西方国家的地方自治和地方议会给予了一定的介绍,[③]对读者产生了相当大的影响,这种风潮成为地方民会开设的一个重要背景。

(2)缓解地方民众的矛盾冲突,使行政事务得以顺利地实行。

---

① 「地方官会議日誌」,收入明治文化研究会编:『明治文化全集』第一卷宪政篇,日本評論新社昭和三十年版,第 313 頁。
② 渡辺隆喜著:『明治国家形成と地方自治』,第 60—61 頁。
③ 石川一三夫著:『日本の自治探求:名望家自治の系譜』,名古屋大学出版会 1995 年版,第 11 頁。

维新以来政府不仅急于对民众进行掌控,同时也希望民众对政府所进行的各项改革政策能给予支持。但是自幕末以来地方的不稳定,并没有因维新的实现而消退,反而因政府对民众的无视而进一步加剧,因此为了镇抚地方人民对新政的反对,"通过讨论使人民的不平不满发散出去,以确保对新政的理解和协助",①也成为地方官开设地方民会的一个重要原因。

也就是说,综观初期这些地方民会,基本上都是由开明地方官设置的,区会和县会大体上由区、户长等出任议员,议事内容被严格限定,"严格警戒对国政和县政进行批判","对于议决事项是否实施也多属于县厅的权限",因此此时的地方民会基本上可以说是"咨询机关",②"多官僚议会的色彩。"③这是地方民会开设初期所具有的特点。虽然对于这些地方民会本身不能有太高的评价,但是它的产生仍然具有重要意义。

二、自由民权运动与民会的发展

1874年以坂垣退助为首发起了自由民权运动,随着自由民权思想的产生发展和地方政社的成立,对地方民会的发展起到了重要的推动作用。

这种推动首先表现为民众要求设立公选民会的呼声高涨起来。在这种呼声下,新设地方民会多为公选民会,已设立只具有咨询意义的区户长会的县则不得不将其改组为公选民会。据渡边隆喜的统计,从1872年开始召开的地方民会,基本上都是以官选区户长为议员,只有滨田县和奈良县为官选和公选结合,到了1873年,官选和公

---

① 山中永之佑著:『日本近代地方自治制と国家』,第82頁。
② 山中永之佑著:『日本近代地方自治制と国家』,第82頁。
③ 尾佐竹猛著:『日本憲政史論集』,第141頁。

选结合的县增加了 5 县,还出现了完全公选的千叶县。此后的趋势是官选县很少增加,而官选和公选结合、公选县日益增多。1875 年,无新增官选民会县,官选和公选结合增加了 3 县,完全公选增加了 4 县,到了 1877 年,官选民会亦完全未增加,官选公选结合增加 1 县,而实行公选民会的县增加了 6 个县。① 也就是说,从总体趋势来看,地方民会的发展趋势基本上是从官选的县会、区会向公选县、区、町村会发展。

而且,各地方民会的议会规则也有了飞速的发展。关于地方民会的议事事项,起初各地方规定不得"对国政和县政等进行批判",但是随着民权运动的展开和民权思想的普及,许多地方民会实际上成了民权人士和政府斗争的场所。

以当时最有名的冈田良一郎领导组织的远州(初为滨松县,后并入静冈县,称为远州)民会为例。最初的滨松县民会,不仅所有议员全部是民选,而且如果女性是户主的话,也具有选举权。议员的选出方法是间接选举,首先由居民选出小区的民会议员,其正副议长成为大区的议员,然后再在大区的民会议员中选举县民会议员。后滨松县合入静冈县,但作为远州,其民会仍保留下来。由于其所具有的进步意义,被当时的人称作"远州的民会价千金"。② 此外还有福岛县,在河野广中的带领下,积极进行斗争,成为当时"最为民主的"民会。

面对地方民会的蓬勃发展态势,政府痛感不能再任由地方随意处置,而应由政府确立统一的方针。1875 年 6 月,相对于"上院"的

---

① 青柳直良:「長野県における町村会の開設過程(一)」,『信濃』24 卷 6 号,1972 年。

② 都丸泰助著:『地方自治制度史論』,第 29 頁。

元老院,被视为"下院"的第一回全国地方官会议召开,木户孝允担任议长。地方民会问题成为重要的议题之一。会议没有讨论是否开设地方民会,而是就"开设地方民会,议地方之民费及公议",议员"究竟是公选,还是以区户长为议员"①这一问题展开讨论,各地方官意见不一。结果最后投票,"主张以区户长为议员者39人,主张公选者21人。"②因此,此次会议上地方民选议会被否定,确立了以区户长为议员的方针。

但是在地方官会议上,支持民会的呼声越来越大。作为第一回地方官会议的旁听人,来自岛根、酒田、冈山和千叶等13县的以河野广中为代表的数十个民权运动者在会议的间歇进行集会,他们提出了如下建言书:"某辈之最瞩目渴望者,五件议事中唯开设民会一事。此亦一般人民所共同瞩目,以待某辈之归村。其原因,国家之宪法以此确立,人民之权利以此振起"。③ 在遭到拒绝后,他们又再次向元老院上书,提出自主地开设会议的主张。他们的行动虽然没有完全和民众的运动相结合,但却起到了推动地方民会发展的重要作用。

地方官会议确立的原则,并没有阻碍地方公选民会的发展,这种趋势反而表现得更加明显,特别是到了1877年后,地方民会原来的会同性质发生改变,"开始显现出其本来语义的(真正)地方民会的性质"。④ 但其开设仍然处于不稳定的状态。

---

① 「地方官会議日誌」,收入明治文化研究会编:『明治文化全集』第一卷宪政篇,第312頁。
② 「地方官会議日誌」,收入明治文化研究会编:『明治文化全集』第一卷宪政篇,第321—322頁。
③ 『河野磐州伝』上卷,转引自大石嘉一郎著:『日本地方財行政史序説』,第67頁。
④ 大石嘉一郎著:『日本地方財行政史序説』,第67頁。

可以说，正是由于自由民权运动的推动下地方民会的发达，一方面促使政府不得不提早下定决心实行官制型地方自治，以把握自治的主导权；另一方面也为日后实行的府县会、郡会和町村会等的运营提供了经验。

三、町村会的起源与发展

在地方民会中，町村会是需要单独来说明的。因为日本近代町村会的起源有其独自的特点，它更多地反映了地方社会传统的影响。

日本近代町村会的产生有两种方式。其一是作为地方民会一种的町村会，是借助外来形式产生的；其二是借用寄合和总代①等日本传统的方式而形成的。这两种形式通过1878年三新法和1880年区町村会法的颁布实施彻底统一于町村会中。

首先看一下作为地方民会一种的町村会。在各府县中，最早开设町村会的是兵库县。1873年11月县令神田孝平发布的《民会议事章程略》中，明确规定町村会采取公选制，给予不动产所有者选举权。继而1874年，北条县也制定了《民会议事略则》，规定通过相继开设町村会、区会、县会，渐次达到开设民会。此后爱媛县、冈山县、宫崎县和滨松县也步其后尘，开设了町村会。不过从地方民会发展的总体态势上看，相对于府县会和区会，初期的町村会不仅数量少，而且根本没有受到重视，以至于在地方官会议中，町村会根本没有作为讨论的对象。但是随着自由民权运动的发展，特别是1875年地方官会议召开后，町村会有了飞速发展，而且议员基本上是公选，到1877年末，开设町村会的县已经超过了10县。②

---

① 代表之意。
② 青柳直良：「長野県における町村会の開設過程（一）」，『信濃』24卷6号，1972年。

对于这种町村会的形成,学界有不同的认识。德田良治认为町村会的产生是为了克服寄合的方法,即作为寄合的对立物而出现的。前近代日本村落共同体中的寄合实行的"全员一致"的原理,这种传统在明治维新后依然保存下来。但是它的存在,使新政府的各项政策在町村实行遇到了严重阻碍。即政府的政策必须在寄合中"全员一致"的通过才能实行,否则就不能被执行。"当时地方官的各种新措施常常和旧来的町村寄合方法产生冲突,因此寄合方法的改革和其活动的抑制成为突出问题。"①因此当时政府对待寄合的态度,基本持否定的意见,甚至以文明开化为借口,抨击寄合为"卑陋之风习",②同其他国家—府知事县令—区长—户长—用挂③统治序列以外的村落共同体的传统组织,如年龄阶梯制的若者组④等一同加以取缔。与此同时,"为了确保新行政的顺利实行和财源,从全场一致的寄合原理中解放出来,而采用由代表进行多数表决原理,建立这样的代表机关极为必要。"⑤因此町村会作为地方民会的一种,很快就开始提上日程。

与德田良治认为这种町村会是寄合的对立物不同,大石嘉一郎认为:"新行政和旧町村寄合方法的冲突(行政町村的公法人化和旧自然村的总合的实在人性质对立),或者新公共财政和旧自然村的公私未分化财政的对立,这些都不是当时政治路线的本质的对立点。町村会的开设,与其说是新行政和旧村的寄合方法冲突,为了改革寄

---

① 福島正夫、徳田良治著:「明治初年の町村会」,明治史料研究連絡会編:『地租改正と地方自治制』,明治史研究叢書第二巻,御茶の水書房1956年版,第148頁。
② 大島美津子著:『明治国家と地域社会』,第90頁。
③ 对区户长下面的町村长等的称呼。
④ 若者组:年龄集团的一种,主要在15—17岁进行完成人式后参加,结婚后退出。
⑤ 大島美津子著:『明治国家と地域社会』,第97頁。

合方法,把新行政必要的部分转移到町村会,从寄合中解放出来,不如说是为了新行政的实行,需要町村民以何种形式进行自发的赞助为基本的契机。"而且它的形成,"既不是成立在农民阶层的地方自治的要求之上",也不只是"从上移入的、外来的",是在"区户长的指导下成立的,区户长不是单纯的绝对主义官僚,而是地方政治经济的指导者层"。"民会的指导者同时也是村落寄合的重组者",①即豪农。

第二种是借助于传统方式的总代制度。这就是1876年(明治九年)10月发布的太政官布告130号《各区町村金谷公借共有物处理土木起功规则》。规则规定如下:

一、凡一区金谷公借或共有地所建筑物等买卖时须由正副区户长及其区内每町村总代两名中六分②以上联印;

二、凡町村内金谷公借或共有地所建筑物等的买卖时须由正副区户长及其町村内不动产所有者六分以上联印,但依情形可由如上不动产所有者选出的总代进行代理;

三、凡在区内或町村内土木开工时其区和町村应仿效第一条或第二条;

四、在第一条、第二条及第三条所指的事项中,只有正副户长印鉴而无须联印者印鉴时,应看做该区户长的私借或私自的土木开工,只有正副区户长进行的共有地所建筑物等的买卖无效。③

---

① 大石嘉一郎著:『日本地方财行政史序説』,第71—72页。
② 十分之六之意,表示超过半数。
③ 译自小早川光郎等编:『史料日本の地方自治』第1卷「近代地方自治制度の形成:明治維新——1920年代」,第75页。

关于这一规则制定的背景和直接动机，按当时元老院内阁委员的说明如下，"此议案之要旨在于，区町村内作为公借借入之金谷动辄由区户长擅私滥用，而且土木开工、共有物买卖都不同其区町村内人民协议，存在由区户长独决专断进行等弊端。因此往往起纷议以致烦讼廷……其结果是损害人民。因此为保护人民之幸福安宁，将其作为一般之法则，希望产生民权舒畅之效果。"①特别是明治维新初期在政治不安的背景下，在实行地税改革和民费的收缴中由于区户长的不当处置，招致人民的不满和怀疑，以致进行反抗和骚扰的事件不断发生，这种局面促使政府必须进行政策的转换。

对此，木户孝允早在1875年的第一回地方官会议上，作为议长就提议制定"町村会准则"。但是由于当时的情况复杂，政府并没有实现承诺。此后，木户多次向政府提交意见书"切望早一日开设町村会"，而且这种意见在当时的议官中也相当强烈。②但是政府的态度是时间尚早，认为目前的主要任务是防止区户长的"擅私横暴"，因此实行了总代制度。由此可见，总代制度的实施是为了"防止区户长的擅私"而设定。但是也有不同的认识，如大石嘉一郎认为，"区户长层在町村财政收支中的专擅不正行为，绝不是当时对抗的基本争点，而只不过是伴随着官治的财政收夺而带来的矛盾激化。"③即认为只强调户长的擅私行为是没有认识到其本质所在。不过，从后来学者的实证研究来看，确实一定程度地存在着区户长的不公正行为。因而可以说反对区户长的"擅私横暴"是这一规则设定

---

① 山中永之佑监修：『近代日本地方自治立法资料集成』1 明治前期编，第324页。
② 德田良治：「我国町村会の起源」，明治史料研究连络会编：『明治権力の法の构造』，明治史研究丛书第二期第一卷，御茶の水书房1959年版，第27页。
③ 大石嘉一郎著：『日本地方财行政史序说』，第71页。

的直接动机。

与此同时,这一规则的设定具有重要的意义,被认为是町村会的另一种起源方式。编撰《市町村制史稿》的大森钟一和一木喜德郎认为"我国町村会最初从议町村的金谷公借共有物处理开始"。① 德田良治认为,由于其开始"允许人民参与公益事项",因而可以将其称为"町村代议制的萌芽或向其过渡的形态"。②

这种认识主要是从对总代的本质和特点进行分析中产生的。在1878年召开的第二回地方官会议进行郡区町村编制法审议之际,内阁委员就说总代"带有议员的性质",德田良治也认为,尽管他不称"议员"而依旧惯称"总代",但其实质就是"议员",③是把近代最初的地方自治权赋予了地主阶层。这主要有以下几点原因:首先,从总代的产生来看,是"由町村内的人民进行选举"产生的,当然其具体办法任由地方官之随意。其次,六分就表示过半,即导入多数决原理。总代还承担着对区户长实行监督的职责。此外值得重视的是这一法令的颁布,给予了町村以财产权主体的地位。

总代的设置可以说是"修正以区户长的官僚统治为特征的大区小区制的重要法令"。但是它只赋予了村中不动产所有者的参与特权,并没有给所有的地方居民以参与权利。但此后,困扰于町村寄合全员一致原理的各地地方官,开始陆续设立町村会。没有町村会的

---

① 大森钟一、一木喜德郎:「市町村制史稿」,原口敬明编:『明治史料』第三集,第26页。
② 德田良治:「我国町村会の起源」,明治史料研究连络会编:『明治权力の法の构造』,第28页。
③ 德田良治:「我国町村会の起源」,明治史料研究连络会编:『明治权力の法の构造』,第30页。

地方，"其总代会的功能也渐渐从民法上的代理权向公法上的代表权转变"。①

不过，尽管出现了两种町村会的起源，但是二者实际上存在着很多相同之处，即都与传统的寄合有着或多或少的关系。德田良治虽然认为，第一种町村会完全是外来引入的，但是在后来的分析中，也不得不承认，"町村会也不单纯是从上设定的启蒙设施，原来町村寄合会谈的变形再现也绝不少。"②即仍然承认近代町村会的起源一定程度上和日本町村传统的寄合有很大关系，他还认为近代性质的町村会实际上是同寄合共同承担这些功能。渡边隆喜则认为，"村会"之名称在江户时代的寄合中已经成立，③因此町村会成立后寄合的特点依然十分浓厚。至于第二种町村会则直接借用了传统形式。实行后"总代集会代替了百姓寄合"，而且"总代的议决以全会一致为必要"，"一人不肯也绝不得实行。"④因此可以说日本近代町村会的形成受到传统寄合的影响很大。山田公平认为，在近代以前出现的居民总会在近代会转化为地方议会。其原来的"全员一致主义会随着历史的发展转变为多数决定原理"。⑤ 日本町村会的起源就反映了这一特点。

总之，从町村会与寄合的关系看，近代以前的町村的寄合传统一定程度上为近代议会的形成提供了便利，这与中国相比形成了鲜明的对照。

---

① 大岛美津子著：『明治国家と地域社会』，第98页。
② 福岛正夫、德田良治：「明治初年の町村会」，明治史料研究連絡会编：『地租改正と地方自治制』，第270页。
③ 渡辺隆喜著：『明治国家形成と地方自治』，第29页。
④ 藤田武夫著：『日本地方財政制度の成立』，第58—59页。
⑤ 山田公平著：『近代日本の国民国家と地方自治』，第49页。

四、地方民会的特点和影响

以上分析日本地方民会的起源与发展,总结其特点如下:

首先从地方民会的特点上看,从最初的咨询机构向真正的民会逐渐转化,议员从最初的官选向后来的公选转化。最初政府的意图是主张地方民会的咨询机关化和行政咨询机关化,即便是木户孝允,也只是这种主张。① 但是后来随着形势的发展,地方民会则出现了新的发展态势。

其次从地方民会的内容上看,渡边隆喜通过分析认为,最初的地方民会所议内容较多,包括地方上的一切事务,民费、文明开化等问题都包含在其中。到后来政府认为地方民会的主要功能是"议民费收支问题"。在第一回地方官会议上讨论地方民会问题时,虽然首先指出"开设地方民会,议地方民费及公议",②但其中只有民费是政府重视的主要内容,这可以从后来成立的府县会其权限只规定有预算审议权中看出来。可见,政府是希望借助地方民会的方式解决对国家和地方建设最为重要的财政问题。因此大石嘉一郎甚至指出,"地方民会并不是自由民权运动直接的产物,而是作为它的对应体系发展起来的。"③

地方民会的出现具有重要的意义,它对政府的地方政策产生了两方面的影响:其一是推动政府正视地方民会,进行一定程度的妥协和让步,在一定程度上承认地方议会,这在后来实行的三新法中表现出来。政府"有必要抑制向中央奔流的民权要求,把民会以某种形

---

① 渡辺隆喜著:『明治国家形成と地方自治』,第38頁。
② 「地方官会議日誌」,收入明治文化研究会编:『明治文化全集』第一卷宪政篇,第312頁。
③ 大石嘉一郎著:『日本地方財行政史序説』,第78頁。

态作为一个地方机关而采用……,在当时的政治形势上已经不可避免"。① 其二是地方民会为后来开设的地方议会作了准备,为地方议会正式开始后的运营奠定了基础。

第四节 大区小区制下矛盾的激化

如果说地方民会是在以一种合法的形式与政府进行斗争的话,而地税改革和对武士的金禄公债改革等政策实行后,利益受到打击的农民和武士,同时也采取了另一种极端的斗争方式,即农民的暴动和武士的叛乱。农民暴动和武士叛乱,更进一步显示了明治初期政府地方行政政策特别是大区小区制所具有的矛盾。

一、地税改革与农民一揆

维新以来政府实行的征兵、教育等新政策都给地方农民增加了沉重的负担,因此民众对政府的反抗从来没有停止过。特别是地税改革的实行,成为民众斗争的导火线。

1870年,时任政府会计官权判事的神田孝平提出了《田租改革建议》,主张土地买卖、申报买卖地价、颁发地契、按地契价格确定地价和按地价征收货币租税。1872年,神奈川县令陆奥宗光也提出了改革建议,提倡收益地价方式。这两项改革建议形成了以后地税改革的基础。②

1873年,政府正式发布"地税改革条例",其内容主要为:"(1)把课税的基准从原来按不稳定的收货量改为按一定的地价;(2)将实

---

① 藤田武夫著:『日本地方財政制度の成立』,第65页。
② 吴廷璆编:《日本史》,第387页。

物缴纳改为货币缴纳,税率定为地价的3%;(3)规定土地所有者为纳税人。"① 政府实行地税改革的基本动机是把最重要的地税收归中央,保证中央的财政收入。地税改革承认了农民的土地私有,使封建领主的土地所有制度彻底解体,因此,具有极为重要的意义。

但是政府在征收地税的标准上确定了总体上不低于旧年贡的政策,因此在核定地价时"极力提高",②给地方民众带来了沉重负担,民众的斗争此起彼伏。据资料统计,明治元年到明治十年,即1868年到1877年的农民骚动,竟达500件之多。③ 在这些骚动中,前期还继承了幕末以来的"改革世道"性质,主要起因是"新政给农村经济带来的重压、无视村落旧习惯"等。到1873年后,则主要是"集中的地税改革反对一揆",也有反对征兵令的"血税一揆"。④ 其中反对地税改革的代表性一揆有真壁暴动、伊势暴动,而山重县的农民一揆是对政府冲击最大的一次。频繁发生的农民一揆反映了民众反对国家的重税和重课,具有反抗明治初期国家对民众掠夺的性质。

不断爆发的民众斗争已经威胁到明治政府还不稳固的统治,迫使政府进一步认识到目前政策的不完善性,开始寻找解决问题的办法。1876年12月,木户孝允听到山重县一揆的消息后,颇感痛心,批判政府对地税改革政策的"至急施行",主张政府应该"反省不察民情,乱立法则"之事,应"普遍开町村会议,民费赋课之事不经会议绝不可强行"。⑤ 而大久保利通也向太政大臣三条实美提出了"关于

---

① [日]依田熹家著,卞立强等译:《简明日本通史》,第217页。
② [日]依田熹家著,卞立强等译:《简明日本通史》,第217页。
③ 根据谷川健一等编『日本庶民史料集成』第13卷(三一書房1979年版)的统计。
④ 大久保利謙编:『近代史史料』,吉川弘文館昭和五十五年版,第133页。
⑤ 大久保利謙编:『近代史史料』,第139页。

减轻地税之建言书",他指出:"如地税法,已于明治六年发布改正法,但其法未至完善,以致民间出现苦情。然今日改正事业整顿已经过半之际,议其改正实不得策,又无条理,故断不可改正。但不可不改正者唯有税额。抑改正法无论如何至良至美,税额高则违反改税之本旨,亦不合地税真理,不仅与民力富饶国家隆盛之期待甚远,且现眼下小民蜂起之害,不免损害国家。"因此主张"从(明治)十年开始发布布告,把地税额减为地价百分之二,先养民力使其安业"。① 在大久保的建议下,明治政府把地税减到地价的2.5%。可见,民众的斗争促使明治官僚"反省此前只依赖官僚机构一方的强压统治,开始摸索着如何实行一种无摩擦的行政"。②

此外,地税改革给村落社会带来的冲击还有其他的方面。首先是大区小区制的实行,在一定程度上忽视了日本町村的自治传统,实行区户长为官吏的统治,带来了区户长专权等弊端,特别是在地价的核定等方面,发生了不少区户长不公正事件,也是激发民众斗争的一个重要原因。另一方面,在地税改革中,政府对待村落中的入会地的态度是,"凡不能证明其所有权的都被划入国有地,但其中大部分又卖给了民间地主。"③入会地的国有或民有化,使传统村落共同体的共同财产所有的"实在的总合人"性质也发生了变化,给传统的村落共同体带来了动摇。

二、"秩禄处分"与武士阶级的反叛

明治维新初期,政府继承了幕藩体制下的惯例,继续给武士阶级发放家禄。这对于本来就不稳定的国家财政更是一项沉重的负担。

---

① 大久保利謙編:『近代史史料』,第140頁。
② 大島美津子著:『明治国家と地域社会』,第109頁。
③ [日]依田憙家著,卞立强等译:《简明日本通史》,第218页。

因此,对武士俸禄的改革势不可免。1873年,政府决定实行"家禄奉还"制,规定一次支付一定的金额,赎买武士的家禄。1876年,政府发行"金禄公债",把这些金额换成国债。这一措施被称为"秩禄处分"。它的实行,整顿了武士的俸禄,缓解了国家的财政危机,同时也消灭了武士阶级得以存在的经济基础。

改革后,从发放的公债额上看,除了少数的旧大名等华族获得较多的金额外,大多数武士获得的公债是很少的。失去了俸禄的武士除了一部分担任官吏、巡察、教员等职务外,多数无法就业,因此不得不卖掉公债,开始没落。与此同时,被剥夺了原来所具有的特权和经济基础的没落武士的反政府活动激化起来。

1873年西乡隆盛、板垣退助等人所主张的征韩论,就是企图通过外征,将士族的这种不满情绪转向国外。1874年,佐贺县的不满士族拥护在征韩论战中失败而下野的前参议江藤新平,发动了"佐贺之乱",这是最初的士族叛乱,但很快被政府镇压下去。1876年10月,在熊本,保守的士族团体"敬神党"("神风连")对"废刀令"非常不满,发起了叛乱。主张扩大国权的福冈县秋月的士族拥护前参议前原一诚,与山口县士族相呼应,也发动了叛乱。

最大的一场叛乱是1877年以西乡隆盛为代表的武士发动的,历史上称为西南战争。这场叛乱规模之大,是以前的不满士族的叛乱所无法相比的,政府竭尽全力进行镇压,经过大约半年的时间,好不容易把这场大叛乱镇压下去。

可以说,武士的叛乱给日本近代的中央集权带来了最严重的威胁。因此当叛乱一被镇压下去,政府终于获得了喘息的时间后,便开始重新反省所实行的政策,决定进行改革,地方制度无疑是重要的一个方面。

农民的反对地税改革一揆,士族的叛乱,加上自由民权运动的高涨,新政府在这三种反对势力的攻击下出现政权不稳定的状态。这些矛盾的激化,反映了政府维新初期实行的各种政策包括地方政策的失败,大区小区制所具有的忽视传统、政令粗放等缺点更明显地表现出来。为了克服这种矛盾,缓和人民的抵抗,使新政府的各项政策无摩擦地实行下去,政府开始了对地方制度改革的探讨。

从明治维新到1878年,是明治政府实行废藩置县,加紧实现中央集权的时期,消除各藩的封建割据,加紧对人民的控制,以实现各种改革成为政府地方政策的主要目标。因此政府所实行的主要是行政政策,还没有在地方上实行地方自治的思想。整个政策也是法令粗放,政策不尽完善,几经探索和修改,因此可以把这段时期看做是具有过渡特点的地方行政时期。

但是,在国家政权建设的初期,中央集权没有完全巩固时,日本的地方社会显示出了其独特性。首先是当国家的权力不足以完全掌握地方,旧的地方分权传统仍然给地方以很大影响时,特别是受到启蒙思想影响的地方官有一定的地方事务处理权,率先在地方组织了地方民会。这一点同西方国家近代化初期的历史有相似之处。历史上存在分权传统的国家在向近代民族国家的转化中,纷纷实行了近代的地方自治,一定程度上给了地方以一定的自治空间。这和长时间实行中央集权和早就有了完善的官僚制的中国是不同的。其次,底层町村社会的自治传统继续发挥着作用,并在一定程度上推动政府开始引进和导入近代的町村会。第三,在西方民主思想影响下的自由民权运动给地方民会的开设以很大推动作用。加之农民的暴动和武士阶级的叛乱,都促使政府反省地方政策,不断修改和探讨政府所实行的地方行政制度,因此当政府在西南战争中取得胜利后,就开始着手修改地方行政制度了。

第三章　地方自治的初步实验

　　明治初期实行的大区小区制的特点决定了这只能是一个暂时的地方制度，随着地方民会的蓬勃发展，特别是地税改革和"秩禄处分"实行后爆发的农民骚动和武士叛乱，极大地动摇了明治新政府的统治，因此政府痛感有修改地方制度的必要，确立稳固的地方统治秩序和实行有限度的自治已成为当务之急。1878年，西南战争结束后，稳定下来的明治政府就颁布了郡区町村编制法、府县会规则和地方税规则，被统称为三新法或三大新法。三新法被称为近代日本第一个统一的地方制度。它正式允许地方设立议会，承认町村的地方公共团体性质，初步实现了府县财政的公共财政化，被称为后来地方自治的"实验室"，"对后来的地方自治有不少的影响"，是"确立了后来的地方自治制基础的值得纪念的立法"。[①] 因此三新法时期是日本近代地方自治形成的非常重要的时期。

第一节　明治政府对地方制度的新探索

　　大区小区制自确立起，其反对的呼声便不断，要求对混乱的民费财政进行改革的呼声很多。特别是在民众斗争激烈的情况下，明治

---

① 東京市政調査会編：『自治五十年史』第一卷制度篇，第1—2頁。

政府官僚中也出现了要求进行地方制度改革的意见,改革大区小区制度势在必行。

一、木户孝允和井上毅的改革主张

在明治维新的领导者中,木户孝允特别重视地方问题,在他的日记和书简中常常感叹"近时国家体制渐渐整顿,但地方民生之实际生活却比起旧幕时代来更加不自由和穷困"。① 早在 1875 年 5 月,木户孝允就提出了府县财政独立、确立士族的统治权以及首先开设町村会等建议。木户的主张反映了他对于当时正在进行"秩禄处分"的士族的同情,②另一方面也说明他对"集权之弊,分权之利"有了一定的认识。③ 1876 年 4 月,木户进一步提出了他的分权主张,他主张:"大权高度集中于中央,诸县只是如奴隶一般,反而是国家之不幸。只有一县一县在大宪中独立,人民才会伸张其气象。"如果"中央权势盛大,分权之目的"不能实现,则"王政一新"的主旨无法达到,会成为全国人民的不幸。他还反对财政由政府独占,主张顺应人民的力量,他日实现"租税的平均","政府和诸县其会计不同,其权分与地方。"④"但是这种地方分权论还不是地方自治论,只不过是希望实现地方渐次发展,在国权优势下的分权论而已。"⑤同年 5 月,木户又向政府提出了"关于町村会的速行及国会开设的意见书",在建议中,他认为民选议院的开设不能过急,而"町村会则不然,道路地方桥梁等费,悉由各县向民众课收,因而在町则町议,在村则村议,

---

① 東京市政調査会編:『自治五十年史』第一卷制度篇,第 6 頁。
② 大島太郎著:『日本地方行財政史序説』,未来社 1968 年版,第 18—19 頁。
③ 大島美津子著:『明治のむら』,教育社 1986 年第 3 刷,第 68 頁。
④ 指原安三:「明治政史」,收入明治文化研究会編:『明治文化全集』第九卷正史篇上卷,第 286 頁。
⑤ 渡辺隆喜著:『明治国家形成と地方自治』,第 42 頁。

众心统一而后出之,此乃今日之最益于民者。他年整备后,渐进以至于府会县会,遂至于国会"。① 木户希望通过底层町村会的开设渐进达到开设府县会国会的目的,他也因此成为当时政府官僚中对实行地方民会的最热心者。

除木户孝允外,当时的法制官僚井上毅对地方行政和财政制度也提出了许多建议和意见。井上毅1873年曾被明治政府派往欧洲留学一年,对西方国家的法律制度进行了考察和研究。在欧洲,井上毅大部分时间呆在法国,考察了法国的一些地方城市和村庄。因此在地方制度上他更倾向于日本向法国学习。

1874年4月,归国后的井上写了一份给当时太政大臣的意见书,在意见书的第四项中他指出了当前地方统治现状的弊端,并提出了改善政策。具体说来,他认为存在的弊端有:一是地方官之待遇过轻;二是任用之县令不专;三是户长不知其职。而对于这几点他提出的改革方法是:一是提高地方官,特别是府知事县令的待遇,使有能力者专心治理地方;二是中央制定精密的法律,通过指令规制约束地方官;三是主张应该选择和地方关系密切的人为地方长官。② 这是他较早地提出的地方制度意见之一。

这一时期井上毅对地方制度的关心,首先表现在对底层町村的重视上。他说:"凡成国之本,自村邑始,故治道之本,亦起于村邑。"③因此对于町村给予了很大的关注。井上毅反对把地方人为地

---

① 指原安三:「明治政史」,收入明治文化研究会编:『明治文化全集』第九卷正史篇上卷,第286頁。
② 井上毅伝記編纂委員会编:『井上毅伝』史料篇第二,国学院大学図書館1966年版,第14頁。
③ 井上毅伝記編纂委員会编:『井上毅伝』史料篇第二,第14頁。

划成大区小区的制度,认为其"方法属于人为者多,不如旧郡村自然"。① 而且在大区小区制度下,户长"俨然临于村民之上,视村民为顽然无知,一意奉行政府之风旨,汲汲布达政府之号令,不问村民之怨苦"。他认为町村和府县不同,是拥有"固有权利"的团体,所以其首长应该"作为一村之总代,主持一村之权利"。② 从中可以看出,井上重视底层的町村,认为町村长的人选具有重要性,同时也可以看出他反对过度的中央集权,主张某种程度上的分权,③主要是底层町村的分权。

对于民费财政,井上毅也多次提出自己的意见。例如,在"九年冬草"的意见书中,他开篇即指出"地方政事之要,在于节县用,省县税民费,精选区长"。具体说来,"正是由于正税之外有府县税、有民费、有课金,税目繁多,因而人民不仅为其所苦,也对其产生怀疑。"④ 他主张对混乱的地方税进行整理和限制,整顿备荒储备金制度,承认米金两纳制度等等,减轻地方人民的负担。此后他又多次提出关于民费的意见案,主张要对国费和民费进行区别,⑤并提出对民费的征收应该"由府县每年八月做出前年之统计,张榜公布以减少人民的怀疑"⑥等主张。

井上毅在地方制度上主张渐进主义。他反对过大、过激的改革,

---

① 井上毅伝記編纂委員会編:『井上毅伝』史料篇第二,第 99 頁。
② 井上毅伝記編纂委員会編:『井上毅伝』史料篇第二,第 99 頁。
③ 坂井雄吉:「明治地方制度とフランス——井上毅の立法意見を中心に」,収入日本政治学会編:『近代日本政治の中央と地方』,年報政治学 1984 年,岩波書店 1985 年版,第 3 頁。
④ 井上毅伝記編纂委員会編:『井上毅伝』史料篇第二,第 98 頁。
⑤ 井上毅伝記編纂委員会編:『井上毅伝』史料篇第二,第 114 頁。
⑥ 井上毅伝記編纂委員会編:『井上毅伝』史料篇第二,第 127 頁。

主张尊重旧有习惯,循序渐进。如对于大区小区制度,井上毅因其"多属人为"而加以反对,但是当 1876 年 3 月,内务省决定改革区划,废除大区小区制度后,井上毅又提出了"关于地方区划改正的意见"而表示反对。在意见书中,井上毅认为大区小区制虽然有缺陷,但在人们已经开始"目惯耳熟"之时,又加以改变是"失信于民,得不偿失"。① 此后,他又提出主张,坚持强调说:"同人民直接之事务频繁改革甚非美事",只"废除大区即可"。②

对于各地兴起的地方民会,特别是在自由民权运动兴起后,一些地方民会成为民权者同政府斗争的阵地,井上主张尽早建立区会县会制度,他说:"不定区会县会之制度权限,允许地方官适宜施行,则恐日后造成不可收拾之势。"③强调"未公布议事之权限乃政府之一缺点",④表现出了对蓬勃发展的地方民会的忧虑。井上毅的主张对当时的明治政府实权人物大久保利通产生了很大的影响。

二、大久保利通的上书

1873 年 7 月,明治政府设立了内务省,大久保利通任内务卿,开始了大久保政权时代。大久保对地方制度极为重视,早就要求对地方制度情况进行调查。他曾对俄罗斯地方制度进行考察,得出的结论是不适合日本。此外,据青木周藏记载,他对德国的地方自治制度和英国的地方自治制度极为关心,并主张"要实现地方渐次之改进"。⑤

---

① 井上毅伝記編纂委員会編:『井上毅伝』史料篇第二,第 106—107 頁。
② 井上毅伝記編纂委員会編:『井上毅伝』史料篇第二,第 112 頁。
③ 井上毅伝記編纂委員会編:『井上毅伝』史料篇第二,第 99 頁。
④ 井上毅伝記編纂委員会編:『井上毅伝』史料篇第二,第 130 頁。
⑤ 渡辺隆喜著:『明治国家形成と地方自治』,第 45 頁。

在改革大区小区制度的意见中,最重要的是大久保利通提出的意见书,该意见对后来三新法的实行产生了决定性的影响。因此历来研究大区小区制向三新法的转变,都不能不提到大久保的上书。1878年(明治十一年)3月11日,西南战争结束后,认为应该开始整顿内政的大久保利通向太政大臣三条实美提交了"地方体制等改正事之上书"。在上书中他提出了改革地方体制、地方官职制,设立地方会议和地方公费赋课法的构想,对后来的三新法以决定性的影响。其内容如下:①

第一,在地方体制的改革上,大久保提出了把地方划为"行政区划"和"地方居民社会独立区划"的主张。大久保认为,地方应"分为行政区划和居民社会独立区划两种性质",大区小区制正是由于"其行政区划与其居民社会独立区划主义混淆不明,从而不仅官民相互侵犯权利,岁出入之事即官民费用之事亦颇混杂,往往招致地方之物议",所以必须要加以改革。那么如何进行改革呢?大久保提出了自己的观点:"如地方之区划,无论如何良法美制,如不依固有之惯习而起新规之事,则其形虽美,其实无益。"而依"我邦古来之惯习和斟酌方今人智之程度",在行政上恢复日本传统的郡和町村,使"府县郡市具行政区划和居民社会独立区划两种性质,村町有居民社会独立区划一种性质,在郡市置吏员,使其兼掌两种性质之事务,村町由行其村町内共同之公事者即行事人掌独立之公事"。

第二,在地方官职制上,既然在行政区划上区分了"行政区划"和"地方居民社会独立区划",那么"其吏员之职掌亦应适当分权"。

---

① 以下大久保利通「地方の体制等改正之儀上申」内容,引自海野福寿、大岛美津子编:『家と村』,日本近代思想大系20,岩波书店1989年版,第223—229页。

他指出，"原来府县之职制，不仅属于其职掌之权限事项与属于处务规则事项相混淆，而且其事理小而琐屑之事项，徒仰上司裁决，而其事理重大者反而无限制等等，其权限猍杂，行事时只汲汲于烦冗间。而其影响必损害天下公众之利益，以致妨害国势之进步。""因此今为改正其，应先对府知事县令之职掌和郡市长之职掌，依地方之制即行政区划与居民社会独立区划二种性质之区分，且斟酌方今国势之程度，进行适实之分权。如其处务规则不以法律，诸省卿和府知事县令间，府知事县令和郡市长间，遵从法律所定之分权限制，彼此关系应设相当之规则。"

第三，设立地方会议法。"既已使地方独立地方官吏分权，就不应以中央政权行其独立之事即其居民共同之事，而应以其独立之公权行之"，即在于"设地方会议法"。大久保认为，设立地方会议大有益处，"原来在地方行事上往往酿成至难之事，现有数府县下凶徒蜂起，妨害其地方之安宁。其实未必只是府县官缺乏治术，或法令失宜，其阳所托莫出于此。其所以然者无他，即凡地方之事，不分行政权与独立权，皆在中央政权内，从而即便一区区小官吏户长之处分错误，也归于中央政权。若设立地方会议之法，在其地方独立权之事，利害得失皆为其会议之责、其居民共同之责，对中央政权不怀小怨，只仰其监督之公力。如此则地方安宁毋论，进而于国之安宁上其效亦大。由是观之，不可不设地方会议法。"但是这种地方会议，绝不能"仿彼欧美之制"，"其形虽美，其实不适。宜斟酌我邦固有之惯习和方今人智之程度"，地方会议主义只涉及"地方公费岁出人之事"，而"不使关系立则权（立法权）"。同时"使府知事县令在府县会，郡市长在郡市会有几分专权。郡市长在郡市会议非毫不专权，而关于其必要之公费之事，其府知事县令在其监督权内有多少之命令权，平均其会议立则权,相信则不必有如世间漫然所倡导之民权或民选议院等徒高尚实无益有害之弊端。之所以使府知事县令对府县会议专有立则权,或依事项对郡市会议在其监督权内有专有命令权,即府县中央政权部分多,独立之实少;郡市稍稍中央政权部分少,独立之实多;町村有纯然独立之实。推而论之,在于府知事县令在太政大臣及诸省卿间,更多依靠中央政权"。

第四,关于设立地方公费赋课法。大久保指出,"从前本无赋课之法,不量民力而滥起事业,随起随课,加之其属于土地、人民普遍之共同费用和属于一己一部之私义费用混淆,又应属于官费者亦作为民费等等,实乃无谓之赋课。故今年之费额超过去年,明年之费额倍增于今年,终致民力不堪。"因此"思将来立赋课法方法,原来称作民费者,论其支出和费用性质,属为地方共同事项支出费用者,即如地方税支付地方费一般。故今理应正其名实为地方税。但吾邦诸税法仍未整理,今又突起税名,颇关人心,毕竟政略上不得其宜。因此不如暂斟酌之,改民费之名义,为地方公费、府县公费、郡市公费、村町公费,设法其实取地方税性质。……而立预算定课额,府县公费由府知事县令取府县会议定之,向内务卿报告;郡市公费由郡市长取郡市会议定之,向其府知事县令报告;村町公费由行事人取村町内会议定之,向其郡市长报告"。

分析大久保所谓的"地方居民社会独立区划"的涵义对于理解后来的三新法很重要。大久保说:"今政理渐明,人智渐开,政体亦应有所变革。政府今已着眼,如立法、行政、司法分权已顺次改良,独地方之制依然未改,其行政区划和其居民社会独立区划主义混淆,为将来之计,其混淆必然要分。"可见,大久保的思想中包含着同政府立宪改革相应的一定的"地方自治"主张。前田多门也认为,他提出的"地方居民社会独立区划"这一奇妙的语言,其意义就是指地方自治,当时,"在非正式的文书上写着自治,但在政府公认的文书上还没有出现这样的用语。"①"他根本的思想,是通过给予人民自治,使中央政府从末端复杂的诸事务中摆脱出来。"②

分析大久保的地方制度改革意见,可以看到他实际上强调了这样一种思想,即他把"地方分为行政区划和居民社会独立区划两种性质","府县郡市为行政区划和地方居民社会独立区划两种性质","村町为居民社会独立的区划"。为此应该改变"旧制其行政区划和其居民社会独立区划主义混淆不明"的大区小区制,重视古来既有自治传统的村落,并通过利用旧有的郡制,起到对底层町村的监督和联络作用。加上正式承认地方设立府县会和町村会,可以说大久保是主张地方社会先实行民选议会的一种渐进的思想。因此可以说从大区小区制向三新法的转变是日本近代地方自治制度形成的重要一步。

由上可见,明治初期的领导人对于集权之弊和分权之利有了一定的认识,而且主张必须进行改革。与此同时,我们也应看到,在明治初期的领导人中,其对社会动荡的解决方法,就是给地方,特别是底层社会以一定的自治权利,这一方面可以使政府从基层的繁杂事务中解脱出来,另一方面也可以缓解民众的反抗。而为了达到这种目的,明治官僚们不约而同地发现了日本传统的村落自治,这也为以后的三新法性质起到了铺垫作用。在承认传统村落自治这点上,大久保利通的意见书实际上反映了井上毅的主张。③

---

① 见前田多門著:『地方自治の話』,第3頁。
② 大島太郎著:『日本地方行財政史序説』,第308頁。
③ 坂井雄吉:「明治地方制度とフランス——井上毅の立法意見を中心に」,日本政治学会編:『近代日本政治の中央と地方』,年報政治学1984年,第7頁。

第二节 三新法体制的形成

在大久保利通的建议下,政府决定修改地方制度。大久保利通的上书附有内务大书记官松田道之起草的府县官职制、郡市吏职制、地方之体制、府县会议法、地方公费赋课法等案,希望能交付地方官会议进行讨论。但是到大久保利通被暗杀时也未能实现。此后经井上毅修正,变成了郡区町村编制法、府县会规则和地方税规则三项议案,交由1878年4月召开的以伊藤博文为议长的第二回地方官会议审议。后又交由元老院会议审议,最终于1878年7月22日发布。这就是三新法。三新法不同于大区小区制度,政府由此迈出了地方制度改革的步伐。

一、三新法体制的内容

三新法由郡区町村编制法、府县会规则和地方税规则三法构成,加上1880年4月8日公布的区町村会法案,共同构成了日本近代地方制度上的三新法体制。这些法令的形成虽然源于大久保的上书,但其内容并不完全相同。

(一)郡区町村编制法

郡区町村编制法以太政官布告第17号发布,主要是对大区小区制的区划进行了重新改革,其内容共有如下六条:[①]

第一条 划地方之区划为在府县下设立郡区[②]町村;

第二条 郡町村之区域名称依旧;

---

① 以下「郡区町村编制法」内容选自山中永之佑监修:『近代日本地方自治立法资料集成』1 明治前期编,第422页。

② 这里的区不同于大区小区制下的区,而是大致相当于郡下的市。

第三条　郡的区域过于广阔施政不便者可划一郡为数郡；

第四条　三府五港及人民辐辏之地别设一区，其广阔者设为数区；

第五条　每郡置郡长一人，每区置区长一员。郡狭小者可数郡设一员；

第六条　每町村置户长一人，或数町村置户长一人，但区内町村可以区长兼任户长事务。

这是在行政区划上的重要改革，即郡区町村编制法在行政区划上废除了原来的大区小区，恢复了历史上的郡和町村，而且尽可能地尊重历史上的郡和町村的区域和名称。在《地方官会议上关于第一号议案的说明书》中，政府指出，废除大区小区制，设立此法的主旨在于："第一，废除大小区的重复，以节省费用；第二，恢复郡町村的旧制，以便民俗；第三，重郡长之职任以便施政。"①这里"恢复町村的旧制"，即是重视"町村实为一形体，大不应削之，小不应并之，一町一村之人民利害相依，如一家一室，而且共有财产，具有如同一个人之权利，以府县为行政区划，视町村为一自然部落，户长属民而不属官，为该町村之总代人，町村之事悉由其总代之户长担当，不做丝毫之牵制"。② 即在底层的町村实行地方自治，而"重郡长之职任"则是重视郡长作为官僚的监督作用。

(二)府县会规则和区町村会法

1. 府县会规则

府县会规则(太政官布告第18号)共由4章35条组成。③ 第一

---

① 内務省地方局内自治振興中央会編：『府県制度資料』上巻，第110页。
② 内務省地方局内自治振興中央会編：『府県制度資料』上巻，第110—111页。
③ 以下「府県会規則」内容，选自内務省地方局内自治振興中央会編：『府県制度資料』上巻，第117—120页。

章为总则,共9条,第1条规定"府县会议定以地方税支付的经费的预算及其征收方法",正式承认地方设立府县议会。此外还规定府县会的发案权归府知事县令所有;府县会议员应议长之许可有建议权,府县会的决议也必须得到府知事县令的认可才能实施等等。实际上把新设立的府县会权限限定在地方税的经费预算上。

第二章为选举,共25条。在府县会规则中实行的是限制选举。府县会规则规定府县会议员的被选举资格为"满25岁以上的男子,在其府县内定本籍居住三年以上,在其府县内缴纳地税十圆以上者",选举人资格为"满20岁以上的男子,在其郡区内定本籍,在其府县内缴纳地税五圆以上者"。在关于规则的说明书中指出,之所以订立这种规定,是因为政府认为"成为议员和选举议员者必要有当然之能力。未成丁者不能为选举人,其议员限定为25岁以上者乃更希望其有经验。必男子者为女子不能成为议员及选举者。限定其郡区内居住者乃因其惯熟地方之人情事宜,可得其信用。无恒产之人亦难有恒心,图其世安务公益者往往为有资力之人,故限定为纳地税十円以上者"。① 因此可以说这种府县会议员的当选资格最有利于"地主特别是大地主"。

规则的第三章为议则,第四章为开闭。规定府县会每年三月份召开一次,规定"会议之论说被认定妨害国家之安宁或触犯法律或规则时,府知事县令可以中止会议,向内务卿汇报请其指挥",和"在会议被认定妨害国家之安宁或触犯法律或规则时,内务卿无论何时都可命令议员解散"。明确了府知事县令和内务卿的议会监督权。

---

① 「地方官に於ける府県会規則(第二号建議案)説明書」,内務省地方局内自治振興中央会編:『府県制度資料』上卷,第124頁。

2. 区町村会法

该法于1880年(明治十三年)4月8日以太政官布告第18号公布,比府县会规则晚了两年。区町村会法共10条,其内容如下:

首先规定区町村会的决议事项为"其区町村的公共事件及其经费的支出征收方法"。① 即区町村税的赋课征收方法、以町村费进行的村内所有公共事业,关于共有财产之事、公借、预算和决算的作成以及县税、户数税的分割等。此外规定府知事县令对区町村会规则有裁定权,郡长和府知事县令在区町村会违法时有中止解散权,郡长在区町村会的议决不当时有施行停止权等,对町村会以严格的监督。同时,区町村会规则还对联合区町村会进行了若干规定。

区町村会法也是在地方官会议和元老院会议上审议的,但是最初提出的议案与最终发布的议案却有很大的区别。其最主要的特点是原法案"允许寄合的继续存在",②围绕着这一议案在会议上曾出现了赞成和反对两派的激烈辩论,反映了明治政府内部对待传统的态度。

(三)地方税规则

地方税规则(太政官布告第19号)全文由7条组成。开篇即通告"改从前以府县税及民费之名征收的府县费区费为地方税"。③ 其具体规定总结起来如下:

第一,规定地方税为原来以民费名义征收的府县费和区(大区

---

① 「区町村会法」,选自小早川光郎等编:『史料日本の地方自治』第1巻「近代地方自治制度の形成:明治維新——1920年代」,第87頁。
② 大島美津子著:『明治国家と地域社会』,第128頁。
③ 「地方税規則」,内務省地方局内自治振興中央会編:『府県制度資料』下卷,歴史図書社昭和四十八年版,第205頁。

小区制的区)费,而町村和区(郡区町村编制法的区)的费用由地方人民协议,不由地方税支付。即把原来的民费一分为二,把府县财政的公共性质和区町村财政的协议自治性质在法律上加以确认,既保证了府县的费用又使町村费具有协议费的性质。同时值得注意的是,虽然区町村费被称为协议费,但是一些国政委任事务的费用也被强加到其中。这一点规定和大久保的上书中有一些不同。大久保主张对府县、郡市和町村分别规定公费区分和赋课方法,而地方税规则只以府县税为地方税,将区町村都除外。"町村内的费用及郡市的区内费用任其区町村内的人民各自料理,不属于地方税,其征收方法亦不在此案内。"①

第二,地方税的税目包括地税附加税、营业税和杂税、户数税三种,其中地税附加税限定为"地税五分之一以内",反映了地方税对国税的从属关系。其中,地税和户数税曾是民费的主要来源,此后也占了地方税的大半。营业税和杂税等是商工税的前身。由此可见,地方税并没有增加新的税目,而只是将原来没有统一规定的营业税和杂税进行了统一规定。把原来围绕着民费财源府县和町村发生的竞争和重叠关系进行府县优先的整理,可见,规则最主要的出发点还在于"府县财政基础的确保"。② 而与之相对,区町村的财政出现枯竭,因此近代日本底层町村的财政一直以国税及府县税的附加税为中心,可以说这种特点就是在此时形成的。所以虽然三新法承认了区町村为自治团体,但由于"财源狭小,町村无法进行更多的地方固有事务",③因此町村自治虽然得到政府的初步认可,但缺乏物质基

---

① 内務省地方局内自治振興中央会编:『府県制度資料』下卷,第205页。
② 藤田武夫著:『日本地方財政制度の成立』,第35页。
③ 藤田武夫著:『日本地方財政制度の成立』,第92页。

础。

第三,确定以地方税支付的项目有警察费,河港、道路、堤防、桥梁建筑修缮费,府县会议诸费,流行病预防费,府县立学校费及小学校补助费等等12项。虽然表面上地方固有事务占据多数,但是从额度来看,官员的工薪占70%,而且他们所执行的主要是机关委任事务,因此仍然是机关委任事务费占据重要地位。

第四,关于财政的运营,最值得注目的就是预算制的导入。规则规定会计年度为每年的7月到第二年的6月。每年2月由府知事县令订立地方税征收预算和支出经费预算,交由府县会审议,于5月以前向内务卿及大藏卿汇报。由此,明确了府知事县令的预算编成义务和府县会的预算审议权限。根据地方税规则,使维新以来运营混乱的府县财政有了一定的基准,确保了其统一性。原来由府知事县令专断的府县财政变成了财政预算、由议会审议通过,这一规定实现了府县财政的公共运营,具有极大的进步意义。府县会有预算审议权,府县会规则规定"府县会议定以地方税支付的经费的预算及其征收方法"。府县会的议决机关虽然还没有完备,但是由于地方税预算审议权的获得,实际上是"某种程度上确立了府县居民的自治权,是府县自治财政制度的发端",由此"迈出了向近代地方自治的第一步,这不能不说是一个划时代的进步"。① 但是应该注意的是,府县会没有审查出纳决算报告书的权限。

但另一方面,地方税规则同时带来了町村财政的恶化,地方公共财政形成的同时,也是国家对地方的剥夺过程。不仅如此,政府对町村协议费的支出中公共费用和关于一部分人利益的费用也没有进行

---

① 藤田武夫著:『日本地方財政制度の成立』,第84—85頁。

整理,这使得公私不分的状态仍继续保留了下来(但随着区町村会的召开,财政的内容渐渐地变成公共的费用,开始了区町村财政的近代化过程)。① 这为近代日本底层区町村的发展带来了不利影响。

二、三新法体制的特点和认识

三新法加上区町村会法案,共同构成了日本近代地方制度上的三新法体制。下面我们来分析一下三新法体制所具有的特点,总体说来如下:

第一,重新承认传统的町村自治。明治政府通过对大区小区制的反省,开始重新认识到村落的自治传统对稳定地方统治的重要性。因而新法下的郡町村基本上恢复了幕藩时期的区域和名称,并重新作为地方行政单位固定下来。重新设立的郡不设郡会,也没有独立的财政功能,只不过是町村的监督机关。町村"实为一个形体","大不削之,小不并之。"在各町村设置民选的户长,作为村民的"总代人",薪金由地方税和协议费共同负担,把户长重新定位为"从事行政事务和其町村的理事者两样性质"。② 大久保在他的上书中就提到要"依日本古来之惯习",设立新的地方体制。这里的"古来之惯习"指的是"以顺风和气、邻保共助的精神为本质的村的共同体秩序"。③ 近代以前日本传统的村落共同体,具有很强的自治能力,因此在明治政府允许民众有限度地参与地方事务时,想到的不是"欧美之制",而是利用传统的村落共同体。由于"官僚的统治无法到达

---

① 藤田武夫著:『日本地方財政制度の成立』,第103—104頁。
② 大島美津子著:『明治国家と地域社会』,第124頁。
③ 小原隆治:「三新法体制における参加と統制の制度構造」,日本地方自治学会編:『地域開発と地方自治』,地方自治叢書6,敬文堂1993年版,第172頁。

社会的底部,所以不得不由异质的共同体秩序来完成",①这成为三新法体制的一大特色。

第二,部分承认了居民参与政治。承认府县会和町村会等地方民会,这是重大的进步。表明政府在地方统治方式上迈出了跨越性的一步,在日本历史上具有一定进步意义。

第三,府县和町村的不完全地方自治体化。府知事县令和町村长对于固有事务有某种程度的专决权,町村长由公选产生。这样府县町村从单纯的行政区划向以处理地方行政事务为目的,具有国家独立的权利和义务的主体方向转化,即"迈出了公法人化的第一步"。②

第四,将"地方有力者"吸纳到官僚的统治体制中。明治政府开设府县会和区町村会,并不是要所有的民众都获得对地方行政的发言权。由于选举和被选举资格的财产限制,只能使一部分"地方有力者"成为府县会和区町村会议员。因此大岛太郎认为,三新法体制的特质"就是在官僚统治下包摄有力者层的体制"。③ 由此可见,日本政府的地方名望家统治战略早在三新法时代已经初现端倪。

第五,加强对地方的官僚统治。新法在部分赋予地方居民自治权利的同时,通过强化府知事县令——郡长这一官僚机构,加强对地方的监督和控制。特别是郡长的新设,完全起到了监督町村自治、上命下达的作用。自治与官治并存这一日本近代地方自治制度的特点(我们后面将要论述)在三新法时代已经表现出来。

第六,地方财政,主要是府县财政的初步规范化。由地方税规则

---

① 大島太郎著:『日本地方行財政史序説』,第10頁。
② 大島美津子著:『明治国家と地域社会』,第108頁。
③ 大島太郎著:『日本地方行財政史序説』,第17頁。

发布而形成的新府县财政同以往的财政相比具有很大的进步性。首先,它对维新以来混乱的地方财政进行了整理:(1)它以府县财政为基础,保证了府县从行政区域向自治区域的转化,明确指示应由地方税支付的项目,并对其征收给予公法的保护;(2)规定对于地方税的支出及征收进行预算编制;(3)府县会的地方税预算议定权制度化。这样,明治政府通过对原来无秩序的府县财政的组织化和制度化,即征收权的强化、税源的确保和费目的法定,实现了地方财政制度的初步近代化。其次,它对近代地方自治的发展贡献极大。① 从民费财政向地方税财政的发展,反映了近代公共财政的初步确立。

由此可见,三新法体制初步在底层社会实施有限自治,推动了日本地方制度向近代化发展的同时,也加强了国家的官僚统治。正因如此,三新法被称为明治维新后最初的全国统一的地方制度。

对于三新法,历来有不同的认识。认为某种程度地赋予了地方以基本的自治权限,强调其进步性者有之;强调其局限性甚至反动性者也不乏其人。一方面,正如前述,大区小区制不是"统一的总体的地方制度",而且没有近代地方自治的构想,所以三新法体制取代了大区小区制不仅树立了全国统一的地方体制,而且初步承认了"地方分权",将府县、区町村视为地方公共团体,正式设立了府县会和区町村会,认可了区町村的自治,并在地方财政制度上区分了公共财政和私财政,因而具有进步的意义。有不少学者称三新法体制为后来地方自治的"实验室",甚至有人因其所具有的"某种程度的地方自治色彩",而将其称为"日本地方自治的开端"。② 另一方面,三新

---

① 藤田武夫著:『日本地方財政制度の成立』,第88頁。
② 鲁义著:《日本地方自治制度》,吉林大学出版社1993年版,第14页。

法体制产生的根本目的是为了缓解大区小区制下的矛盾,对抗"以自由民权运动为中核的反政府人民斗争",①因此一定程度上承认民众对地方行政的发言权只不过是巩固中央集权的手段而已。一方面承认民众的政治参加,另一方面加紧进行官僚体制的整备,这恐怕是三新法体制的最大特色:承认了町村为自治团体,允许设立町村会,给民众以一定自治权利的同时,又在其上设立了专门监督的郡;设立了府县会,只赋予其预算审议权,但同时又加强内务卿、府知事和县令的监督权;地方税改革的根本目标是确保和增加府县税和对町村财源进行剥夺。所以有学者也称其为"反动的地方统治的国家体制"。②

第三节 三新法的施行

三新法体制正式承认设立地方议会即府县会和町村会,在日本历史上是一种很大的进步。但是政府所设立的府县会和町村会是否能取得预期的效果,三新法实施后的实态如何,却是我们需要考察的问题。

一、府县会的成立

府县会规则的发布,使原来在各地以地方民会形式存在的府县会被政府正式承认,府县实际上成了拥有有限自治权的地方团体。从府县会的权限来看,主要是与地方税的征收和支出的预算审议权有关,而关于立法权,则尽量不使之参与。各地方府县会成立和运营

---

① 山中永之佑著:『日本近代地方自治制と国家』,第90頁。
② 山中永之佑著:『日本近代地方自治制と国家』,第111頁。

的实态究竟如何,我们以高知县和福岛县为例进行研究。

高知县,旧土佐藩,以自由民权志士多而闻名。1878年实行府县会规则、开设县会后,开始了县会议员选举。自由民权的斗士片冈健吉当选为议员,县会议员中士族17人,其他为平民。1879年10月30日召开第一次府县会,在会上,作为议长的片冈首先提出了府县会议员选举法改正案,表示反对议员选举资格的财产限制,认为这样只能使有产者当选,剥夺了广大民众参政的机会,要求进行修改。但是11月7日,议会不待此法通过,就直接进行预算的审议,为此片冈愤而辞去府县会议长之职。此后北垣国道县令强行要求县会议决1879年的预算,第一次议会于12月27日闭会。①

据当时人后来回忆高知县的第一次县会情形:"自由民权论极盛。当时之事,每日议场火花乱飞,时有丁曲翁之奇言,时有小谷氏之雄辩,甚是精彩,特别是阿波议员论述土阿合并之不合理、不经济,又土佐议员以自由主义为基础,绝叫选举权扩张更成纷扰。"②从中不难看出高知县会初设立时纷扰的情形。

第二次县会以后,县令多次同府县会产生重大的分歧。当时府县会的主要权限是预算审议权,由府知事县令编制预算,在府县会进行说明,高知县发生预算未通过的情形却很少。

但是在福岛县,县会在自由民权者河野广中的领导下,1879、1880和1881年每年都要求削减县令提出的预算案,其削减额达预算总额的20%到40%。削减费用主要是土木费、户长以下薪酬及户长职务处理费、郡吏员薪酬旅费及厅中诸费和警察费及监狱费等。

---

① 参见高知県議会史編纂委員会編:『高知県議会史』上卷,第76—83页。
② 高知県議会史編纂委員会編:『高知県議会史』上卷,第84页。

这"不仅是为了减轻负担,也是从财政上要求实现地方的自治"。①

但是仅仅强调府县知事的专断也是片面和不客观的。实际上由于府县会为初设,极为不成熟,因此初期也确实存在很多问题。从福岛县会的运营来看,"开会之状况,十二年十三年在会期不开会,且出席议员居于少数,则等到过半数出席才开会。依会议之众议延会或延期的也不少。然依规则第九条却无不参会议员的处分或会议的中止。十四年十五年以来缺席少且总在会期以内闭会。议事之概况自十二年至十五年四年间涉及议案外枝叶之事,十六年以来其弊少。出纳决算报告之议事在十四、十五两年通常会上对于前年度决算报告有异议,其后无。决议之概况如前所述,初年专门倾向事件之存废削减费额,十四、十五年涉及预算外之议。"②开会状况多"延会或延期",议事概况等"涉及议案外枝叶之事"等都反映了县会成立初期运营的不成熟状态。而且这种情况在当时并不在少数。因此就连当时主张民权论的思想家福泽谕吉也指出,府县会多于"放纵恣意横暴"。他说,"近年来民权论喧嚣而且论锋指向政府,求其近因副因,第一在府县会的开设;第二在废藩置县地税改革;第三在学校学生的教育毕业……如府县会,前是欲利用民意,而今反成民意多端之阶梯。……此民论多端、物论之喋喋、政谈客的增加非国家之退步,对百年之大计也是可祝贺之事。但目下之处虑却是智者也困却。"③不仅如此,也有府县会的不成熟。"某县的县会议员共有四十名。报酬为一日一圆。议三百日元之费用,费十五日,每日是四十圆,共六

---

① 大石嘉一郎著:『日本近代史への視座』,東京大学出版会2003年版,第77頁。
② 東京市政調査会編:『自治五十年史』第一卷制度篇,第70—71頁。
③ 福沢諭吉:「時事大勢論」,富田正文、土橋俊一編集:『福沢諭吉全集』第五卷,岩波書店1959年版,第239—240頁。

百圆。废六百圆之费用议三百之民费。"①福泽还批评民权派议员们:"以议事的利害为第二着,议员的热心唯在原案破毁。"②因此福泽谕吉提出辞去府县会议员的职务。这虽然与福泽谕吉此时地方自治观的改变有关,③但也多少反映了议员的表现与福泽所期待的"市民的成熟的自治"相脱离④的现状,反映了府县会成立之初所具有的幼稚状态和不完善性。

尽管如此,由于府县会拥有预算审议的权限,并通过这一武器进行斗争,实际上为后来国家和地方议会的运营都奠定了基础,这一点是应该认识到的。史料表明,后来在伊藤博文制定宪法规定议会的权限时,也没有听从德国学者格奈斯特和当时宰相俾斯麦等人的建议,认为预算审议的权限不容议会染指,⑤实际上这种传统在日本三新法发布后成立的府县会中早就开始形成。

二、新法下的町村

1. 户长选举

废除了大区小区制,郡区町村编制法的施行,标志着政府在地方的统治政策开始向允许居民部分地参加地方政治和重视传统的町村方向转换。新法规定郡町村的区域名称一切如旧,原则上町村合并被禁止,不过,如果郡的区域过大、施政不便时也可分割,或被查定资力匮乏(但人情风俗无大差异)的郡也可以进行合并,或联合设立一

---

① 福沢諭吉:「時事小言」,富田正文、土橋俊一編集:『福沢諭吉全集』第五卷,第124頁。
② 石川一三夫著:『日本の自治探求:名望家自治の系譜』,名古屋大学出版会1995年版,第72頁。
③ 石川一三夫著:『日本の自治探求:名望家自治の系譜』,第72頁。
④ 石川一三夫著:『日本の自治探求:名望家自治の系譜』,第72頁。
⑤ 春畝公追頌会編:『伊藤博文伝』中卷,統正社昭和十七年版,第271頁。

个役所。

在承认传统的町村同时,大区小区制下的官僚统治形式也被否定,町村长的户长开始实行民选,由府知事和县令任命。户长的选举条件各地不一,不过主要是实行记名投票和薄薪制。薄薪制的实行反映了明治政府的名望家统治战略开始形成。户长的主要任务是执行上级政府所赋予的行政事务,包括服从规则、贯彻和发布布告规则、处理有关征税及相关事宜、户籍调查、就学劝诱等多种国家行政事务,因此户长被置于官僚统治机构的最末端,必须忠实地执行政府的各项措施,否则就会被惩戒。与此同时,户长又是"村的理事者",对于町村的公共事务给以一定的权限。町村的公共事业、町村请愿、神佛祭奠以及水利、劝业、卫生等,这些都由町村自治地处理。

2. 町村会

三新法给町村带来的更大变化是区町村会被正式允许开设,但是直到1880年区町村会法的发布,才确定其规则大纲。

区町村会的决议事项包括协议费(町村费)的赋课征收方法、以町村费负担的一切村的公共事业。所谓町村的公共事业主要是区町村会规则的改订、町村的请愿、神佛祭典及小学校的设置、劝业、水利、卫生及府县会委任事项(地方税分户、营业税的赋课方法)等。其中引人注目的是町村税及府县税的一部分的赋课征收方法的议决权被给予了町村会。许可町村会开设的三新法实行顺序明确表示,"町村会的地方税、人民协议费用要依町村居民之任意,这是町村会开设的重要目标。"[1]

---

[1] 大岛美津子著:「地方政治」,福岛正夫编:『日本近代法体制の形成』上卷,日本評論社1981年版,第179頁。

关于町村会议员的选举,区町村会法没有规定议员的选举和被选举资格,而是将其全权委任给地方长官。但一般说来,以本地户籍、居住、拥有不动产、一定年龄、男子为主要条件。选举是记名投票制,议员无薪,实际上是使町村的有力者层参加的体制。因此,地方税、町村费的征收赋课方法和町村的公共事业实际上都由有力者来把握,町村会成为"反映有力者利害的场所"。同时这也说明明治政府的真正意图是,通过将町村内的一部分有力者同其他居民剥离开来,给予其权限、地位和名誉,使之对国家产生强烈的一体感,从而使其能够自发地协助伴随着集权国家的确立而增加的国家委任事务(特别是地方税、町村费中国家经费的征收)的实行,即"创造出利用村即部落内有力者统治力的间接统治体制"。[①]

而且,区町村会法同时规定了官僚的监督机制。郡区长有权在町村会违背法律时中止,认为议决不当时中止其实行。这样町村会在"成为町村公共机关的同时,也被置于官僚的行政机构的监视之下"。

町村会在区町村会法颁布后,迎来了开设的高潮。据当时新潟泻县的统计,全县共1个区17个郡,1880年时开设区町村会的有1460个町村,未开设者3288个,到1881年开设者达3827个,未开设町村会者只有771个,[②]区町村会迅速普及开来。各町村会的规则是根据国家和府县提出的大纲制定的,关于议员数、议事运营的细则等都由町村独自来决定。新潟县下村松町开设町村会后规定町村会的审议事项如下:一、决定由町村经费支付的事业的起废伸缩;二、町

[①] 大岛美津子著:「地方政治」,福岛正夫编:『日本近代法体制の形成』上卷,第180页。

[②] 村松町史编纂委员会编:『村松町史』下卷,村松町,1982年,第172页。

村预算的编成和赋课方法的策定;三、町村共有财产的维持和增殖;四、决定户数税(县税)征收的各户出金的比率等。规定町村有选举和被选举权者为"在村内有本籍满20岁以上的男子有土地者",议员任期为两年。村松町各村于1880年开始陆续开设了町会村。①

除了一般的町村会外,有些地区还以地缘的结合组织了联合町村会。新潟县就以总代户长为中心的组,组成了审议其管区的运营费、行政费、事业费的联合町村会。此外也出现了为了共同维持堤防、学校、医院等的会议和为审议郡内的公共事务而由郡下所有的町村代表组成的大联合町村会,还设立了以原来各小区为单位的联合会议。如青桥组联合会议就是青桥、田中、上野等十八个村的联合。其功能为"关于十八个村的公共事件及(费用)征收方法的议定",以及各村不能单独处理的卫生、教育、地税改革等问题。② 联合町村会实际上是一种郡会。这种会议的出现,"不是只由县厅和郡役所的力量从上而下进行的,而是由居民的意志和要求推动的",是"在民权运动的发展期,超越了政府的町村会构想规模的政治参加和自治的新形态"。③

3. 协议费财政

三新法把全国的租税体系分为国税、地方税(府县)和协议费(町村)三个部分。町村的运营依靠协议费,其收入主要靠地税附加税和户数税,町村财政没有国家和府县财政的补助。政府对町村在财政上采取允许其地区独自运营的政策,因此"各个町村基本上遵循原来的传统进行独自的财政运营",方式也是多样的,"是传统和

---

① 村松町史编纂委员会编:『村松町史』下卷,第172—173页。
② 村松町史编纂委员会编:『村松町史』下卷,第173—174页。
③ 大岛美津子著:『明治国家と地域社会』,第130—131页。

惯习影响很强的财政运营。"①

　　从大区小区制到三新法体制是日本地方制度近代化的重要一步。它不仅是明治维新后日本最初统一的地方制度,同时更重要的是,明治政府第一次在地方制度上引用西方地方自治观念,尽管这一观念还不成熟,但是公法人格、近代财政等特点已经初现端倪。这一方面是藩阀官僚主导渐进立宪的结果,同时也是自由民权的斗争与日本的自治传统从下推动的产物。
　　通过三新法的实行,近代日本迈出了从完全的行政到初步的地方自治的第一步。"地方三新法体制的特征就是沿着政体立宪化的方向,建立政府、内务省——府县的中央集权统治体制下的地方分权,同时也包含着由于设置地方议会而产生的地方社会独立化的倾向。"②因而在日本历史上具有一定的进步意义。
　　但是与此同时,我们也要看到三新法体制的反动性。即政府承认町村自治、地方有限分权的根本目的,不是为了保障地方的自治权利,而是为了政府的施政便利,分中央的事务于地方,并对其进行严格的监督,因此有学者称其为"反动的地方统治的国家体制"。③

---

①　大島美津子著:『明治国家と地域社会』,第136頁。
②　山田公平著:『近代日本の国民国家と地方自治』,第395頁。
③　山中永之佑著:『日本近代地方自治制と国家』,第111頁。

第四章　地方自治的新反动

三新法颁布后，并没有就此形成稳固的地方制度，特别是1881年松方紧缩财政的实行，给地方社会带来极大的影响。在农村，农民的分化加剧，土地日益集中到少数地主手中，地主制开始形成。与此同时，自由民权运动开始分化，下层自由民权者的斗争出现了激化的态势。他们不仅利用府县会和町村会的合法舞台，同政府进行斗争，还往往采用激烈的手段打击政府。在此背景下，明治政府不断修改三新法体制下的法令，不仅加强了对府县会的控制，还于1884年在山县有朋的主持下，对町村制度进行了改革，史称"明治十七年改正"。经过这次改革，政府重新加强了对地方的官僚统治，三新法体制初步承认的有限的地方自治权限开始萎缩，因此这些改革是对三新法体制进行反省的产物，笔者将其称为地方自治的新反动。

第一节　松方财政与自由民权运动的高涨

1881年以后，日本迎来了一个新的时期，其主要原因为松方财政的实行给日本农村带来了新的变化，曾经的豪农开始向地主转变，而自由民权运动也开始分化，下层民权者的反政府斗争开始激化。

一、松方财政与地主制的形成

1881年10月20日，松方正义取代在"明治十四年政变"中下野的大隈重信,担任了藏相。当时国家面临的主要经济问题是通货膨胀。据后来松方正义的回忆,"其时纸币的发行量(一)普通的政府纸币一亿零五百九十万余圆;(二)政府预备纸币一千四百五十万圆;(三)银行纸币三千四百三十九万余圆,合计一亿五千四百八十万余圆,此皆不换纸币。"①通货膨胀引起了一系列的连锁反应:物价上涨、公债券跌价、利息率膨胀等,使日本经济陷入严重的危机之中。在这种背景下,松方正义对货币进行了整理,并实行了财政改革。其具体措施有如下几个方面:(1)实行官产下放,把官办工矿企业以低廉的价格卖给民间。(2)实行紧缩财政和增加税收。将1882年到1884年三年的财政支出固定下来,不允许增加临时性支出;还把一些原属政府的开支转嫁给地方;新设药物印花税、酿酒税、烟草税等,增加财政收入。(3)建立中央银行制度。1882年,新设日本银行,改成由中央银行发行纸币的制度。②

松方正义推行的紧缩财政很快收到了效果。物价逐渐下降,纸币流通量开始减少,利息率降低,公债价格也开始回落。但是松方财政同时给农村带来了重大的影响。1881年到1884年米价迅速下跌,而农民的地税却丝毫没有减少。因此,无力缴纳地税和地方税而被迫卖掉土地的农民迅速增加。据当时内阁统计局的统计,在松方财政的影响下,未纳税的人数在1883年达到33845人,到1884年剧增到70605人,而到1885年,则达到106506人,被处分土地的面积1883年为2865.3町,1884年为4429.7町,到1885年达到4764.9町。③ 不仅中贫农,就连上层农民也面临着丧失土地的危机,而另一

---

① 松方正義:「紙幣整理」,国家学会编:『明治憲政経済史論』,第276—277页。
② 吴廷璆编:《日本史》,第461页。
③ 数字来源于大久保利谦编『近代史史料』第205页的表格。

方面,土地则日益集中到地主、高利贷者的手中。农民阶层出现了进一步分化,地主制开始形成。

二、自由民权运动的高涨与激化

1877年以后,自由民权运动进一步高涨,1878年第三次爱国社代表大会召开,决意进行国会开设请愿。会后结成了国会期成同盟,1880年国会期成同盟第二次大会后决定组织政党。1881年政变后政府发布的将在1889年颁布宪法开设国会的诏敕进一步推动了组织政党的工作,自由党和立宪改进党相继成立。除此之外,自由民权者还进行私拟宪法草案等工作,并在各地开展农民结社,宣传自由民权思想。在这种背景下,本来是政府对地方怀柔政策产物的府县会成了民权运动者交流和联合的场所。通过这些交流和联合,各地方的自由民权运动进一步高涨起来。自由民权者在府县会斗争中提出了"确立地方自治"的主张,其具体内容是掀起了要求郡区长公选和设立郡会的运动。在石川县、富山县、三重县等,都以郡长的薪金由地方税支付以及郡长缺乏在地性而导致郡政存在弊端等为理由,陆续提出郡区长公选的要求和设立郡会的建议。① 对此政府的对策是1883年2月21日发布太政官第七号布告,规定郡区长的薪金及旅费从1883年开始由国库支付。同日发布的太政官第10号达规定其身份从判任官升到奏任官,②"强化了郡长中央政府末端机构的地位"。即在人民要求郡长公选的呼声中,政府反而强化了郡作为监督町村的机关的性质。政府的这一举措激化了地方人民的郡区长公选

---

① 山中永之佑著:『近代日本の地方制度と名望家』,弘文堂平成二年版,第78页。
② 山中永之佑监修:『近代日本地方自治立法资料集成』1 明治前期编,第719—720页。

第四章 地方自治的新反动

要求,"要求地方自治、开设国会"的自由民权运动进一步高涨起来。①

自由党势力最强的福岛县的斗争在当时最为著名。由于三岛通庸县令对自由民权人士进行打击和压制,而且无视县会,强行开设道路,以此为导火线,1882年5月1日县会决议"否决每号议案",即"议定明治十五年度地方税之际,熟察其施政之方针路线,不仅违背管下公众之愿望,且背离其舆论,本会不欲支付该费用,故否决每号议案"。与此同时,福岛县自由党还向县民发布檄文,揭露三岛县令"轻视县会"、"随意任免官僚"等践踏地方自治的行为,②这成为后来福岛事件的导火线之一。

由于各地自由民权运动的高涨,使府县会不仅没有如政府预期的那样,成为缓和矛盾的机关,反而成为进一步推动民权运动发展的舞台,因此对府县会的政策成了当时困扰政府的最大课题。1882年6月,松方正义提出了《关于地方政务改良时机之意见》中,就指出"府县会提出的各种建议使政府内部发生动摇",从而产生了危机感。③ 因此政府内部出现了要求重新认识府县会的言论,认为三新法过于激进,甚至有人主张彻底废止府县会,岩仓具视就是其中重要的代表人物。1882年12月,岩仓具视在写给太政大臣三条实美的意见书中,表达了对府县会的忧虑,希望废止府县会。他说,"使人民开启犯上之道,滋生蔑视政府思想者,无不在于开府县会之机犹早,失进步之顺序。故今日欲恢复政府之权威,挽回民心之颓澜,先察今明两年之景况,根据机宜,断然一度中止府县会,上自陛下,下至百官僚属,主义统一不动,目的相同不变,奋励万机一新之精神,应以

---

① 山中永之佑著:『近代日本の地方制度と名望家』,第79—80页。
② 大石嘉一郎著:『日本近代史への視座』,第76—77页。
③ 大石嘉一郎著:『日本近代史への視座』,第79页。

陛下爱信作为股肱以国家为重之海陆军及警视之势为左右，凛然临下，使民心战栗。凡非常之际，豪杰振起，以所谓武断专制施行治术，古今其例不少。故当此之时，半期一年间虽或有嗷嗷不平之徒，亦何顾虑哉。"①岩仓的意见成为当时政府中保守派的代表。不过当明治官僚们向法律顾问、德国人劳斯来鲁②询问"一府县会屡经解散后，仍然妨害安宁，废止之为剥夺人民既得之权，是否为宪法所不许"时，对此劳斯来鲁回答说："此废止不可实行。"③

与府县会的合法斗争不断发展的同时，自由民权运动出现了分化，下层自由民权者的斗争出现了激化的态势。在松方紧缩财政的影响下，农民阶层分化加速，地主制开始形成。一方面上升为地主的富裕阶级开始脱离斗争，在政府的分化和劝诱下，改良主义色彩渐浓；另一方面，以贫农和小作人（指佃农）为中心的下层民权人士，由于生活所迫，开始采取直接的行动，他们组织贫民党、困民党、借款党等，掀起了向地主、高利贷者进行减租减息及延期还债的斗争，④甚至组织打击政府的激化事件，先后发生了福岛事件、高田事件、群马事件、加波山事件、秩父事件等。1884年群马县高崎地方的自由党员激进派计划借政府大官出席这一地方的铁路通车仪式的时机，对其进行暗杀，这一计划失败后，又袭击高利贷的组织"生产会社"，遭到逮捕。同年，茨城、福岛、栃木三县的自由党激进派也试图暗杀先前在福岛县推行高压政治，后来担任栃木县知事的三岛通庸，但被发

---

① 「岩倉具視府県会中止意見」，山中永之佑監修：『近代日本地方自治立法資料集成』1 明治前期編，第690—692頁。
② ロエスレル的音译。
③ 東京市政調査会編：『自治五十年史』第一巻制度篇，第72頁。
④ 吴廷璆编：《日本史》，第434—435页。

党,于是盘踞在加波山准备起义,后被镇压。同年 11 月,在埼玉县秩父地区发生了当时最大的一次民权斗争,在这一地区,很早以前就盛行养蚕、缫丝,所以由松方财政造成的不景气的影响尤为严重。大多数农民日益贫困,饱尝高利贷剥削的痛苦,于是在地方自由党员的支持下,贫困的农民组织了"负债党"、"困民党",提出负债分年偿还、收回失去的土地、减免村费等要求。11 月 1 日,大约 1 万名农民举行了武装起义,一度占据了以秩父町为中心的地区,政府出动了大批军队,最后才得以镇压下去。这些斗争事件都给政府以沉重打击。

第二节 府县制度改革

由于府县会实行后并没有实现政府预期的目的,反而成为推动自由民权运动发展的合法舞台,而且在松方紧缩财政的影响下自由民权运动出现激化的态势,因此在这种新形势下,政府不断地修改地方制度法令,对府县会规则和地方税规则等进行改革,加强了国家对府县的监督,缩小了府县会的权限,并向地方转嫁财政负担。

一、府县厅组织改革

为了镇压日益发展的自由民权运动,明治政府对府县厅的组织进行了若干改革。改革首先从强化治安对策开始。1881 年 11 月 26 日发布太政官达第 99 号"府县官职制增补",命令在府县新设警部长。其职务主要是在府知事县令下总管府县警察事务的同时,在内务卿的直接指挥下担当国事警察的府县责任者。与此同时,在财政上增加了国事警察费。[①] 警部长的新设,反映了政府面对新的危机

---

① 大岛美津子著:『明治国家と地域社会』,第 144—145 页。

形势,加强了对社会反体制运动的监视和镇压。此外政府还加强了劝业行政、军事行政和征税行政。1881年6月,新在府县厅设置劝业课,规定其掌管农商工及山林的事务;1883年1月,在府县厅内新设兵事课,以解决征兵困难的问题;1883年6月,在府县厅新设国税课,专门负责国税的征收,这是保证国税增收的一项重要举措。

与此同时,政府在1883年也对府县区域进行新的改定,对1876年形成的3府35县进行了重新的废置分合,最后形成3府43县。对府县区域重新进行修定是因为地方上提出了分县的要求,如德岛县和福井县等,但是其深层的原因是由于松方财政下地方的财政困难,带来了"地方对立的明显化"。①

二、修改府县会规则

修改府县会规则是府县制度改革的另一个重要内容。为了对付日益激化的自由民权运动,压制民权派以府县会为舞台同政府展开斗争,明治政府在实行强有力的镇压和对自由民权运动指导者怀柔的双面政策的同时,对府县会规则也不断进行修改。

1880年4月8日,政府发布太政官布告第15号,对府县会规则进行了初步修改。其内容主要涉及规则第五条、第六条、第七条和第九条等若干条项,去掉了一些原来略显开明的条款。如第五条去掉了原来的"凡以地方税施行的事件交给府县会议"之句。此外,第六条原来规定"府县会在每年通常会议之初受理关于地方税的前年度出纳决算报告书",改后增加了"可要求府知事县令说明,若有异议可以议长之名直接上报内务大藏两卿"。第九条增加了"府县会审查议员中不响应召集、不报告事故而不参会者,可以决定

---

① 大島美津子著:『明治国家と地域社会』,第149—152頁。

第四章 地方自治的新反动

其退职"。① 这些修改实际上也弥补了一些原法案的不足。同年 11 月 5 日,太政官第 49 号布告对府县会规则增设第五章"常置委员"。②

1881 年 2 月 14 日,政府发布太政官布告第 4 号,对府县会规则再次进行极为重要的修改。③ 其内容为对原府县会规则第五条、第九条、第三十三条和第三十四条新设追加条款,对第三十四条和第三十七条略有删除。主要有:在原来规定府知事县令"在认定会议的论说损害了国家的安宁或违反了法律及规则时要中止开会"(第 33 条)的基础上,增加了其事后措施,"如府县会未议定法律上应该议定的议案时,府知事县令可以不需其议定而呈报内务卿,得到其认可后施行。"给予了府知事县令以议案的单独施行权,"确保了行政权的优越地位"。④ 与此同时,新法令还把府知事县令同府县会之间在法律见解和权限上产生争议的裁定权赋予了政府(追加第 9 条)。为此,政府在太政官设立了专门的调停机关——审理局,规定府县会和地方官必须服从审理局的裁定。由于裁定结果大多"有利于行政方面",因此这实质上为政府"对府县会的诸要求和斗争以调停的形式进行合法的弹压提供了可能",是"地方官僚机关确保权限的有效手段"。⑤

---

① 「太政官第十五号布告」,山中永之佑监修:『近代日本地方自治立法资料集成』1 明治前期编,第 529—531 页。
② 山中永之佑监修:『近代日本地方自治立法资料集成』1 明治前期编,第 554—555 页。
③ 以下「太政官第四号布告」内容,译自山中永之佑监修:『近代日本地方自治立法资料集成』1 明治前期编,第 568—569 页。
④ 山中永之佑著:『日本近代地方自治制と国家』,第 116 页。
⑤ 山中永之佑著:『日本近代地方自治制と国家』,第 117 页。

1882年2月14日,政府再次发布太政官第10号布告,规定对府县会的建议进行限制(第7条)、扩大剥夺国事犯的被选举资格的范围(13条)等。① 前者是自由民权者对国家政策频频提出建议的对应策,而后者则是企图取缔自由民权运动家的府县会议员资格。

同年12月28日的太政官布告第68号再次扩大了府知事县令的原案执行权。② 布告规定"府县会如不议定法律上应议定的议案,或在会期内未议决议案时,府知事县令可以不再要求其议定,而呈报内务卿,得其认可后施行"。"第一项之情况内务卿可以停止府县会,到再次命令开会期间,府知事县令可以决定地方税的经费预算及征收方法,得到内务卿的许可后施行"(第33条第2项、第4项)。这一条款的出台,大大削弱了府县会拥有的预算审议权限。

同日发布的太政官布告第70号还发布了单行法。内容为:"府县会议员关于会议事项,不许和他府县会议员联合集会或往返通信。""其集会者不论以何种名义,府知事县令认为犯此禁令者,可以直接命令解散。""前项情况下,如不遵从解散之命令,即依集会条例第十三条处分之。"③对府县的交流和自由民权运动进行全国联络进行严格的控制。

通过对府县会规则的一系列修改,府县会的权限缩小了,政府进一步加强了对府县会的控制。加上政府加强了对民权人士的打击和分化,因此,政府的改革达到了抑制民权运动的预期效果。

---

① 「太政官第十号布告」,山中永之佑监修:『近代日本地方自治立法资料集成』1 明治前期编,第672—673页。

② 以下「太政官第六八号布告」内容译自山中永之佑监修:『近代日本地方自治立法资料集成』1 明治前期编,第699—670页。

③ 山中永之佑监修:『近代日本地方自治立法资料集成』1 明治前期编,第712页。

三、地方税改革

政府对于地方税的改革也开始进行。首先对于地方税规则，1880年4月8日政府发布太政官第16号布告进行了修改。布告规定新设预备费，在府县会未议定议案或议案未议定而内务卿命令闭会或解散时，根据府知事和县令的呈报，内务卿可以按前年度的预算额征收。① 这一规则的实行后来影响到国会的预算审议权。同年11月5日，政府发布太政官布告第48号，再度对地方税规则进行修改。此次修改是受国家紧缩财政方针的影响，将以地方税支付的经费种类又增加了三项，即把原来由国库支付的府县厅舍建筑修缮费、府县监狱费和府县监狱建筑修缮费等再度转为由地方税支付，而且废止了府县土木费的下渡金、②小学补助金等。与此同时把地方税的地税附加税由原来的地税的1/5以内增加到了1/3以内。③

另一方面，我们前面已经提到，政府还通过修改府县会规则，一定程度上限制了府县会拥有的预算审议权限。如1881年2月14日政府颁布太政官布告第4号，规定府知事县令在中止会议后，作为事后措施，对府县会法律上应议定而未议定的议案，可以呈报内务卿，得其许可后施行。这一规定新确立了府知事县令的单独施行权。1882年12月28日政府再度发布太政官布告第68号，规定府县会在会期内未议决完议案时，府知事县令可向内务卿呈报得到认可后施行；在下次开会前，府知事县令可以单方面地决定经费预算和征收方法，得到内务卿许可后施行。这样就扩大了府知事县令的原案执行

---

① 山中永之佑监修：『近代日本地方自治立法资料集成』1 明治前期编，第531—532页。
② 下渡金：指由国家拨付给地方的经费。
③ 山中永之佑监修：『近代日本地方自治立法资料集成』1 明治前期编，第554页。

权。经过地方税规则和府县会规则的改革,不仅把国库的负担转嫁给地方,而且大大限制了府县会对预算审议的权限。

明治政府在府县所进行的一系列改革,缩小了府县会的权限,向地方转嫁了财政负担,加强了对地方的监督,这一系列的举措既是松方财政下地方社会不安定的对应策略,同时也是政府在1881年政变后开始着手制定明治宪法体制的准备工作的重要一环,[①]因而不容小视。

第三节 明治十七年的地方制度改革

在新的背景下,明治政府不仅通过修改府县会和地方税规则,对府县制度进行改革,对于町村制度,在山县有朋的坚持下,也实行了改革,史称"明治十七年改正"。

一、改革的实行

1882到1883年,明治政府向全国各地派遣了地方巡察使,他们陆续向太政大臣提出了复命书,其中大多是关于町村制度的。如1882年9月,安场保和提出了《关于町村户长之意见书》,其内容如下:"通观各地方町村户长现实之情况,其户长者概厌从事其职,虽得町村公众之信任被选举,但固辞者多。偶尔不辞当选,不得已一时居其职者十之八九。其他虽非执户长职不当者,但多是从道义上为町村执其职务。主动执户长之职,欲立于官民中间能办理其事务者实为少见。一般町村人民厌就户长职务,其原因不只二三。但察之,立于官民间直接执其事至难,其职权轻,其处理事务乃立于地方官郡

---

① 大岛美津子著:『明治国家と地域社会』,第154页。

区长之下办理行政事务,另一方面又是町村总代人,自然缺乏职权,不能充分达到理事者之目的。"①意见书反映了三新法所确定的民选户长在地方具体实施中产生的问题。因此1882年12月28日政府发布太政官第71号达,规定对户长的待遇相当于准10等到17等官吏。②这表明政府再次认识到了户长的重要性,想通过这一措施的实行,将其重新拉入到统治机构内。这项政策成为明治十七年地方制度改革的前奏。③

不仅是户长,町村会在运营中也产生了许多问题。政府认为,"町村会名为协议会,但实际上进行放恣论说者甚多,因此为防止将来计",应该进行改革。在后来的"区町村会法改正理由"中也指出,"府县会经去年修正后,已足以制其流弊,唯有町村会,以此放任之法制,现在之势,不仅不足以匡其时弊,而且将至不可收拾之局面。町村会乃施行政治之重要机关。如此机关不加整理,则百端事务皆不能举。"④由此可见,在完成了府县会改革,"压制了府县人民的反政府斗争"后,政府开始把"真正的敌对者改为町村一般人民,因而开始对他们进行彻底的弹压和确立统治方式"。⑤

这些都反映了松方财政后,随着自由党的分裂和解体,下层自由民权运动开始激化,并和下层民众结合起来,冲击着政府的统治,使"为了贯彻国家行政政策而利用名望家权威和共同体秩序的三新法

---

① 山中永之佑监修:『近代日本地方自治立法资料集成』1 明治前期编,第683页。
② 山中永之佑监修:『近代日本地方自治立法资料集成』1 明治前期编,第713页。
③ 山中永之佑著:『近代日本の地方制度と名望家』,第79页。
④ 『元老院会议笔记』20卷,转引自大岛美津子著:『明治国家と地域社会』,第162页。
⑤ 山中永之佑著:『日本近代地方自治制と国家』,第132—133页。

体制失去了效力"。①

因此,1883 年山县有朋从参事院议长转任内务卿后,1884 年强行主持对町村制度进行改革,这就是明治十七年的地方制度改革。通过这些改革,政府加强了对町村的官僚统治,使三新法初步承认的町村自治消失殆尽。

二、改革的内容

1884 年 5 月 7 日,明治政府发布太政官布告第 13 号、14 号、15 号及太政官达 41 号,对町村的户长役场管辖区域、户长的选举、区町村会和区町村财政统一进行了改革。其具体内容如下:

1. 扩大户长役场管辖区域,实行联合户长役场制

5 月 7 日的"关于户长官选的训示心得"中这样规定:"一户长役场的所辖区域可依郡区町村编制法第六条由府知事县令适宜定之。一村五百户以上者不必联合设置一户长,不足五百户之町村要进行联合。"②即规定扩大户长管辖区域,约以五町村五百户为一役场。政府之所以扩大户长役场,主要出于以下原因:

首先通过扩大户长役场管辖区域,可以提高町村的财政能力,由此改善户长的待遇,使户长可以得其人,其目的"为有能力的行政吏员登用为户长开辟道路"。③ 其次可以节约财政。联合户长制的实行也有町村过小,费用不足以独立承担的原因。例如兵库县的村 75% 为不满百户的小村,难以独立承担费用,因此早在 1880 年就实行了联合户长制。但由于当时的反对声音也较强,实行不久就再次

---

① 大島美津子著:『明治国家と地域社会』,第 140 頁。
② 亀卦川浩著:『明治地方自治制度の成立過程』,转引自山中永之佑著:『日本近代地方自治制と国家』,第 123 頁。
③ 山中永之佑著:『日本近代地方自治制と国家』,第 124 頁。

改变,开始实行联合户长制和町村制并用。第三,扩大户长役场区域同时也是地主制形成的反映。松方财政后土地兼并加速,新形成的地主所拥有的土地往往超越一村或数村的范围。

2. 户长官选制

太政官达第 41 号《户长选任方》规定:"户长由府知事县令选任,但可使町村人民选举三人乃至五人,由府知事县令再从中选任。"① 原来三新法实行的户长民选变成了官选。不过从形式来看,也不是完全的官选。这是因为他们认为"户长官选固应如此,但不明确辨析町村事务之区别界限等,遽然实行户长纯然官选,与原来之惯行背道而驰,决非善策"。② 由此可见,明治政府所进行的官治性改革,并没有彻底地放弃民选,还是一定程度上注意到地方传统习惯。有学者因此说,明治十七年改革"并没有完全放弃三新法体制的统治方式"。③

不过新选举方式规定,"尽量选任在其町村居住的有名望有资产者"。究其原因,"户长者,奉政令而实施之,同町村人民接触处理公事,乃上下斡旋机关,因此应举任当地有资产有名望者,不可向他郡求之。"关于户长候补者的资格,规定为在町村居住、年满 20 岁以上缴纳地税者,删除了原来必须是户主的条项,这从制度上切断了户长和户主的关联,山中永之佑强调,这是把地主化的地方名望家同一般的町村民分割开来,纳入到官僚制机构中的一个契机,为后来地方实行自治奠定了基础。另一方面,政府还同时规定:"即便是地主名

---

① 山中永之佑監修:『近代日本地方自治立法資料集成』1 明治前期編,第771 頁。
② 山中永之佑監修:『近代日本地方自治立法資料集成』1 明治前期編,第772 頁。
③ 山中永之佑著:『日本近代地方自治制と国家』,第126—127 頁。

望家,如果是自由民权者,府知事县令可以命令再选举或进行特殊选任。"①实际上为防止自由民权者当选户长又加上了一层保险。

这样,实行了官选的户长,从原来的"民之理事者"变成了完全的地方末端官吏,成为和町村民、町村会对立的官僚机构。

3. 区町村会法改革

太政官第 14 号布告《区町村会法改正》是另一个重要的内容。区町村会法改正案在元老院成为废案,但山县强调这不仅是前内务卿时代的悬案,而且更是今日之急务,因而主张强制实行。《区町村会法改正》共 14 条,其内容如下:

第一,把区町村会的权限限定为"议定以区町村费支付的事件及其经费的支出征收方法",②改变了原来"议定关于町村公共事件及其经费支出方法"的规定。废除的"关于公共事件",既包括国家委任给地方的事务,也包括地方固有的事务即自治事务,而修改后只限定在国政委任事务的事项。山中永之佑认为,对町村会的议决事项加以明确的限定,废除了原来审议的地方自治事项,使原来还"保留有寄合要素"的町村会完全变成了"官僚制统治机构的末端机关"。③

第二,统一了全国的选举资格。明确规定选举资格为"满 20 岁以上的男子,在其町村内居住,交纳地税者。但触及府县会规则第十三条第一款、第二款、第三款者及陆海军现役军人不得为选举人"。对于被选举资格,规定为:"满 25 岁以上的男子,在其町村内居住交

---

① 山中永之佑著:『日本近代地方自治制と国家』,第 126 页。
② 以下「区町村会法改正」的内容译自山中永之佑监修:『近代日本地方自治立法资料集成』1 明治前期编,第 770—771 页。
③ 山中永之佑著:『日本近代地方自治制と国家』,第 128 页。

纳地税者,但触及府县会规则第十三条第一款、第二款、第三款、第四款者不得为议员。"即保证町村会议员是缴纳国税的地主的同时,又防止町村会成为自由民权者活动的舞台。此外选举资格同户长一样,也撤除了户主的条件,"这种选举资格从户主向财产资格的转移,是后来明治二十一年市制町村制的原理,在这一点上,十七年的改革成为市制町村制的前提条件。"①

第三,对议会强化了行政权。新法规定:"区长认为区会,郡区长户长认定町村会议事违背法律或妨害治安时,可以中止会议,向府知事县令呈报请求指挥。"府知事和县令对于区町村会的会期、议员人数、任期、改选及其他一切规则的制定、议会开设的认定到联合町村会的开设和认定许可等,都直接进行掌管。并规定区户长担任区町村会的议长,具有停止、解散、改选权,经过县令的认可有原案执行权,这是确保区町村统治的具体表现,是抑制民权扩张的手段。

第四,规定可以开设联合区町村会。"府知事县令有关涉数区町村事件时,可以定其区域开设联合区町村会。"

由上可见,经过改革,区町村会的权限大为缩小,变成了有限的对国政委任事务的议决,而且其性质发生了很大变化,通过官选户长成为议长,户长、府知事县令对町村会的统制权限的强化,町村会已经从带有一定自治性质的机关变成了完全的官僚统治机构的末端机关。②

4. 区町村财政改革

在松方紧缩财政下,国家对地方的补助逐年减少,把许多费用转

---

① 山中永之佑著:『日本近代地方自治制と国家』,第131页。
② 山中永之佑著:『日本近代地方自治制と国家』,第132页。

给地方税,而地方税对区町村费用的支付相应的也不断减少,因此实际上很多费用最后都转嫁给区町村。而另一方面,区町村土木费、教育费、户长职务处理费等急剧膨胀,因此协议费日益出现困窘。因此,政府为了确保委任事务费和必要的公共事务费,1884年5月7日发布第15号布告,规定协议费滞纳者也适用于未纳租税者处分规则,赋予了区町村的部分协议费以租税同样的强制力。① 在同日的内务省训示中限定了费目和征收科目,规定"区町村费目有户长役场费、会议费、土木费、教育费、卫生费、救助费、灾害预防及警备费","区町村费的征收科目包括地价税或反别税、营业税、户数税等",但是费目和征收科目都可以根据各区町村的情况进行取舍。② 与此同时,发布的新区町村会法将区町村会的议定范围从原来的"区町村的公共事件及其经费的支出征收方法"改为"以区町村费支付的事件及其经费的支出征收方法"。即区町村会只议定区町村费的部分,而对于以外的协议费用,无论同居民的关系如何紧密,也不在区町村会的议定范围之内。

经过区町村财政改革,三新法确立的区町村协议费分化为区町村费和区町村协议费。政府的根本目标是应对日益窘迫的区町村财政,对国政委任事务和必要的地方固有事务的经费进行优先和强制征收,保证其财政来源,同时把民众的协议费用部分压缩成最小值。但是经过改革后,原来属于自治协议的私费用性质的区町村协议费中分离出了一部分"公共费用",并对其征收加以"公法的保护",使"原来性质不明确的区町村财政被赋予了公共财政的性格",③也具

---

① 山中永之佑监修:『近代日本地方自治立法资料集成』1 明治前期编,第771页。
② 山中永之佑著:『日本近代地方自治制と国家』,第138页。
③ 藤田武夫著:『日本地方财政制度の成立』,第111页。

有一定的进步意义。

三、改革的反响与认识

明治十七年的改革,是在地主制形成、自由民权运动高涨和激化的新的历史条件下实行的,是对三新法体制进行反省的产物。改革通过缩小区町村会的权限,加强对区町村会的监督,以及实行官选户长为议长、扩大户长管区等措施,使三新法体制下初步承认的区町村自治消失殆尽。因此改革具有反自治的特点,从而遭到了自由民权派和重视地方社会自治传统者的批判。

5月7日政府的改革布告发布后,9日至11日和15日至20日,民权派报纸《朝野新闻》连续发表评论,全面地批判了政府的地方制度改革。对于区町村会规则改革,评论主张"町村有自然之习惯法,对其设定一定的规则反而违背风俗人情。观现今寒村僻邑之情形,虽有町村会之名,其实同氏神讲日待寄合一样,其体裁诚然可笑,但渔夫农夫集会定协议费之出途如此足矣,何需一定之规则?"反对新设区町村会法"不因土地之便宜"。① 而对于实行的户长官选,评论则指出其将导致的弊端是"第一,官选将增加费用"、"第二,官选有可能误用人物","必将产生种种混乱"。②

对传统的町村自治极为重视的明治政府官僚井上毅也对明治十七年改革提出了批判。1886年他提出"地方政治改良意见案",就表达了这种观点。他说:

> 十七年五月改正以来,各地方大概以五村、七村乃至十余村联合,设置一户长以便行政。而各村有置一总代或村用挂者,亦

---

① 大島美津子著:『明治国家と地域社会』,第170页。
② 「戸長選挙法の利害」,海野福寿、大島美津子編:『家と村』日本近代思想大系20,第280—282页。

有不置者。总代村用挂到户长役场出勤,做户长之帮手,此为现今户长配置之村制。实行此制以来,行政上明显便捷,官选户长,增加户长的薪金后,户长得其人,而且户长事务大加整顿,此为不可怀疑之成绩。但与其行政便捷增加同一比例,各村自治精神亦衰弱下去。一村之团结原来有自治精神,而自治之一体自有其首领为代表,此乃自然之习惯。但维新以来,屡屡以政府命令变更一村首领之性质,或废止之,实为历史上一奇谈。现今户长具有联合数村之行政官吏性质,户长役场为一小郡役所之模样,户长已非一村团结首领性质,而村总代村用挂又非政事上理事者,不得公然执行一村自治事务,反而时时出入户长役场,只不过为户长之帮手。每村开村会,根据现行之制度,由户长提出议案,任其议长,对于联合事务,户长无暇熟悉各村内部的实情,户长不能自己制定议案,将其交给总代用挂,而以户长之名提出。此乃今日之一村团结缺乏应代表其团结之首领,而无首领之团结无疑会衰弱其团结精神。①

井上毅批判了改革给町村自治带来的损害,主张恢复传统的町村自治,反对对町村进行任何不重视传统的改革。

日本学界对于明治十七年改革的认识也是普遍强调其反自治的性质,认为它在一定程度上否定了三新法体制下初步承认的地方自治,重新加强了对地方的官僚统治。因此虽然给自由民权运动以一定的打击,提高了地方政府对国政委任事务的执行效率,但是却使地方失去了自治权。② 但是在一些具体问题上,还是存在某些分歧,主

---

① 井上毅伝記編纂委員会編:『井上毅伝』史料篇第一,第 480—481 頁。
② 山中永之佑著:『日本近代地方自治制と国家』,第 151 頁。

要包括以下两个方面:

其一,关于改革原因的认识。以大石嘉一郎、大岛美津子和大岛太郎为代表的传统观点认为:改革的根本原因是松方财政下"农民民权"的激化,把改革作为一种对自由民权派的对策。但是上世纪80年代以后奥村弘则从"町村本身性质变化"的角度,认为明治十七年改革是"官僚为了守卫自己的正当性,而把地方产生的公共结合纳入到国家机构中"。而松泽裕作则通过对埼玉县的实证研究认为,明治十七年的制度改革是为了"使不安定的户长即中间层和町村居民的关系安定化"。①

其二,关于明治十七年改革与后来的地方自治制度的关系。通过明治十七年的改革,政府把町村人民的不满彻底地镇压了下去,行政财政也进行了强制性的贯彻。"改革使全国户长减少了一半,平民出身的户长被大幅度整理,士族出身的户长激增。"②政府的意图得以忠实的贯彻。切断了名望家同普通民众的联系,町村会议员的资格转化为财产资格。町村会变成官僚统治机构的末端组织,实现了名望家的地方统治。与此同时,再一次对町村财政给予了划定,进一步促进了区町村财政的公私分离。这些都为1888年市制町村制的制定准备了条件。因此许多学者认为,明治十七年的地方制度改革为后来的地方自治制度奠定了基础。如大石嘉一郎即认为,它具有"我国地方自治制成立的性质特征"。③ 而大岛美津子也评价十七

---

① 松沢裕作:「明治十七年の地方制度改革——埼玉県の事例を中心に」,『史学雑誌』109編7号,2000年7月。
② 亀卦川浩著:『明治地方自治制度の成立過程』,转引自山中永之佑著:『日本近代地方自治制と国家』,第142—143页。
③ 大石嘉一郎著:『日本地方財行政史序説』,第389页。

年的改革在"町村制的过渡期的位置",①"构成了明治二十二年施行的町村制法理念的前驱"。② 但是渡边隆喜和海野福寿反对这种认识,他们认为,"近代的地方自治制并不是十七年体制直接发展的产物,莫如说是作为它的否定的发展而提出和创造的。"他引述山县有朋在1888年2月在町村制市制讲究会上的发言来论证,"本案市町村制是允许地方自治,立分权之制,同前述之法令趣旨完全不同。"③

而用山县有朋本人在后来回忆起明治十七年改革时的话说:"此法律之精神只不过是整理经济、整备官制事务而已。"④也就是说,面对三新法初步承认的区町村自治,在新的背景下并没有按照政府预定的目标发展时,政府对其进行改革,重新加强对区町村的官僚统治,并整顿区町村经济,保证国政委任事务的财源。因此笔者认为,尽管明治十七年改革具有反自治的性质,但是它与初步承认地方自治的三新法体制同样,具有不稳定的过渡性质,将其同样看做是明治政府在实行何种地方制度的一种探索,同后来正式确立的地方自治制度有本质的不同,无疑更是符合历史实际的。

四、明治十七年改革的实施

明治十七年改革在地方实施的效果如何？下面我们对此进行考察。

首先是联合户长役场制。以新潟县为例,1884年7月28日发

---

① 山中永之佑著:『日本近代地方自治制と国家』,第151页。
② 大岛美津子著:『明治国家と地域社会』,第171页。
③ 海野福寿、渡边隆喜著:「明治国家と地方自治」,原秀三郎等编:『大系日本国家史4 近代1』,东京大学出版会1975年版,第260页。
④ 「町村制市制讲究笔记」,转引自海野福寿、渡边隆喜著:「明治国家と地方自治」,原秀三郎等编:『大系日本国家史4 近代1』,第256页。

布甲第 83 号,8 月 3 日发布甲第 92 号两个布达,决定了联合户长役场的位置、所辖区域、所辖町村和官选户长。据此,县下 4646 个村,共设立了联合户长役场 526 个,一户长役场平均辖 8.8 个町村。①在县下村松町,合并后户长役场数大大减少,最大的联合户长役场包括 16 个村。具体情况见下表:②

户长役场所在的町村	所辖町村数	所辖町村名	户长氏名
村松町	1	村松町	反利龟太郎
石曾根村	2	石曾根村、木越村	高地珍要
町屋村	10	西四屋村、中名泽村、长桥村、金泉村、能代村、大泽村、町屋村、千原村、世野町村、涂深村	山口良治
川内村	16	矢津村、下阿弥陀赖村、川内村、土渊村、水户野村、仙见谷村、夏针村、熊泽村、阿弥陀赖村、暮坪村、松野村、横渡村、世目村、削面谷村、下杉川村、上杉川村	山田势一郎
中岛村	10	上户仓村、下户仓村、安储村、大口村、别梭村、蛭野村、中岛村、新屋村、大原村、山谷村	高冈忠乡
上野村	10	羽村、中野桥村、青桥村、南田中村、上野村、寺田村、牧村、下大蒲原村、大蒲原村、高松村	布施永吉

---

① 村松町史编纂委员会编:『村松町史』下卷,第 181 页。
② 村松町史编纂委员会编:『村松町史』下卷,第 181 页。

实行联合户长役场制也带来了役场的变化。如在长野县东筑摩郡,在设置联合户长役场的地方,"合并村落建设一役场,户长以下日日出勤处理事务,稍备官厅之体裁。"而未联合之处则"分离小村不能设一役场,户长以自宅为役场,虽表面区分公私但实猥杂"。① 但是值得注意的是,这种联合役场不同于后来的町村合并,它没有彻底否定原来的町村,还保留了其区域,和后来市制町村制实施后的町村大合并是不同的。

其次是官选户长制。设置联合户长役场后,户长的选任范围扩大,与此同时提高了户长的薪金,希望以此提高户长处理事务的效率。据1888年2月上京的各府县知事代表提出的意见书说:"十七年町村户长选择方法改革以来,行政事务稍稍整理。"可见,官选户长制的实行还是起到了一定的作用。但是在有些地方,未必如政府预期的那样取得实际效果。在滋贺县,选任后的联合户长对于"改革后错杂不整的事务"和"加之学务卫生事务"以及"伴随征兵令改正的更为复杂化的征兵事务"等等,"尽管热心努力,但事务处理仍然沉滞。"而且即便是"在其町村居住地有名望资产者","也未必具有充分处理国政委任事务的能力。"不仅如此,各町村一般"常置总代,处理征集金等事","总代虽然不是政府公认的性质,却是以人民意愿设置的",得到户长的认可,因而户长役场费产生"二重负担","联合户长事实上成为无意义的存在。"②

再次是区町村会法改革。改革后实现了政府预期的目标,如在宫城县,原来町村会由于"理事者和议员之间,其情不相洽,往往不

---

① 東京市政調査会編:『自治五十年史』第一卷制度篇,第73—74頁。
② 山中永之佑著:『日本近代地方自治制と国家』,第148—149頁。

免生出弊端,但更正规则实施以后,户长又任议长,在旁说明议案,议员之数亦大减少,省繁杂以和平为主,不异于日常之寄合商谈,且町村费的管理委任给郡长,使其当勘察之责,最得人民之信任,其议事圆滑且捷速,非前日可比。而至于实际之便宜,几近加倍。今察其决议之结果,前日往往加以修正,以视抵抗,今理事者之方案透彻脑里,盖有翼赞其计划兴多少之增额者,亦未曾要求再议。此实为民智之进步、议员重其责之由也。亦其议会之组织得其宜也"。①

　　三新法的颁布和实施,是日本近代地方自治制度的初步实验。但是明治政府很快发现,为了缓和国家与社会矛盾而设立的府县会和町村会成了自由民权运动的合法舞台,制度的施行并没有取得预期的效果。特别是在松方紧缩财政的影响下,下层自由民权运动激化,明治政府的统治再次出现危机。在这种背景下,政府对三新法体制进行了一系列改革。其内容包括修改府县会规则和地方税规则等府县制度,同时对区町村户长、区町村会和区町村财政也进行了改革。改革使三新法初步承认的地方自治消失殆尽,政府重新加强了对地方的官僚统治。但与此同时也促进了地方制度的整理,特别是町村财政公共化的实现,为后来的地方自治的实行奠定了基础,加速了日本地方制度近代化的过程。

　　因此政府对三新法体制所进行的一系列的改革,实际上和三新法一样,是国家探索地方制度近代化过程中的过渡和实验,同样为后来的地方自治制度的制定提供了经验和教训。

---

① 東京市政調査会編:『自治五十年史』第一卷制度篇,第74頁。

第五章　近代地方自治的立法形成

1881年"明治十四年政变"后,政府发布了将在十年后颁布宪法、开设国会的诏书,政府的渐进立宪政策终于有了确切的时间表。此后,政府开始整顿和新设各种机构,并进行立宪的各种准备。在中央机构方面,首先是在1885年成立了内阁制,其次设立了农商务省、参事院和制度调查局。在整顿了中央的官僚机构后,地方的事务也提上日程。在当时的日本,关于树立何种稳固的地方制度还没有一定政策。但是总体来说,面对民间特别是以自由民权者为中心的反政府势力主张的地方自治论,明治官僚中以井上毅为代表,主张日本在地方制度上学习中央集权大于地方分权的法国,反对导入德国的地方自治制度。1880年,他写信给参议井上馨,主张日本的形势最类似于法国,如果模仿德国,"不仅非政府之良计,亦会成为人民之一大不幸。"① 1882年伊藤博文赴欧进行宪法考察,西方国家的地方制度也是重要的内容之一。② 伊藤博文在德国倾听了格奈斯特和斯坦因及莫塞的讲义,他们都主张,地方自治的实施和官僚制的建立是立宪制实行的重要前提,应予以重视。伊藤博文在听了讲义后,改变了以往对地方自治的认识,他在1883年8月27日写给山田显义内

---

① 井上毅伝記編纂委員会编:『井上毅伝』史料篇第一,第201页。
② 春畝公追頌会编:『伊藤博文伝』中卷,第256页。

务卿的信中,谈到了自己认识的改变:"窃惟将来采用宪法开设国会之前,不可不对我地方组织、府县会权限、选举方法等多少做些增损改定。……至于组织自治,则不得不关涉到其府县郡区之制法,自治之组织并非如现今我报纸之所说所望。不是分割中央政权即混同为自治。自治有自治之界限,中央政权不因此而被彻底遮蔽。"①不过伊藤的主要关心点在于宪法,而非在地方制度上。而不久山县有朋任内务卿,在经过多方考察后,决定在颁布宪法和开设议会前,引进德国的地方自治制度,因此聘请了德国学者莫塞做顾问。在山县有朋的主持下,开始了日本近代地方自治的立法工作。

第一节 地方自治的立法准备

日本近代地方自治的立法准备虽然早在山田显义任内务卿时就已经着手,但是直到山县有朋任内务卿后,聘请了德国学者莫塞(Albert Mosse)和劳斯雷鲁(Kari Friedrich Hermann Roesler)任法制顾问,才开始了正式的地方自治立法进程。

一、山县有朋就任内务卿

如果说在日本近代宪法的制定上伊藤博文功不可没的话,对于日本近代地方自治制度形成的贡献,则不能不提到山县有朋。正是在山县的主持下,日本的地方自治立法才先于宪法而形成,为日本地方制度的近代化做出了重要贡献。因此后人在评价两个人的功绩时,常指出伊藤制定宪法是"华丽的事业",而山县则进行了"朴素但

---

① 春畝公追頌会編:『伊藤博文伝』中卷,第304页。

最有意义的地方自治的制定"。①

山县有朋(1838—1923年),是明治日本军界的代表人物。1883年12月山县就任内务卿,开始转而掌握文官事务。实际上早在山县就任内务卿前,他就对地方制度极为关心,1882年5月他曾提出过"元老院及参事院议官之地方政情视察方建议",提议应该进行地方视察,包括"县治一般状况、府县会状况、警察之事、新闻著书事"等,以做到"上下之情贯通,以脱阻塞之弊"。② 1883年5月,作为参事院议长,他主持编写了《维新以来町村沿革》。山县就任内务卿正是在自由民权运动高涨和激化的时期,因此第二年他就强行进行了明治十七年的地方制度改革,去除了地方制度中的自治因素,加强了对地方的官僚统治。但是到1886年左右,山县有朋已经坚决主张日本在宪法发布前确立稳固的地方自治制度。山县为什么会有这么大的改变呢?这主要是受到了德国政治家和学者的影响,而从中起到联络作用的则是日本驻德公使青木周藏。据史料记载,青木是山县的同乡,又是日本驻德公使,他不断地赠送给山县很多关于"军事以及军政方面的资料",而且"青木又目睹了德国自治制度完备的现状,因而把市町村府县制度施行的相关资料赠送给公(指山县),供其参考"。③ 通过青木提供的资料,山县对德国的地方自治制度也表现了很大的关心。德国政治家和学者的地方自治观也对山县有朋产生了很重要的影响。如曾任普鲁士宰相的斯坦因(Karl von Stein,1757—

---

① 德富苏峰编述:『公爵山县有朋伝』中卷,明治百年史丛书89,原书房昭和四十四年版,第1041—1042页。
② 大山梓编:『山県有朋意见书』,明治百年史丛书16,原书房昭和四十一年版,第133页。
③ 德富苏峰编述:『公爵山县有朋伝』中卷,第1041—1042页。

1831年),被称为普鲁士国自治制的创始者,他认为:"自治制唤起公德心和协同心,使民众的思想及希望和官衙的方针及期待一致,涵泳酿成举国民众之爱国心和独立心及名誉心的效果极大。"①而学者格奈斯特是当时有名的行政法学者,他主张地方自治制度可以起到隔离国家与社会的作用,莫塞也持有自治和分权对国家的统治极为有效的观点。他们的思想深为山县有朋所接受(这一问题我们还将在后面专门论述)。因此山县和青木商议,聘请格奈斯特的学生莫塞和劳斯雷鲁做顾问。

二、国内与国际的契机

促使山县有朋下定决心在发布宪法和开设国会前制定地方自治制度的直接原因,有当时国内和国际两方面的因素。

首先看国内的因素。其一是为即将到来的国会开设做准备,防止政党政治波及地方。由于自由民权运动的蓬勃发展,民权人士提出了地方自治的要求,为了抓住地方自治立法的主动权,防止在议会开设后制定不利于藩阀政府的地方自治制度,山县有朋决定先采取行动。而且,地方自治制度还有很多的效用,如在后来的回忆中,山县说:"为实行立宪政治,应先确立其基础,实行地方自治制度。"究其原因,"以予观之,自治制之效果是开启民众之公共心,使之获得行政参助之智识经验,以资立宪政治之运用。不仅如此,使中央政局异动之余波不波及地方行政之利益亦不少。"②可见,蓬勃开展的自由民权运动尽管在1884年以后走向衰退,但它给藩阀政府带来的警

---

① 山县有朋:「徵兵制度及び自治制度確立沿革」,国家学会编:『明治憲政経済史論』,第397—398頁。

② 山县有朋:「徵兵制度及び自治制度確立沿革」,国家学会编:『明治憲政経済史論』,第398頁。

示却未因此而消退。为了防止自由民权运动的再次兴起,防止民党势力向地方的浸透,山县痛感建立中央政府强有力监督下的地方制度的迫切性。因此在国会开设前,建立不为政党所左右的地方名望家为中心的中央集权的地方制度被纳入到日程中来。

此外,山县急于建立稳固的地方制度还有一个原因。即西南战争后深刻化的通货膨胀和1882年朝鲜壬午兵变中军事费的激增使政府的国费节俭成为当务之急,这就需要把集中于中央政府的大量的行政事务分任给地方,并制度化。为了全面实现国库支付向地方税支付、地方税支付向区町村费支付的转变,需要建立一种稳固的地方制度,保证行政事务对地方的委任和委任所必需的费用由地方负担。"抑制国民的自治要求,在宪法颁布前确立稳定的地方统治体制,把行政事务的一部分由地方分任"成为政府急于制定自治制的意图。[1]

其次,是国际的因素。山县急于引进西方地方自治制度的另一个原因,是对外修改不平等条约的需要。当时日本国家面临的最大课题,就是条约改正和国会开设。实行近代的地方自治,能够表明日本已经在法制上西化,可以成为西方国家的一员,得到西方国家的认可,以实现修改不平等条约的目的。

正是由于以上原因,山县有朋坚定了在宪法发布前,"自治制之整备不可忽视一日"。于是以山县内务卿为首,开始了地方自治法律的起草工作。实际上关于地方自治的具体内容,也产生了不同的主张。以井上毅为代表,主张地方自治的实行应该看是否存在着自治的传统,井上认为,日本的自治传统只存在于村一级的村落共同体

---

[1] 山中永之佑著:『日本近代地方自治制と国家』,第167页。

中,因而主张只在村一级实行地方自治。但是山县却主张虽然日本有自治的传统,但是建立近代的地方自治,就必须移植全然不同的外来制度。

虽然山县的主张一度遭到了以伊藤博文为首的大多数人的反对。他们认为,应该首先立宪,然后才能实行地方自治。但是结果,山县说服了伊藤,决定先设立地方自治制度。

三、地方自治的立法准备

地方制度立法的准备工作实际上早在山田显义任内务卿时就开始了。但是直到聘请了德国学者劳斯勒鲁和莫塞任法制顾问后,正式的立法工作才开始。莫塞,1846年生,当时任行政裁判所判事、柏林市会议员、大学讲师等职务,1886年40岁时来到日本。同年10月13日,他在回答山县"在日本和宪法制度同时需要什么样的法律"的咨询时,向山县有朋提出了意见书。在意见书中他主张有三类法律,分别是关于裁判之法规、命令人民负担之法规即租税及兵役法规,第三类是自治法规。"而且这些法令应该在议会开设前整备",即其中暗含着"这些重要的立法都不经议会之手制定"之意。①因此在山县的主持下开始地方自治的立法制定工作。

1. 村田保法案

早在山田显义任内务卿时,已经命令当时的内务大书记官村田保对地方制度之事进行调查。经过了一段时间的考察,1884年5月村田保向山县有朋提出了第一回报告书《町村法草案》,史称"村田保案",这是近代日本地方制度立法中最早的法案。村田保案由12章220条组成,是考究了日本"古今的法规惯例和收集欧洲各国法

---

① 東京市政調査会編:『自治五十年史』第一卷制度篇,第111頁。

令后对其进行取舍折中"①而做成的,但是草案没有得到山县的首肯,终于未被采用。究其原因:首先,村田保案把"町村按现今的行政区域名称作为行政区划",与山县有朋主张的户长管区制相违背;其二村田保重视日本的传统,其法案第三章为五人组,第四章户长规则中,设用挂和总代人的规定,这也与山县的地方制度构想不相同;其三,村田保案规定的"户长官选方式和对町村会的强制规制也与山县所选择的为政治安定的自治构想不同"。② 这些成了村田保案被山县否定的主要原因。

2. 町村调查委员案与鲁道鲁夫案

村田保法案遭到否决后,1884 年末,山县任命内务省书记官白根专一、清浦奎吾、大森钟一等五人为町村法调查委员,命令其"广泛参酌内外之法制"以做成永久之制度。经过数月的调查研究,五委员于 1885 年 6 月,提出了新的町村法草案。这一法案是在"村田保案"基础上形成的。经过数次审议修改后,将成案交由内阁雇用的德意志人劳斯雷鲁和莫塞征求其意见。其案由 10 章 154 条组成,"虽未置五人组、总代人,但仍存町村用挂之规定,更设町村年寄之规定",③显然仍不符合山县的意图。

与此同时,政府聘用的德国人顾问鲁道鲁夫也提出了一份草案。该草案由 16 章 229 条组成,但由于案中具有明显的偏袒地主的倾向,亦被山县否决,但从后来的市町村制来看,鲁道鲁夫的基本思想还是被山县采纳了。

---

① 大岛美津子著:『明治国家と地域社会』,第 175 页。
② 大岛美津子著:『明治国家と地域社会』,第 175—176 页。
③ 山县有朋:「徵兵制度及び自治制度確立沿革」,国家学会编:『明治憲政経済史論』,第 400 页。

3. 莫塞的自治部落草案

对于山县的咨询，1886年7月22日，莫塞提出了一个长篇的意见书。在书中他指出，"宪法之制规特别是上下两院之组织，与地方团体关联之处不少。且为实施立宪之制度，必先使人民熟悉地方之公务，在党派政争风波出现前先建立地方自治之体制，以巩固国家基础。故地方制度之改革必先于宪法实施前施行。然町村制度和上级自治体之组织首尾关联不可分，自治机关与地方官治机关亦交互影响之处极多，若不先定革新之目的大纲而着手单个之立法，其主义方针相抵触恐终难以收拾。故调查地方制度，不使其遗蕴，其制定不失时机，不如聚集周围思虑和透达之识见，特设一高等之机关，使之起草大体计划，经阁议，仰上裁，确立改革大纲。"①莫塞的这一主张深得山县有朋的赞同。

于是，1887年1月24日，经过阁议决定，新设地方制度编纂委员会，由山县内务大臣任委员长，芳川显正、青木周藏、野村和莫塞任委员。命令莫塞起草不仅是町村制，而且包括府县和郡的地方制度编纂纲领。1887年2月1日，莫塞向山县有朋提出了《地方官政绩共同行政组织的要领》，其后又提出《共同区行政的监督》、《官政事务上参事会的合议厅职权》和《行政裁判》三个大纲。经过地方制度编纂委员会近一个月的审议，最后做成《地方制度编纂纲领》，2月24日交给内阁决议获得通过。纲领由组织的基础、府县、县会、郡市、町村、共同行政区的监督、行政裁判七款组成，全盘规定了地方制度编纂的根本方针，"规定以多额纳税者为中心的地方有产者参加自治行政的同时，在自治体内按照内务大臣—府县知事—郡长的统

---

① 東京市政調查会編:『自治五十年史』第一卷制度篇，第109頁。

治系列的官僚统治,做成官僚和有力者的联系体制。"①成为后来市制町村制和府县制郡制制定的基础。

《地方制度编纂纲领》获得通过后,莫塞又根据纲领起草了德文的《自治部落制草案》,由荒川邦藏翻译成日文(gemeinde 翻译成日语为"部落"之意)。莫塞草案共 8 章 162 条,其基本内容可归纳为以下几个方面:(1)对部落费用及租税进行抽象概括的规定;(2)对委任事务、必要的固有事务的费用进行强制性预算和代议决制;(3)定收入科目的顺序,对增征部落税的赋课额给予一定的限制,对特别部落税要相关大臣的监督;(4)设立了基本财产维持的义务;(5)限制公债的募集和确定其偿还的方法;(6)规定对预算决算进行公告等。这些法令基本上以普鲁士的法令为蓝本,和日本固有的传统有很大的差别,而且市制和町村制是不分的,但是 7 月 13 日经过委员会的审议决定加以修改,分成市制和町村制。

关于山县有朋为什么反对传统内容多的村田保案和后来的町村法调查委员会案,而任命德国学者莫塞起草日本的市制町村制,山县在后来回忆说,"予将我法律案之起草命于欧洲人之莫塞氏者,乃我邦原来所设之五人组、庄屋、名主、总代、年寄之制度中虽已存自治制度之精神,但明治二十年处于欧美列国间之当时,为图与他制度之调和,势必在法案之形式上迫切需要参照欧洲之制度。因而如自治法案,以我邦古来之自治精神为基础,明文上则遵据自治法规完备且优秀之德意之自治制度,乃起草我邦自治法案之最切实取得功效之好办法。"②可见为了获得西方国家的承认,以达到修改不平等条约的

---

① 大島美津子著:『明治国家と地域社会』,第 183 頁。
② 山県有朋:「徴兵制度及び自治制度確立沿革」,国家学会編:『明治憲政経済史論』,第 401—402 頁。

目的,山县决心制定能被西方国家所认可的地方自治制度。

第二节 市制町村制的审议与发布

日本近代地方自治的立法是先从最底层的市和町村开始的。为什么如此呢?据山县的主张说,"盖町村成立于自然之部落,百端政治莫不系于町村事务,今整理中央政府之制度前先立地方自治制度乃目下之急务。不整理地方制度,独先完备中央之组织,绝非顺序。故欲巩固国家之基础,必先设立町村自治之组织。町村如基础,国家如家屋。基础不巩固,家屋岂有坚固之理。"①他强调了先于国宪和府县郡制定市制町村制的重要意义。

一、市制町村制的审议

在莫塞草案的基础上分裂而成的市制町村制草案,经过若干修改后从1887年9月17日开始交给内阁审议。在内阁审议的结果,修改了一些同原来的制度"变化较大,过于繁杂认为难以施行"②的部分,到11月1日,形成最终的草案,经法制局审议,决定交由元老院审议。11月16日,草案开始在元老院审议。首先是町村制,在元老院形成了不同的意见。其反对意见主要有以下三种:其一是废案说,以津田真道为代表。其主张:"一国之制度应该适合于国体国情,而不应该模仿外国之成例。"不过讨论的结果,还是否定了"废案说"。③

---

① 山县有朋:「徵兵制度及び自治制度確立沿革」,国家学会编:『明治憲政経済史論』,第408页。
② 大島美津子著:『明治国家と地域社会』,第185页。
③ 大森鐘一、一木喜德郎:「市町村制史稿」,原口敬明编:『明治史料』第三集,第14页。

其二主张先制定町村制市制不符合顺序，"本邦发布之法律从来都是从上而下发布的，但是市制町村制却先于府县制发布，实为顺序之颠倒"。① 加藤弘之则主张市制町村制应该和府县制郡制以及其他民法、商法同时审议。② 其三虽不主张废案，但却希望对条款进行彻底的再探讨，其代表人物为井田让。除此以外，还有一些对具体内容中个别条款的不同意见，例如关于町村长是有薪还是无薪的问题，成为议论的焦点。讨论的结果，坚持了町村长的名誉职无薪制，但也规定了例外的情况。不过，总体说来，关于町村制草案，元老院中的赞成意见占大多数。③ 到1888年1月31日，町村制在元老院全部审议完毕。

市制于1887年11月18日交给元老院，到1888年2月8日全部审议完毕。此后2月13日，山县又召集各地地方官会同，召开町村制市制讲究会，由山县进行训示后，逐条进行质疑。各府县知事代表共56人提出了四条施行上的建议。据此山县确定了1889年4月1日以后根据地方的实情和府县知事的申请而渐次施行的方针。④ 3月12日，内务省将法案向内阁提出。内阁又经过若干修订后，要求元老院检视。4月17日上奏天皇请求裁可，25日在官报上以法律第1号公布。

二、市制町村制的内容

（一）町村制

---

① 大森鐘一、一木喜徳郎：「市町村制史稿」，原口敬明编：「明治史料」第三集，第14頁。
② 東京市政調查会编：「自治五十年史」第一卷制度篇，第199頁。
③ 東京市政調查会编：「自治五十年史」第一卷制度篇，第208頁。
④ 東京市政調查会编：「自治五十年史」第一卷制度篇，第219頁。

町村制由8章139条组成,包括第一章总则、第二章町村会、第三章町村行政、第四章町村有财产的管理、第五章町村内各部的行政、第六章町村组合、第七章町村行政的监督和第八章附则。其具体内容如下:

1.明确规定町村的地方团体性质。"町村在法律上具有一个人的权利,负担义务,凡町村之公共事务均接受官僚监督下自行处理。"①同时明确规定把町村民分为町村居民和町村公民。居民为普通的所有居住于本町村的人。普通町村居民的权利和义务是"凡町村居民均有遵从此法律使用公共设施和町村有财产的权利,而且有义务分担町村的负担",明确了居民的设施和财产的共用权和负担分任义务。法令规定町村的公民资格是"凡帝国之臣民有公权的独立男子二年以来(1)是町村的居民、(2)分任其町村的负担、(3)在其町村交纳地税或直接国税年额2円以上者"。凡町村公民都可以参与町村的选举,可以被选举为町村的名誉职。规定在町村担任名誉职是一种义务,非特殊之理由不得拒辞名誉职,如果拒辞名誉职将取消公民权并多交纳税款。规定交纳地税2円以上,由于这种严格要求的限制,使拥有选举权和被选举权者只是一小部分的有产者。

2.关于町村会。首先关于选举,实行的是等级选举制。町村会议员选举是二级制。"选举人中纳税额多者合起来达到町村税总额二分之一者为第一等级,余者为第二等级。""两级各选出议员的一半。"这一规定实际上是使少数的多额纳税者和多数的少额纳税者选举同数的议员,使多额纳税者的一票等于少额纳税者一票的数倍

---

① 以下"町村制"内容引自山中永之佑监修:『近代日本地方自治立法资料集成』2明治中期编,弘文堂平成六年版,第358—374页。

的价值。这种"根据纳税额等于财富的大小来决定选举权的价值优劣制度是极不合理的,在当时也受到了很强的批判"。① 町村会议员任期为六年,每三年改选其一半。其次关于町村会的权限,町村会为町村的议决机关,其权限包括"町村条例及规则的设定和改正之事、以町村费支付的事业、定岁出入预算及认定预算外的支出及超过预算外的支出,认定决算报告"等等。即包括町村的固有事务和委任事务,由此可见町村会的权限比以往增大了。此外规定町村会以町村长为议长。

3. 关于町村的行政。规定町村的行政由町村长和町村助理各一名组成,由町村会选举,但要得到府县知事的认可,任期四年,町村长及助役为名誉职。

4. 关于町村的财政。主要是从费用、收入、财产、公债、预算决算和出纳等方面进行了规定。新制规定町村的费用支出及以町村费支付的事业原则上要经过町村会的议决,废止了原来的费用限定。但同时规定属于国府县及郡的行政事务及从前由郡区长户长掌管及被委任的事务不经命令直接由町村长掌管分任。在原来的委任事务负担外,又附加了警察事务及浦役场②事务等。对町村的任意事务费进行一定的抑制乃至严格的监督。此外,还有一些原来由地方税负担的费用转嫁给町村,如户长以下的薪金旅费、区役所营缮费等。在收入上,町村的公共财政和居民的私经济明确地进行分离。町村民有分担町村费用的义务,因此居民在近代公法的义务关系上,分担作为独立公法人的町村的费用,町村财政取得了独立性。町村税采取

---

① 都丸泰助著:『地方自治制度史論』,第36頁。
② 浦役场:在沿海的要地设置的官厅。

全新的标准,不是列举具体的细目,而是分成国税、府县税的附加税和市町村特别税两个系统,并实行附加税第一主义,"特别税只在附加税之外另有课税的必要时赋课征收",但基本上还是原来的税目。关于町村财产,规定以不动产公积金等为基本财产。基本财产的处分、町村有不动产的买卖、交换、让受过渡等必须经町村会的议定,确立了居民对财产管理的自治权,这是町村财政与私经济分离的重要内容。关于公债,规定町村都有公债募集权,公债的募集必须经町村会的议决,且偿还期必须在三年以内,否则须经内务、大藏两大臣的许可。在预算决算及出纳方面,新规定町村有制作预算表的义务,町村长要每会计年度前两个月制作岁出预算表,经町村会议决,向府县知事和郡长汇报,并在地方上进行公告。预算制的采用对町村经济的公共财政发展起到巨大的作用。有预算外支出或预算不足时要得到町村会的认定。临时的支出设预备费,实行代议决制。对于委任事务费及必要的固有事务费实行强制预算。对于出纳进行定期的检查,并由町村会议定。此外还有设立町村组合等内容。总之同原来的市町村财政的不完整相比,实现了町村财政的近代化。但与此同时知事和内务大臣的监督权是很强大的。

5. 关于町村行政的监督。规定郡长为第一监督者,府县知事为第二监督者,内务大臣为第三监督者。内务大臣可以命令町村会解散。"町村会未议决之事件可以使郡参事会代议决"。此外还规定了町村制于明治二十二年(1889年)4月1日开始实行,等等。

(二)市制

市制由7章133条组成,包括第一章总则、第二章市会、第三章市行政、第四章市有财产的管理、第五章有特别财产的市区的行政、第六章市行政的监督及第七章附则。其内容与町村制大体相同,如都明确规定了地方团体的公法人格和规定了分为居民和公民以及居民和公民具有的权利和义务等。但也有一些明显不同的内容：

关于选举制度，虽然也实行的是等级选举制，但相对于町村的二级选举，市会实行的是三级选举制。即把纳税人按纳税额的多少分为三级，每级选举出同样的议员数。

另外关于市的行政，执行机关为市参事会。市参事会由市长一人、助役（东京三人、京都和大阪二人，其他地区一人）和名誉职参事会员（东京八十六人、京都和大阪九人、其他地区六人）组成。市长和助役为有薪吏员，任期六年，名誉职参事会员必须是年满三十以上的公民，任期四年。市长由内务大臣命令市会推荐三人，天皇裁可。如对选举人不满意，在裁可前内务大臣可派遣临时代理者。助役和名誉职参事会员由市议会选举，府县知事任可。如对选举人不满意，则可选派临时代理者和派遣官吏。市长任参事会的议长，市参事会必须由市长或其代理人及名誉职参事会员三分之一以上出席方可议决。市长在无暇召集市参事会时，有专决处分权，但必须于下次会议时汇报。① 市参事会的设置是与以往的地方制度不同的地方。

三、市制町村制的特点与反响

在内阁对市制町村制审议的同时，山县有朋命令莫塞起草了《市制町村制理由书》。《理由书》与市制町村制同时发布，是对市制町村制的详细解释。通读《理由书》，可以很好地理解市制町村制的特点。

《理由书》开篇即说，"本制之旨趣在于实施自治及分权之原

---

① 以上「市制」内容引自山中永之佑监修：『近代日本地方自治立法資料集成』2 明治中期编，第 341—357 页。

则。"对于日本要实行自治与分权的理由,《理由书》也有很明确的阐述:"维新后政务集揽于中央政府,地方官遂各有其职权,但只不过是由政府委任代之处理事务。今改地方之制度,既使地方分任政府之事务,又使人民参与之,在于省政府之繁杂、使人民尽其本务。……盖随着人民参政思想之发达,利用之在地方公事中练习,使之知施政之难易,渐渐养成任国事之实力,这是在将来立宪制确立国家百世基础之根源。"①明确表明了自治与分权的原则。

但是,这里所谓的自治,"是地方团体分任政府之事务,由人民(公民)参与之",同时"使之明白施政之难易,渐渐养成参与国事之实力"。在这里,《理由书》把参与地方施政视作人民的义务,而且认为"人民参政和青年服兵役是相同的义务"。② 从中可以看出,市制町村制根本没有保证人民的自治民主权利的想法。有学者指出:"这种地方自治乃人民义务的思想可以上溯到比德川时代更古的实行兵农分离的丰臣政权时期,是封建社会的统治者领主和武士层强制人民的思想。"③从这种思想出发,在地方上实行无薪名誉职制,而且规定市町村会议员、町村长、市参事会议员、区长等职位均是如此。如果没有正当的理由(如患病、高龄、因营业的关系不在市町村内、就官等),不能拒绝担任名誉职。如果没有正当的理由拒绝或在任期中退职,则停止其三年以上六年以下公民权的同时,增课此期间应负担的市町村费的八分之一乃至四分之一。

另外,关于当时为何将公民的标准定为地税或国税2円以上,

---

① 「市制町村制理由書」,山中永之佑監修:『近代日本地方自治立法資料集成』2 明治中期編,第374—401頁。
② 都丸泰助著:『地方自治制度史論』,第35頁。
③ 都丸泰助著:『地方自治制度史論』,第35頁。

《理由书》说:"盖定本制时重要之纳税额限制之设定,是为不使对市町村盛衰无利害关系之无知无产小民放任之。但是由于本制实行了二级和三级选举法,可使资产者免于小民以多数压制之患,故其限度不妨降低,以选举权之扩充来断绝细民不满之念,除此之外无他。"①通过限制选举和等级选举制的实行,明治政府一方面压制民众的不满,另一方面也保证有产者的优越地位。由上可见,市制町村制存在着相当多的保守性。

不过,从总体上看,市制町村制规定的市町村会的权利比以往的规定要大得多,町村会获得了公法人町村的最高议决机关的资格,预算编成权、争议决定权、选举执行权、行政监察权、意见提出权等都比原来更为广泛。而且也赋予了市町村以公法人格,促进了市町村财政的近代化,因此还是得到了许多人的认可,可以说是日本历史上的巨大进步。

市制町村制及其理由书在官报上登载后,新闻舆论一片赞美之声,《读卖新闻》、《东京日日新闻》、《邮便报知新闻》和《朝野新闻》等多家当时有名的报纸都刊登了评论,都认为是"值得庆贺之事",②期待着在实际实行中取得好的效果。如德富苏峰即在《国民之友》上发表文章,称"市町村制度的实施将给政治运动带来极大变化","其变化实吾人生平所希望的所谓平民主义的变化——国民参与国政。"③

---

① 「市制町村制理由書」,山中永之佑監修:『近代日本地方自治立法資料集成』2 明治中期編,第 374 頁。
② 東京市政調查会編:『自治五十年史』第一卷制度篇,第 357—364 頁。
③ 海野福寿、大島美津子編:『家と村』,日本近代思想大系 20,第 300—306 頁。

第三节 府县制郡制的制定与发布

在市制町村制发布后,府县制郡制也开始起草,并在元老院经过多次修正,最后于1890年发布,标志着日本地方自治立法的基本形成。

一、府县制郡制的制定与论争

和町村制一样,府县和郡制的草案起草工作也很早就开始了。据龟卦川浩考证,早在1885年"郡法"已经由町村法调查委员起草,并经过了委员的审议,但府县制起草的年月不详,推断为在郡制修订后不久。以上两案的特点"基本上是依据当时的现行制度,对现状没有什么改变"。① 因此,这两案也同当初的关于町村的村田保案和町村法调查委员案一样未被采用。

根据《地方制度编纂纲领》,莫塞又起草了府县制和郡制草案,经过地方制度编纂委员的审议修改后,1888年9月12日向内阁提出。又在法制局经若干修正后,25日内阁决定定案,10月1日交由元老院审议,元老院从10月8日开始审议。草案府县制有6章103条,郡制有6章100条。府县制和郡制在元老院引起了激烈的论争,出现了"废案说"。"废案说"有无用论和尚早论两种。其具体争议有如下几点:

第一,郡府县为行政区划,不像市町村为自治体,是行政区划就不能同时为自治体。如果为自治体的话,不仅无益,只会产生弊端。对此,内阁委员强调行政区划可以同时为自治体,而且现在府县事实

---

① 東京市政調查会编:『自治五十年史』第一卷制度篇,第296—298页。

上已有一个团体的功能,郡以郡内总町村联合会的名义实际上也具有一个团体之实,因此府县制郡制"并不是特别新奇的制度"。

第二,如果给予府县自治的话,会继而"破坏国体",现行之府县会规则已经造成了府县会和行政官的斗争,如果再设置参事会,将给予他们更多的机会,以至于在国会上要求行政权。对此反对者主张,现在府县会的斗争是因为规则的不完备,新制明确规定府县会的权限,而且充分强化监督权,因此"绝无国体之忧"。

第三,不能同时进行多个制度改革,主张市町村制度已经为一大变革,而且圆满地施行极为困难,此时再施行府县制郡制,显然会更加混乱。反对者认为市町村进行废置分合和财产处分等比较困难,但郡的分合少,府县更不用进行,而且选举实行的是复选制,因此施行上并不困难。①

为了法案的顺利通过,山县于11月20日亲自去元老院进行详细的说明,"按当时的惯例,大臣亲临会议是异例中的异例了。"②但是,尽管如此,经过了近2个月的审议,最后元老院对府县制修改了40条,郡制修改了37条后,在12月8日,将法案返回了内阁。

不仅仅在元老院,即便在政府内部,反对府县制郡制的声音也非常强大,其代表人物是井上毅。井上与山县有朋在府县制和郡制上产生了尖锐的对立。

井上毅的自治观是一贯的,即他主张日本在町村实行地方自治,但是反对在府县和郡实行自治。他认为日本的町村有自治的传统,而府县和郡一直都是行政区划,缺乏自治的传统。而且井上通过对

---

① 東京市政調査会編:『自治五十年史』第一卷制度篇,第316—318頁。
② 東京市政調査会編:『自治五十年史』第一卷制度篇,第318頁。

自治(self government)一词的考察,发现它最先起源于英国,其本意是指"国民参与政务",①是共和的异名,因此主张府县和郡实行地方自治是极为危险的。因此当府县制和郡制草案制定后,井上毅提出了强烈的反对意见。对于草案把府县和郡都变成了地方自治体,井上毅给以坚决的反对。他在同年10月的"自治意见"中明确地指出,根据府县制草案,府县同郡町村一样,成了"纯然的自治体",这样一来,"府县会拥有了府县的最上权,府县知事成了一赘疣,地方之过半成为中央命令所不及之地,统一之政治产生尾大不掉之病患,其余势浸染,自治之系统引入中央政府,则将使国体国宪渐被破坏。美国和英国之学者以自治为共和之异名,倡导不止地方之自治,而且要全国之自治乃人所共知。小生之杞忧,万一将来生效,或恐百年之后,将有评论说,在我历史上破坏我国体者乃府县自治之制也。"②

关于具体的反对理由,井上认为府县草案中的以下十点内容存在着重大问题:一,府县会代表府县;二,府县会制定府县条例;三,府县知事为府县会的议长;四,府县吏员除警察官吏和司狱官吏外,由府县会所设定;五,府县参事会执行府县会的议决;六,府县参事会对府县吏员实行惩戒处分;七,府县知事是府县参事会组织之一人又是议长;八,府县知事执行府县参事会的议决,代表参事会;九,府县参事会的组织由府县会选举的名誉职参事会会员占其三分之二;十,府县的收入役依府县参事会的推选由府县会选任。

井上强调府县制草案实行的后果有三:"一是府县长官虽名义上是天皇陛下代言人,但实际上不是乞求府县会之哀怜者,便是不堪

---

① 井上毅伝記編纂委員会编:『井上毅伝』史料篇第二,第36頁。
② 井上毅伝記編纂委員会编:『井上毅伝』史料篇第二,第28頁。

其职者,最终由其地方公选获胜。二是中央之政事不出十年必将麻痹不遂。三是地方自治之影响进而波及中央,必生府县会雏形移植到国会之大势,其速力重力非区区宪法之正文所能防范,不出十年,可见其征候。"①正是由于井上毅等的坚决反对,最终使府县制草案成为废案,井上毅的反对论在当时引起了很大的反响,并在政府间引起了一场论战。

在元老院审议府县制郡制过程中,1888 年 12 月 2 日到 1889 年 10 月 2 日,内务卿山县有朋开始去欧洲巡游。关于此次巡游,"内务行政特别是地方制度及土木行政以及军事调查"是主要目的。② 在府县制郡制审议的重要时刻,山县却出游欧洲,显然有着重要的目的。长井纯市认为山县之所以外游,是因为对府县制郡制的通过持乐观的态度。③ 实际上山县在德国会见了格奈斯特等人,向他征询了对府县制郡制草案的意见。格奈斯特等人也认为"草案过于进步自由,基于保守的意见对若干事项提出了修正案"。④

山县外游期间,内相由松方大藏大臣兼任。1889 年 5 月法制局做成了府县制郡制改正案,基本反映了井上毅的意向。与先前的废案相比,有以下几点不同:(1)没有承认府县的法人格;(2)删除了关于府县居民的权利和义务;(3)删除了府县会代表府县的条项,被广泛承认的府县会权限缩小了;(4)府县会的议长由议员互选;(5)府县参事会由执行机关变为议会的辅助议决机关。该草案经过 7 月的

---

① 井上毅伝記編纂委員会編:『井上毅伝』史料篇第二,第 31 頁。
② 東京市政調査会編:『自治五十年史』第一卷制度篇,第 342 頁。
③ 長井純市:「山県有朋と地方自治制度確立事業——明治二十一年の洋行を中心として」,『史学雑誌』100 卷 4 号,1991 年 4 月。
④ 東京市政調査会編:『自治五十年史』第一卷制度篇,第 328 頁。

调查委员的修正,于 10 月,以井上草案为中心内容的"法制局调查委员案"提出。但是 11 月,山县有朋外游归国后,确定的草案又重新贯彻了地方制度制定委员会案的内容。12 月最后重新审定后,又贯彻了井上的主张。1890 年 1 月 21 日在内阁决定定案,2 月 10 日交由元老院审议。元老院 3 月 20 日做了部分修改后审定,3 月 24 日交由枢密院审议。5 月 15 日,枢密院加以修订后通过,请求天皇裁可成为法律。

府县制郡制的制定和审议经历了很多波折后,在最后阶段实际上是山县有朋丧失了主导权,井上毅的主张得到了贯彻。但是井上毅和山县有朋的分歧,只不过是手段上的分歧,二者在竭力维护天皇制这点上却是殊途同归的。另外,府县制郡制的特点和市制町村制也不同,和德国法令的不同点也很多。

二、府县制郡制的内容

(一) 府县制

1890 年 5 月 17 日以法律第 35 号公布,共六章 98 条。第一章总则,第二章府县会,第三章府县参事会吏员及委员,第四章府县的会计,第五章监督,第六章附则。以下具体分析其内容:

1. 关于府县的法人资格,在第一章总则中没有明确地加以承认,也没有明确规定府县居民的权利和义务。[①] 因此,府县仍然只是地方行政单位。

2. 关于府县会,主要在第二章中规定。首先,规定府县会议员的选举实行复选制,即"在市则市会及市参事会会同,以市长为会长,

[①] 以下「府县制」内容参照内务省地方局内自治振兴中央会编:『府县制度资料』上卷,第 393—410 页。

在郡则郡会及郡参事会会同,以郡长为会长"进行,被选举权资格为"在府县内市町村中的公民有选举权,并一年以来直接缴纳国税十円以上者"。府县会议员为名誉职,任期四年。其次,规定府县会的议决事项为:"一、定府县的岁入出预算;二、认定决算报告;三、定府县税的赋课征收方法;四、府县有不动产的买卖交换转让接受及质入书入;五、除以岁入出预算定者外,新的义务的负担及权利的放弃之事;六、定府县有财产的管理及建筑物的维持方法及议决其他依法律命令属于府县会权限之事项。"此外府县会还有建议权。第三,府县会的开会为每年一次,时间为秋季,召集权归府县知事。第四,关于府县会的监督。"设府县会的议事规则及旁听人的取缔规则,受内务大臣认可后施行。"

3. 关于府县参事会。府县制规定府县参事会为副议决机关,议决"属府县会的权限但受其委托"事项。府县参事会由府县知事高等官两名及名誉职参事会员八名组成,府县知事为议长,名誉职参事会员任期为四年。府县知事在"府县会未选举名誉职参事会员或参事会未成立"等情况下有对"属于府县参事会权限事件的专决权"等等。

4. 关于府县财政,主要在第四章府县的会计及第五章监督中规定。其内容如下:(1)费用。新制规定府县的岁出入预算由府县会议决,"确立了府县会的议决权",确立了府县在财政支出上的自治权,但是同时也有预算强制权。(2)收入。府县制规定"府县的支出以府县税及其他府县的收入充之"。(3)财产。以不动产公积金等为基本财产,确立了居民对财产管理的自治权。改变了原来府县有财产的管理和处分由府知事县令专断处理的方法,规定府县有财产的管理及建筑物的维持方法以及府县有不动产的买卖、转让等必须经过府县会的议决,且必须经过府县参事会的决议。"这种府县会及府县参事会的自治运营制度的确立,对于加强府县财政自治的性质有很大贡献。"①(4)公债。府县有公债募集权,公债的募集必须经府县会的议决,且偿还期必须在三年以内,否则须经内务、大藏两大臣的许可。(5)预算决算及出纳。府县的预算制度比原来更加具有自治性和明朗性。② 但与此同时,也给府县会的预算加上了很大的束缚,府县知事和内务大臣的监督权是很强大的。

5.关于府县的监督。规定"府县的行政由内务大臣监督"。内务大臣对于府县会和府县参事会有监督权。府县知事官选而非民选。

由上可见,府县会的权限仅限于府县预算的审议等和财政有关的内容,权限极为有限,府县的公法人格没有得到承认,府县知事为官选。这是明治日本地方自治制度保守性的重要表现之一。

(二)郡制

郡制与府县制同日发布,为法律第36号。郡制也分为六章,共91条。第一章总则,第二章郡会,第三章郡参事会、吏员及委员,第四章郡的会计,第五章监督,第六章附则。郡制的内容与府县制大体相同,也没有承认郡的公法人资格和明确郡内居民的权利和义务。郡会议员为复选制,但增加了大地主议员的互选,规定"大地主除在町村内应选的议员定数之外,其定数的三分之一互选"。这里的大地主指"地价总价在一万元以上者"。③ 郡会议员任期六年,大地主

---

① 藤田武夫著:『日本地方財政制度の成立』,第208頁。
② 藤田武夫著:『日本地方財政制度の成立』,第209頁。
③ 「郡制」,内務省地方局内自治振興中央会編:『府県制度資料』下卷,第691—709頁。

议员为三年。郡会以郡长为议长,郡参事会由郡长及名誉职参事会员四人组成。关于郡的财政等内容亦同于府县。

郡制与日本历史上的郡制度相比,最大的变化就是使一直只是行政区划的郡也变成了自治单位,成为介于府县和町村间的一个自治体,郡也有了独立的议会和财政。这是山县有朋力排众议、坚决主张郡为自治体的结果。他的这种主张实际上早在1885年就开始了。① 但是尽管郡制成立了,在日本历史上却备受争议,也没有取得预期的效果,郡制废止一直是政党斗争的主要目标之一,直到1923年,郡制终于被废止,郡只留下一个行政区划。

三、府县制郡制的特点和反响

府县制郡制的发布,标志着日本近代地方自治从府县郡到市町村各个层次的立法全部形成。在原来的《郡制府县制草案理由》中曾这样论述:"郡府县同市町村一样为自治团体,根据法律,在官僚的监督下处理郡府县的共同事务。因此郡府县和市町村一样在公法和私法上都如同独立的一个人,可以获得财产拥有财产,可以和他人缔结契约。受官员的监督。……故郡府县的性质与市町村无异,唯其团体的阶段有差别。"② 但经过修改后最终发布的法律与市町村的自治权利较为宽泛相反,明治政府更多的是把府县和郡作为行政区划,因此其特点是:第一,府县和郡的公法人格都没有获得承认,基本上是国家行政单位;第二,府县知事和郡长为官选;第三,府县议会实行复选制和郡会实行大地主议员制;第四,府县会和郡会权限有限,受严格的监督。

---

① 参见谷口裕信:「郡をめぐる地方制度改革構想——明治十年代を中心に」,『史学雑誌』110編6号,2001年6月。
② 内務省地方局内自治振興中央会編:『府県制度資料』上巻,第411頁。

府县制郡制的最后形成贯彻了保守的法制局长官井上毅的主张，因而比起市制町村制更具有明显的保守性。法令发布后，与市制町村制发布的反响相反，舆论界一片批评之声。在法令发布后的5月23日，《东京日日新闻》发表了这样一篇评论，称"该法案在内务大臣不在中破坏前案，扑灭其自治精神，制成既非地方自治又非中央集权之暧昧草案，向元老院提出。该院喜新案自治精神之丧失，快速制胜，直接通过以至于上奏，此即今回发布之府县郡制制定之由来"。① 对府县制郡制的保守性提出了批评。5月18日的《朝野新闻》也指出，由于担心原案"有倾向于共和政体的倾向，而且违反本邦建国的历史"，②因此对原案进行了修正。对于府县制郡制，基本上是批评其自治的不充分。这些批评主要集中在府县会的权限、复选制度、被选举权、郡会的大地主复选制等方面。③

第四节　近代地方自治与天皇制国家

1889年2月11日，《大日本帝国宪法》（简称明治宪法）发布。宪法规定："日本国由万世一系之天皇统治，天皇神圣不可侵犯。"同时规定天皇拥有统帅陆海军、任命文武官员等至高无上的大权，标志着天皇制国家的形成。与宪法几乎同时发布的还有皇室典范、教育敕语，以及市制町村制和府县制郡制，"一同构成了天皇制统治构造

---

① 引自東京市政調査会編：『自治五十年史』第一卷制度篇，第345頁。
② 東京市政調査会編：『自治五十年史』第一卷制度篇，第345頁。
③ 東京市政調査会編：『自治五十年史』第一卷制度篇，第365頁。

的基本要素。"①特别是地方自治制度的成立,被作为天皇制的基础,从底部支撑着天皇制国家,是天皇制国家的重要一环。因而分析明治官僚所设计的日本近代地方自治制度的特点,不能不在与天皇制国家的关系中寻求。

明治政府为了同自由民权运动相对抗,作为天皇制国家的下层机构而形成的地方自治制度,究竟具有怎样的特点?以下分五个方面来进行研究。

一、日本的地方自治与德国

日本的地方自治制度是仿照德国而建立的,所以日本近代地方自治的第一个特点便是众多学者所指出的"外来导入性"。那么在地方自治的建设上,德国究竟对日本产生了怎样的影响,以下主要从日本地方自治的缔造者山县有朋对格奈斯特和莫塞地方自治观的继承方面来进行考察。

(一)德国学者的地方自治理论

1884年山县有朋任内务卿不过一年的时间,就强行进行了地方制度的改革,加强了对地方的官僚统治,使地方团体的自治权利大为缩小。然而1886年后,山县有朋又坚决排除了伊藤博文等人的反对,主张在宪法发布和国会开会前导入普鲁士型的地方自治制度。之所以会发生这种转变,德国政治家和学者的自治思想对他产生了重要影响。

政治家的代表人物,被称为德国(普鲁士)地方自治制度创始者的斯坦因的理论对山县影响很大。不过更主要的影响来自学者,即

---

① 原口清:「明治憲法体制の成立」,『岩波講座日本歴史 15 近代 2』,岩波書店 1976年版,第 156 页。

格奈斯特和莫塞。下面将对二人的自治理论进行分别论述。

1. 格奈斯特的地方自治理论

格奈斯特(Gneist,1816—1895年),是19世纪最著名的行政学者和政治家。他对英国的宪法和行政法有深入的研究,主要著作有《英国宪法及行政法》等。

当时的国际社会,地方自治主要存在两种形式。首先是以英国为代表的公民自治(也即居民自治)。所谓的公民自治,是指为了自己所属的团体,每个公民都应尽自己的责任,不设专门的官吏,人民自身担当其事务,以名誉职处理地方的公共事务,特点是执行机关和立法机关没有严格分开,公民自治的实行是和英国历史上悠久的自治传统相适应的。在欧洲大陆,由于后来实行了君主专制,中世纪产生的地方自治传统出现断裂,因此到近代民族国家形成时,开始实行团体自治。其理论是重视团体,而不是一人一人的名誉职,侧重团体即给予府县和市町村等团体以法律上的人格,使之既可以享受权利,又必须承担义务,用地方上的费用进行独立的事务。格奈斯特认为团体自治的优点,是尊重国家主权,是为了提高国政的效率而形成的,即由国家委任在其监督下的地方团体享有法人格,进行团体内的行政事务。

作为后进国家,德国的地方自治究竟何去何从,格奈斯特认为,为了适应德国的现状,应该把地方绅士为了公共团体而服务的公民自治结合到团体自治中,即主张"把英国的公民自治思想和欧洲大陆的团体自治思想相结合"。① 他认为,自治是国家和社会的中间组织,社会如果放置,只会使富者亦富,贫者亦贫,失去社会组织的均

---

① 前田多門著:『地方自治の話』,第8頁。

衡。因此为防止社会陷入这种倾向，就要使富者承担公务为大家服务，在本国实行的团体自治中，要重视名誉职主义，对普鲁士的地方行政制度加以改革。所以他把地方自治定义为："所谓自治，就是遵从国法所定，以地方税来支付费用，由名誉职来进行地方团体的行政。"①即他认为地方自治最重要的特点就是名誉职制和由地税支付经费。② 格奈斯特是当时有名的宪法和行政学者，因此其地方自治学说也极受时人的重视。

那么格奈斯特对日本实行地方自治的认识如何呢？这可以从他1885年为伏见宫亲王所做的讲义，后来被编辑出版的《西哲梦物语》中窥知。③ 在讲义中，格奈斯特首先提到了地方制度问题，他在第三回邑制、第四回郡制、第五回县制、第十三回邑制中，都专门就日本的地方制度问题进行了讲解，在全部二十回的讲义中占了五分之一。此外第九回和第十回等也部分地提到了地方自治问题，可见其对地方制度的重视。其内容可以总结为以下几点：

第一，主张日本在制定宪法前先设立中间自治组织，特别是底层邑的自治组织。"日本立国宪移植各国宪法，表面看来不是特别困难，但实为甚大之事业。设国宪立议院势必产生党派互相利害不同。因此需国权不受制约。然一国之人民众多，未必有一定之思想，统一为国家思想甚难。故为使人民和政府间不形成直接关系，必须设立中间之组织（曰自治政治）。"④"开议院前有必要先实施自治政

---

① 前田多門著：『地方自治の話』，第8頁。
② 佐藤進：『日本の自治文化——日本人と地方自治』，第73頁。
③ 今中次麿的「『西哲夢物語』解題」认为『西哲夢物語』是伏见宫的听课讲义。明治文化研究会編：『明治文化全集』第一卷憲政篇，第22頁。
④ 「西哲夢物語」，明治文化研究会編：『明治文化全集』第一卷憲政篇，第453頁。

治。"①此自治团体有县郡邑,同"天子"和"议院"保持互相联络。在这些自治体中格奈斯特最强调底层的邑②,认为德国的邑制规则"最为适当",日本应该采用德国之例。而且格奈斯特主张"立宪法应由下及上",③强调地方自治体具有稳定社会的重要作用。

第二,主张在地方实行等级选举制,实现有产者管理地方。格奈斯特强调,只是外形上模仿是有害而无益的,必须注意其内部的组成,实行分级选举,即由有资产者管理地方。他说:"议员之选举不可不注意。如只选辩说者、代言人、演说家为议员,只是误国事者。故应有选举权者,上等财产家一人有选举三人之投票权,中等二人,下等三人。"④"在日本田舍无贵族只有豪族,则可分为二级。例如十人交付百元,他贫民百人,也使百人选出十人,其十人与富者十人共同当选为议员……如不立此顺序,则君主国其权力不强,党派之权难制。"⑤主张应该按纳税额的多少给予其权利。

第三,强调重视中间机构郡长的作用和加强县与中央的联络作用。格奈斯特认为郡长是联络人民和政府之间的重要职务。"在法国有县令郡长,此制度特别适合于日本。我认为英国之郡政不适当。在今创业事多之国,法国之制最好。为何?法国之行政事务责任在一人,英国是集合责任。""郡长不可不设官衙",郡长应过着高雅的生活,以保持郡民对其的尊敬。"保持此尊敬,保持郡民的信用是政治万端之基础。因为人民瞩目中央政府事务少,而直接感触者即地

---

① 「西哲夢物語」,明治文化研究会编:『明治文化全集』第一卷宪政篇,第466页。
② 德文原文为 gemeinde,当时翻译作邑,后莫塞做草案时由青木周藏译作部落和自治部落,或使用外来语ゲマインデ。
③ 「西哲夢物語」,明治文化研究会编:『明治文化全集』第一卷宪政篇,第437页。
④ 「西哲夢物語」,明治文化研究会编:『明治文化全集』第一卷宪政篇,第432页。
⑤ 「西哲夢物語」,明治文化研究会编:『明治文化全集』第一卷宪政篇,第436页。

方郡长之施治。"郡长的职务要尽量保持不动,其重要的职责是"监督邑长、警察之事、学校之事及其他各村安宁秩序"。他指出,在德国,"郡长如民父,以人民之利益为我之利益"。因此在选举时,必会选举此人,而不会因有党派而发生改变,"无有不测之剧动。""邑内之人民互相援助自谋治安,保全秩序,正因如此,上才可保一国之安宁。普国之巩固是归于此一点。"①在县制上,他主张日本的县制应该取法于法国,"应模仿县令一人处分万事之制。"县令"应由参事院和内务省从执行实际事务之官吏中选任。县内之事应使内务省知悉,县令必须通晓内务省事务"。②可以说格奈斯特提出这些主张来源于他对普鲁士危机的认识。

格奈斯特的观点总体说来即是,在调和国家和社会的关系上,地方自治团体占据着核心的位置,主张它具有培育国民的政治精神和提高民族资质的功能。与此同时,国民通过对地方事务的参与,养成公共心,培养国家意识。总之在同英法等国对比后,格奈斯特积极地评价了德国的地方自治制度,强调德国的地方自治制度兼具英国和法国两种优点。但是根据日本的实际情况,劝导日本在"郡以下采用普国之例,郡以上可采用法国之例",③通过实行自治"去除民主主义的要素"④,巩固国家统治的基础。

格奈斯特的地方自治理论对山县影响很大,不过主要是间接的影响。其一,作为德国最著名的宪法和行政学家,他的很多重要作品

---

① 「西哲夢物語」,明治文化研究会编:『明治文化全集』第一卷宪政篇,第437—439页。
② 「西哲夢物語」,明治文化研究会编:『明治文化全集』第一卷宪政篇,第439—440页。
③ 「西哲夢物語」,明治文化研究会编:『明治文化全集』第一卷宪政篇,第460页。
④ 「西哲夢物語」,明治文化研究会编:『明治文化全集』第一卷宪政篇,第459页。

被翻译成日文出版,对于这样的人物及其思想,山县有朋对其也必定极为了解;其二,参与了地方制度编纂委员会的活动及成为山县亲信的人中多人都有留学德国经历,甚至亲自聆听过格奈斯特讲义。如平田东助在1873年留学德国期间,在柏林大学就听过格奈斯特的讲义。此外青木周藏和品川弥二郎等都曾经是驻德公使,这些人都是给山县以重要影响并受到山县重用之人。特别是青木周藏,前已提及,他与山县有同乡之谊,在任驻德公使期间,不断地给伊藤博文和山县有朋德国的资料,他特别赞赏德国的地方自治制度,使得山县开始关注德国,并和青木经过慎重权衡,决定聘请格奈斯特的两个学生作为顾问。不过,在市制町村制发布后的七个月,即府县制郡制还在审议中的1889年2月,山县赴欧期间专门拜会了格奈斯特,并亲自向他征求对府县制郡制草案的意见。① 由上可见,格奈斯特的观点对日本近代地方自治的影响还是颇深的,因而研究山县的自治构想,不能不追本溯源探讨格奈斯特的自治理论。

2. 莫塞的地方自治理论

如果说格奈斯特只是进行了宣讲,在理论上对日本产生影响的话,那么莫塞对日本近代地方自治制度形成所起到的作用,无疑就是亲身实践了。作为明治政府特聘的顾问,他不仅为明治政府提供咨询,而且从头至尾参与了日本近代地方自治的立法制定,可以说起到了最重要的作用。与此同时,他的地方自治思想,也给山县有朋以很深的影响,因而我们有必要对他的理论进行研究。

1886年5月,莫塞来到了日本,马上投入到对日本地方的调查工作中。同年12月为解答山县的问题,莫塞就日本实行地方自治问

---

① 東京市政調査会編:『自治五十年史』第一卷制度篇,第327—328頁。

题进行了专门的演讲，阐述了自己的主张。分析其演讲的内容，就可以了解莫塞对日本设置地方自治制度的意见。

首先，莫塞论述了实行地方分权、地方自治之利，主张日本应该设立地方自治制度。莫塞认为，在国家和人民之间设立地方自治体是稳定地方秩序、圆滑进行地方行政的需要，它可以有效地避免中央决策失误时，地方陷入混乱状态，同时也可使地方人民分任政府事务，使中央政府可以专注于国家的事务，不为琐事所干扰。"如果中央政府对地方过分干涉，则失其本分"，"故其琐细分任于地方自治体时，大臣就能关其大体，负其责任。而且地方自治体能够通晓地方之事务，因此更为便利。""普国至于今日之繁盛起因于自治体。"但是莫塞也强调，他所主张的分权，"只是行政上的分权，而非立法上的分权。"反对赋予地方团体以立法权，认为国家分割给地方的事务，只是以经济为主的事务，并对其事务进行一定的监督。①

其次，主张在地方实行名誉职制。作为国家，必须要设官吏，但是如果只纯然以官吏执行国家之事务，则官吏成为一种种族，则不顾及人民的利益。这种弊端不仅在君主国存在，而且在立宪政体之国表现得更加明显。其原因为立宪政体之国，党派互相倾轧，官吏属于某个党派，因此应该选人民中有资财者和责任心者作为名誉官。

第三，坚决主张在制定宪法开设议会前，先实行地方自治。他认为，制定宪法、开设国会、审议法律，需要议员的"卓识熟练"，日本的情况是"人民缺乏政治教育"，这样开设议院、制定法律，简直非常之难，"因此应在议院开设前进行调整"。"凡大国无不分成小区……

---

① 国学院大学日本文化研究所编：『近代日本法制史料集』第十，東京大学出版会1988年版，第85页。

地方之区划通例是为了施行自己之公共事件,又兼是经济团体。其区划对国家全体有益,所以国家不能放任,整顿组织,不可不确立干涉之法。"那么在日本为什么要实行地方自治呢?就是"使人民熟习公务,为国家确立不偏不党之基础"。所以"自治是对立宪政体必不可缺之根基。以此观之,在立宪政体设立前必须以法律制定自治体之编制、其权利和义务及监督法"。① 他认为,自治体是使国家和社会关系圆滑化的重要内容,地方自治是杜绝政党政治弊端的主要武器。② 应该使国会议院从自治体中产生。因此日本不可以踌躇,应该断然实行地方自治制度。③

大岛太郎认为,"莫塞的思想是把斯坦因确立了基础的自治观再经格奈斯特转化为俾斯麦体制下的自治理论进一步矮小化。"④莫塞的理论对于"费心于镇压民权运动,以及欲通过实现条约改正提高国际地位的日本为政者是极为有效的说明"。⑤ 被山县委托全盘负责编纂地方制度纲领和市制町村制及其理由书、府县制郡制等的起草,正是他的观点得到认可的明证。

格奈斯特和莫塞都对地方自治问题给予了充分的重视,认为地方自治体是联系国家和社会的桥梁,主张在日本实行地方自治制度,而非地方行政制度,而且必须在颁布宪法、开设国会前制定地方自治立法,可以说,他们的这些思想都对山县有朋产生了重要的影响。而且,格奈斯特和莫塞的地方自治观都是站在国家主权和行政便利的

---

① 「モッセ答議」,收入大久保利謙編:『近代史史料』,第234—235頁。
② 国学院大学日本文化研究所編:『近代日本法制史料集』第十,第87頁。
③ 国学院大学日本文化研究所編:『近代日本法制史料集』第十,第90頁。
④ 大島太郎著:『日本地方行財政史序説』,第186頁。
⑤ 大島太郎著:『日本地方行財政史序説』,第188頁。

角度上的,没有人民应享有自我管理的权利等民主的主张,充满了保守性。这种保守的地方自治观,正符合明治官僚们关于地方自治制度的构想。

(二)山县有朋的地方自治观

作为军阀的山县有朋,从1883年到1890年任内务卿,也是1885年内阁制度成立后的第一任内务大臣,掌握了日本的内务大权,并进行了明治十七年的地方制度改革和主持制定了地方自治制度。因此,不研究山县有朋的地方自治观,是无法深入理解日本近代地方自治的特质的。关于山县地方自治观的研究,山县有朋的《征兵制度及自治制度确立沿革》(国家学会编《明治宪政经济史论》)是主要的史料。此外《地方自治五十年史》第一卷制度篇和《公爵山县有朋传》中也作了一定的描述。长井纯市的论文《山县有朋和地方自治制度确立事业》(载《史学杂志》1991年4月号)对1890年山县的欧洲之行进行了考察,并考察了山县的地方自治观。在此,本人虽然没有发掘新的资料,但希望利用旧有的史料,对山县的地方自治观重新进行梳理。

"对抗反对势力,确保政府统一势力",[1]是在自由民权运动高涨背景下山县有朋就任内务卿的主要原因。因此山县就任内务卿后,马上进行了明治十七年的地方制度改革,改革加强了明治政府对地方的官僚统治,使三新法承认的有限的自治权限大为缩小。与此同时,面对日益发展的自由民权运动,山县加强了警察体制。但是山县受到德国学者的影响后,转而开始积极主张在日本实行地方自治,他

---

[1] 大霞会编:『内務省史』第4卷(明治百年史叢書298),原書房昭和五十六年第2刷,第235页。

对地方自治形成了自己的认识。

首先在重视地方制度方面,格奈斯特和莫塞孜孜不倦地强调的重视地方社会团体的主张,被山县所接受。山田公平指出,"在关于地方自治意义的认识上,把地方自治作为立宪君主制的基础,而成为国家行政的一部分,而且在19世纪后半欧洲革命变动及制度展开中,对比英国和法国,认为普鲁士的地方自治行政具有政治的优越性这点上是一致的"。①

其次是认可名望家制度。对于格奈斯特和莫塞提出的名望家理论,山县坚决地接受,也主张在日本实行地方名望家统治。山县坚决主张实行大地主议员制和实行选举的财产限制就是一例。而且山县多次提出,要重视名望家的作用。1889年2月,山县在元老院作府县制郡制的说明时即指出:"在町村制设二级选举法,赋予财产多者以重量之权利,在市制设三级选举法,其占第一级之财产家一人或数人可以选举市会议员三分之一,而郡会又由从町村会选举出之议员和大地主组织,特别是大地主可占议员三分之一,至于府县制,又以郡会及市会合同其参事会选举开会,选举其议员等,是郑重又郑重。盖为使有财产、具智识之有力人物占据议员地位。此等之人民与国家休戚与共,重视社会秩序,因而致力于处理其地方共同事务,将一扫如今日之漫唱架空论议天下之大政之弊。加之其负责,现当地方共同政务,自然熟练实际事务,丰富政治经验,他日帝国议会设立之时,其议员势必在斯人中得之。若果如此之老成着实之人物组织帝国议会,其意识圆滑,政府和议会无倾轧,无危及国宪之虞,上下共同

---

① 山田公平著:『近代日本の国民国家と地方自治』,第420頁。

增进国富，以保帝国之安宁永远。"①可谓是深得格奈斯特和莫塞之精髓。

但是山县在具体的立法中也表现了和德国学者不同的观点，有时候甚至产生严重的冲突，反映了山县独自的地方自治观。如关于选举资格的限制上，山县坚决要求是大地主，主张对财产进行严格的限制。

不过，山县与格奈斯特和莫塞的最大不同点，在于对地方自治功能的认识。格奈斯特和莫塞从德国的历史出发，重视的是地方自治对国家和社会关系的调节作用，注重由此达到"国家和社会、国家与个人之间的协调状态"，②这是自斯坦因以来的普遍认识。莫塞在起草《市制町村制理由书》中，重视的就是"在国家本位的观念下"，"把帝国臣民能动的公民化的功能。"③而山县有朋更重视的是在即将到来的议会政治中，"防止中央政局之异变波及地方"，"在政治对立中安定化的功能。"④实际上是把地方自治作为政治的安全阀，或者说是将来实行议会政治的安全阀。对于究竟怎样能保全地方之稳定？深谙山县之意的大森钟一指出，"使一村之人民增进一村之公益，一郡之人民增进一郡之公益。今若反之，一县一郡或一村之民反而热心于中央之争论，以其选举和议会为机，开党派之争端。则富国之业不得行。"⑤可见实质上是要使地方民众专注于地方之事，而不涉及

---

① 大山梓编：『山県有朋意見書』，明治百年史叢書16，第191页。
② 徐健著：《近代普鲁士官僚制度研究》，北京大学出版社2005年版，第184页。
③ 山田公平著：『近代日本の国民国家と地方自治』，第420—421页。
④ 山県有朋：『徴兵制度及び自治制度確立沿革』，国家学会编：『明治憲政経済史論』，第398页。
⑤ 大森鐘一、一木喜徳郎：『市町村制史稿』，原口敬明编：『明治史料』第三集，第45页。

中央,同时不使中央的异动波及于地方。另一方面,对于名誉职自治的功能,也有不同的认识。"格奈斯特从改革普鲁士官僚行政的观点出发,把它作为防止官僚政党化的对策,而山县则是为了构筑官僚地方行政统治的基础,防止町村自治政治化政党化的手段"。① 由此也可以透视日本近代地方自治制度的特质。从根本上说,维持天皇制的国体,政党的否定,超然主义的维持,才是山县的最根本目标。

正是基于上述之认识,山县有朋才不顾伊藤博文等人的反对,坚决主张在发布宪法、开设国会前制定地方自治制度,在1884年强行进行地方制度的改革,使三新法颁布后实行的有限的地方自治消失殆尽的山县有朋,一下子又转变为地方自治的积极倡导者和支持者,而且在市制町村制立法中,出乎意外地坚决主张实行町村长的公选等等,其原因正在于此。对山县来说,地方上的有限自治或曰底层的自治是上层保持稳定的一种重要源泉。把地方自治作为天皇制下的基本单位,因此地方自治与当时的宪法可以说是息息相关的。这反映了日本近代地方自治的本质。即明治政府不是为了保证民众的自治权利,而是为了压抑它所进行的地方自治,确立中央官僚的地方统治体制。

此外,还有一个重要不同是,莫塞等人严格"从法治国家论的观点"来界定地方自治,但是"山县把自治权限制的根据从法律扩大到敕令和命令",这是日本地方自治制度的重大保守性之一。反映了在以山县为主的明治官僚所设计的地方自治中,强调"天皇制国体的超越性,天皇主权的绝对性"。② 地方自治的基本特点和作用紧紧

---

① 山田公平著:『近代日本の国民国家と地方自治』,第421頁。
② 山田公平著:『近代日本の国民国家と地方自治』,第436—437頁。

地和天皇制国家联系在一起。

但也有学者指出,山县是"基于日本近代化,即西洋化的强烈使命感",主张"行政担当者有必要采取宽容的政治姿态",①而实行了地方自治。如对于府县会的权限是否应该保有府县知事的不认可权问题,山县认识到了发展的大趋势,"认为人民愈益富于参政思想和自治经验势不可免",因此"如果继续保有不认可权"的话,则"有可能产生府县会和府县知事之倾轧,纷情益加激昂,以至帝国议会设立之秋,政党之运动更加活跃,在中央和地方惹起更大之纷扰势不可免。因此此时不得不分解中央集权。不如今日预先实行自治分权之制,明确赋予地方之权利范围,以使各地方自治团体有自理共同事务之权"。②

接受了德国学者的地方自治观,但又不完全相同。其差异显示了山县有朋建设地方自治制度的根本目标,是防范政党政治,维护官僚统治,其最终目标是维护天皇制国家,这是不容置疑的。由此可见,日本近代地方自治制度虽然具有外来导入的特征,学习了德国,但二者还是存在一定差异的。

二、官治与自治的结合

在研究日本近代地方自治时,学者们使用最多的词汇是官治。在地方制度上的官治,是指"自治体被纳入到官僚统治机构的一环,置于其补充的地位"。③ 由于日本近代地方自治制度是明治政府对

---

① 長井純市:「山県有朋と地方自治制度確立事業——明治二十一年の洋行を中心として」,『史学雑誌』100巻4号,1991年4月。
② 東京市政調査会編:『自治五十年史』第一巻制度篇,第322—333頁。
③ 山中永之佑編:『日本近代法論』,法律文化社1994年版,第72頁。

抗自由民权运动的产物，因此在一定程度上承认地方团体自治权利的同时，也加强了国家对地方的官僚统治，自治与官治并存，自治包含在官治中是日本近代地方自治的一个重要特点。日本许多学者早已指出了这一点。早在战前藤田武夫通过对日本近代地方财政制度的研究后就指出，日本的地方自治具有官治性。战后初期，学界对近代地方自治的研究也多强调其官治性特点。如大岛太郎的《日本地方行财政史序说》和《官僚国家和地方自治》、辻清明的《日本官僚制研究》，以及山中永之佑的《日本近代国家的形成和官僚制》等都探讨了自治和官治的问题。

　　明治维新后，政府为了加强中央集权，强化对地方的官僚统治，是明治政府的一贯做法，即便是实行地方自治制度，也一定把它牢牢地控制在官治的范围内。1889年山县有朋在元老院就府县制郡制草案进行说明时就指出了这一点。"自治体共同事务，只不过是在法律范围内即政府管理监督下自行处理。而官政及国之行政事务依然如旧，府县知事郡长及其他府县官吏作为政府之机关奉行政令，其官制保存现今之制度不变更。故郡制府县制可谓只不过是规定了公共事务，本官接受地方制度编纂委员长之任，编纂本案，严密政府之管理监督权，对于委任给郡会府县会或参事会之事项，每条项都审议其监督法，决不得损害国是公益，违背法律，超越职权议事，对于此点，实反复审议，倾注满腔精神……本案地方分权之实在于委任给郡府县参事会之事项，举其事项重要者，使其参与市町村及郡行政之监督管理，只限于法律之所定，裁决诉愿或处理事情，其他只不过处理郡府县有关经济之事项，即根据府县岁出入预算表，管理其公共事务，准备郡会府县会议事及执行其议决，或选任吏员，惩戒名誉职等，而此等职务总在官之监督下实行。"①可见,官治与自治的结合,把自治控制在官治的范围内是明治政府设定地方自治时一个重要的指导方针。既认识到实行地方自治的优点,同时又把这种地方自治束缚在可以接受的范围内,在实行底层地方自治的同时,加强上部的官僚监督,这是日本近代地方自治的基本特色。

那么,明治政府是怎样一步步树立起对地方的官僚统治的呢?政府对地方进行官僚统治的核心是内务省。1871年实行废藩置县后,由于各县的独立性仍很强。"为了收束因留守政府内部对立而产生的地方统治上的混乱",②以大久保为中心,设立了内务省,政府同时加紧完善警察制度,并为了掌握各府县的形势,派了很多的秘密侦探。三新法发布后,政府承认了底层町村的自治,但是在承认町村自治的同时,又设立了专门对町村进行监督的郡。此外,府县知事的官僚监督作用也是重要内容之一。大岛太郎认为,三新法体制的特色,就是在上部树立官僚制和在底部村落共同体并存。即日本近代地方自治与官治结合的特点在三新法时代已经初现端倪。③ 1884年,明治政府再次对地方制度进行改革,进一步加强了对地方团体的官僚统治,户长成为官选,官僚对地方的监督作用彻底地加以强化。

近代地方自治立法颁布后,政府同时整备官僚体制,1890年10月11日,政府发布敕令第25号,规定"郡长关于行政事务,指挥其部内町村的町村长,关于其共同事务进行监督"。特别是府县知事,通过"地方官官制"改革,把府县变成了"中央行政省的普通地方行政机关,知事是内务省的高级官僚,在组织和人事上受内务大臣统制,

---

① 大山梓编:『山県有朋意見書』,明治百年史叢書16,第192頁。
② 大島美津子著:『明治国家と地域社会』,第43頁。
③ 大島太郎著:『日本地方行財政史序説』,第10頁。

是在各省大臣的指挥监督下实行中央事务的机关。不仅知事是内务官僚,府县厅的干部也是以内务省为中心的官吏。因此府县正如所谓'体为自治,头为官治',名义上是地方自治团体,实质上不过是中央各省的地方行政区划"。① 这样,以内务省为中心的内务大臣—府县知事—郡长—町村长的系列的行政官僚机构建立起来,不仅承担国政委任事务,而且对地方的自治进行严格的监督。

三、地方名望家统治体制

前已指出,在接受了特奈斯特和莫塞的名望家理论后,山县也在日本构建了名望家体制,因此地方社会的名望家统治成为山县所设计的地方自治的又一特色。战后日本对名望家体制的研究起步很晚,主要是从上世纪80年代才开始出现。代表著作有石川一三夫的《近代日本的名望家和自治——名誉职制度的法社会史的研究》、山中永之佑的《近代日本的地方制度和名望家》以及高久岭之介的《近代日本的地域社会和名望家》等。这些著作从不同的角度探讨了日本近代地方自治的名望家体制。在此,本人从地方自治与天皇制国家的角度探讨明治政府制造的名望家体制的特点。

1. 何谓名望家与名望家体制

所谓近代日本的名望家统治体制,就是"国家即中央政府依靠地方名望家统治人民的体制"。② 那么何谓地方名望家,前已述及,格奈斯特在积极主张名望家体制的同时,也看到了日本与西欧国家的不同之处,认为日本"没有田舍贵族只有豪农",因此豪农应该是格奈斯特所主张的日本的名望家。山县在他的演讲中指出,名望家

---

① 新藤宗幸著:『地方分権』第2版,岩波書店2002年版,第29页。
② 山中永之佑著:『近代日本の地方制度と名望家』,第213页。

是"有财产具智识有力之人物",而且"此等人民与国家休戚与共,当然重视社会秩序,因此致力于处理地方共同事务,将一扫如今日之漫唱架空论,议天下大政之弊。加之其自负责,担当地方共同政务时,自然熟练实际之事务,丰富政治经验,他日帝国议会设立时,其议员势必为其人。……果真如此,由老成着实之人士组织帝国议会,则其议事圆滑运营,政府和议会间无倾轧,从而无危害国宪之虞,上下共同增进国富,永保帝国之安宁"。① 井上馨也指出,地方自治的承担者应为"中等以上的财产家"。②

日本的名望家究竟包括哪些阶层？对此有不同的认识。中村政则指出,山县所谓的"有财产具智识有力之人物",是指"以地价一万圆以上的大寄生地主为顶点,有府县会议员被选举资格的地价四百圆(地税纳入额十圆)以上的土地所有者"。但是各县的大寄生地主"通过贵族院多额纳税议员制度进入了国政的中枢。从而地方名望家主要以地价四百圆以上一万圆未满的在村中小地主、手作(自己耕作)地主、自作(自耕农)上层三层为中心"。③ 对此,山中永之佑认为,名望家的地方统治体制,是在具有身份制构造的前近代社会向近代社会过渡的过程中,由于官僚的行政还不能全面的展开,因而不得不依靠有财产、家世、指导力的名望家来运营地方行政的体制。"自作上层,虽然也构成了町村会议员的一部分,可称为支持地方名望家的实动部队",但"作为名望家是不妥当的"。④ 此外,筒井正夫

---

① 東京市政調査会編:『自治五十年史』第一卷制度篇,第320—321頁。
② 歴史学研究会、日本史研究会編集:『講座日本歴史8 近代2』,東京大学出版会1985年版,第59頁。
③ 歴史学研究会、日本史研究会編集:『講座日本歴史8 近代2』,第59頁。
④ 山中永之佑著:『近代日本の地方制度と名望家』,第273頁。

通过对国家、地方名望家和下层民众三者关系的分析,认为名望家统治的内涵包括国家通过名望家进行地方统治和名望家通过对中下层的合意进行统治两个方面,而他强调合意的方面,即名望家通过民众的尊敬获得名望,从而得到统治的正当性。而且他认为,在名望家秩序成立的日中、日俄战争前,以自生的近代化为目标的名望家和传统的民众世界同政府的近代化政策是有对立的一面的。但是通过战争,日本的经济和社会发生变动,国家所倡导的伴随着军扩和增税的自上而下的近代化路线得到了曾经是民权运动家但成长为寄生地主和工商业资产阶级的名望家的接受,并由此浸透到末端的民众。因而他认为名望家的阶层虽不明确,但主要是寄生地主和商工业资产阶级,在村地主和自耕农上层是他们的从属。①

2. 名望家体制的制度保障

在日本近代地方自治法律中,支撑着名望家制度得以成立的是选举的财产限制、等级选举制、大地主郡会议员和名誉职制度等等。

所谓选举的财产限制,我们在前面市制町村制的内容中已经了解到,法令规定町村会议员被选举权所有者必须为交纳直接国税 2 日元以上者,而交纳直接国税 10 日元以上才拥有府县会、郡会议员被选举权。等级选举制是把选民按纳税额多少分为二级或三级,每级选出同样的议员数,即实行多额纳税者和少额纳税者选举同样数目的选举人,因而保证了有产者主要是地主的优势地位。这样,通过财产的限制和等级选举制保证了名望家当选为议员。

所谓名誉职制,主要在町村制第八条中提出,就是町村长、助役、町村会议员、常设委员、区长等町村机关由非专门的民间人士无薪担

---

① 南相虎著:『昭和戦前期の国家と農村』,日本経済評論社 2002 年版,第 15 頁。

任的制度。① 而且规定，担任名誉职为公民应尽的一种义务，如果拒辞，将受到停止公民权和增税的制裁。设置这种制度，既是从"节减町村经费，以图财政健全化"的角度出发，同时更本质的目的是使名望家成为地方的统治者。因为这一制度的实行，保证了"某种程度的资产者，而且时间上的充裕者"得以担任市町村长及议会议员等。②

3. 名望家制度的演变

前已述及，名望家的概念来源于格奈斯特的理论。但是早在三新法时期已经出现了萌芽。这时虽然没有出现名望家的概念，但政府提出了"地方有力者"这一概念。这些"地方有力者"，"主要是指豪农（豪商）"，通过把他们组织到统治体制中，以实现体制的安定。③

松方财政实行后，由于农民分化加速，近世以来的豪农开始转化为地主。因此日本的地方名望家开始发生了转变，新的地主阶层代替了以往的豪农。近代地方自治的名望家体制就是要利用这些新的地主阶层来进行地方统治。

4. 名望家体制的政治功能

在地方上实行名望家的统治究竟怎样实现"使中央政局异动之余响不波及地方"，支撑天皇制国家的政治功能？我认为理解这一问题，还要从格奈斯特的名望家理论谈起。格奈斯特在谈到郡长时谈到，郡长应该得到郡内人民的尊重，必须为"富有老成者"，"以人民利益为我利益"，则人民在议员选举中"必会选举此人，无选举他

---

① 石川一三夫：「名誉職自治の理念と実態——明治地方自治制度論に関する一視点」，『日本史研究』247号，1983年3月。
② 山中永之佑著：『近代日本の地方制度と名望家』，第288頁。
③ 山中永之佑著：『近代日本の地方制度と名望家』，第215頁。

党者带来不测之剧动"。① 格奈斯特的主张得到了山县有朋的认同。但是相对于格奈斯特把名望家体制当作"禁止官僚政党化的对策",山县则是"把它作为防止町村自治政治化、政党化的手段"。②

不仅如此,日本近代地方自治制度还把名望家纳入到官僚的统治之下,强调名望家具有"行政能力"、"顺从政府",从而起到"安定统治体制的作用"。③ 即为了加强国家对地方的统治,明治政府的方针是把地方上的名望家从反政府的阵营中分化出来,吸纳到政府中来。

四、行政村与自然村的二重构造

山县有朋欲实行町村制的自治体,不是原来的自然村,而是要求"具备相当资力"、"可以达成独立自治之目的"④的町村,因此在市制町村制实施前,首先进行了町村的合并。对于合并的具体情况,我们将在下章进行研究。町村的合并是人为的、强制的,因而遭到了居民的广泛反对。经过合并后成立的村被称为行政村。但是山县有朋的本意并非要完全否定原来的自然村,他说:"本来町村之自治,应以邻保团结之旧惯为基础,在其上施行,"⑤重视自然村传统的"邻保团结"对实施近代地方自治的基础作用,因此在施行町村合并时,并没有彻底地破坏自然村,而是还保留了自然村的共同财产。加上日

---

① 「西哲夢物語」,明治文化研究会編:『明治文化全集』第一卷憲政篇,第438—439頁。
② 山田公平著:『近代日本の国民国家と地方自治』,第421頁。
③ 山中永之佑著:『近代日本の地方制度と名望家』,第284頁。
④ 山県有朋:「徴兵制度及び自治制度確立沿革」,国家学会編:『明治憲政経済史論』,第423頁。
⑤ 山県有朋:「徴兵制度及び自治制度確立沿革」,国家学会編:『明治憲政経済史論』,第422頁。

本传统的村落社会集团性极强,因此自然村(也称部落)在很长一段时间内并没有完全消失,而是还保持着割据性,造成了自然村(部落)和行政村并存的局面,这是日本近代地方自治制度的特点。许多学者很早就注意到了这个问题,例如中村正则就指出:"明治地方自治的核心在町村制,把旧村编入到自然村和行政村的构造中是最大的特征。既在基底残存着传统的村落共同体,又在其上合并数村人为地创造出行政村,做出自然村和行政村相互补充的关系,对地方居民进行政治的统合。"①指出自然村和行政村的二重构造和互补关系是日本近代地方自治的最大特色。

那么,这种行政村和自然村的二重构造和天皇制国家有着怎样的关系呢?

战后认识到底层村落共同体的是石田雄。石田雄认为天皇制体制的基础是村落共同体秩序,而村落共同体秩序"是由邻保共助的原理和家的原理纵横交织而成的"。② 大岛太郎也认为,日本近代地方自治的特征是"法的规制的官僚统治没有达到社会底部,因此根据异质的共同体秩序原理来完成官僚统治的不彻底"。③

但是90年代以后,出现了一些新的观点,他们反对把自然村和行政村完全割裂开的观点。如山中永之佑通过考察发现,"他们(指旧町村长)同行政的区长起到同样作用的同时,还打理村落共同体的事务,这些事务在公私未分化的状态下成为公私密不可分的一体化、一元化。"也就是说,"旧村已经变成了行政村的下级机关,行政

---

① 中村政则:「天皇制国家と地方支配」,歴史学研究会、日本史研究会編集:『講座日本歴史8 近代2』,第55—56頁。
② 石田雄著:『近代日本政治構造の研究』,第53頁。
③ 大島太郎著:『日本地方行財政史序説』,第10頁。

村和旧村已经是不可分的状态。"① 由此,他对传统的"自然村和行政村的二重构造"理论提出了质疑。大石嘉一郎在《近代日本的地方自治》中也认为,"自然村和行政村的分离,不是前者对后者的简单分离,而是总体上旧有的地方行财政机构的新编。在发展阶段的自然村和行政村的统一机构的地方自治构造形成。"② 为了考察行政村和自然村的二重性问题,大石嘉一郎和西田美昭又以长野县五加行政村为对象进行考察后指出,"在近代日本的村落,其内部由于商品经济的浸透,土地的总有关系崩溃,宅第、耕地到共同地(入会地)等都私有化,"邻保共助的旧惯"也多失去了,而且部落的情绪的结合崩溃,阶级对立明显化,部落的功能渐渐行政村化"。③

五、地方财政的不完全性

地方财政是地方制度的重要内容,地方财政的特点决定了地方自治制度的特点。研究日本战前地方财政问题的代表人物有藤田武夫。他先后出版了《日本地方财政制度的成立》、《日本地方财政发展史》等著作,对战前日本的地方财政问题进行了研究。藤田武夫批判日本地方财政制度的形成不是地方上"自然的要求",而是国家自上而下引进的,从而总结出了日本地方自治的"外来导入性、从上而下和官治性"等特点。总的看来,日本近代地方财政确实具有自己的特点,从而也影响到日本近代地方自治制度的特点。其内容包括以下几个方面:

1. 从财源的分配上看,始终是国税优于地方税,地方税属于国税

---

① 山中永之佑著:『日本近代地方自治制と国家』,第56页。
② 大石嘉一郎著:『近代日本の地方自治』,第5页。
③ 大石嘉一郎、西田美昭著:『近代日本の行政村』,日本経済評論社1991年版,第7页。

的补充；在地方税中，府县税优于区町村税。早在民费财政时期，政府即确立了国税优先的原则，当时国税的主要来源为地税，而民费只被限定为地税的五分之一的附加税，此外国家将不重要的杂税交给地方。地方税规则实行后，又对同府县税产生竞争的町村税进行了分离，以保证府县税的优先征收。近代地方自治立法发布后，仍然是中央财政居于主要地位，地方财政的主要来源是国税的附加税。也就是说，近代日本在财源的分配上采取的是国家优先于地方、府县优先于町村的政策。这是后进国家先集中财源进行近代化建设的主要表现，它使日本迅速实现了近代化的发展，但同时也造成了町村的贫困，是战前日本农村始终贫困的根源。与此同时，由于缺乏有力的财政支持，地方开展自治事务也是极为有限的。

2. 对财政加以严格的监督。关于这一点可以参见前面官治的内容。此外，国家通过事务委任的方式，过重的委任事务费用还不能取消，这是近代地方财政的特点。

3. 在财政的运营上，地方财政具有一定的自治性。在西方的租税学说中，成为近代的租税就是要有民众的参与，民众有课税承诺权和预算审议权，否则就是专制的租税，同前近代的封建租税没有区别。在民费时期，由于政府的改革刚刚起步，因而还没有实现近代的改革，地方民费问题由地方官随意处理。但是由于地方的传统和自由民权运动的兴起，政府不得不有所让步，同意设立府县会和区町村会，对地方费的运营进行协议。三新法后正式设立府县会和町村会，其主要职责是审议预算。到日本近代地方自治立法形成时，府县会郡会市町村会关于预算的审议权被明确确定下来。在日本的地方财政运营中引入议会是日本地方制度近代化的一个重要表现。

本章论述了日本近代地方自治的立法形成过程，认为日本近代地方自治的立法形成主要是以山县有朋为首的明治官僚为了应对即将发布宪法和开设国会所导致的政党政治的危机，以及对外修改不平等条约的需要而急于发布的，因此自治立法的制定不是为了保障民众的自治权利，完全是为了国家统治的需要，这种立法强调人民参与地方自治不是权利而是一种义务。自治法律即市制町村制和府县制郡制未经即将开设的国会审议而先行制定，反映了地方自治制度所具有的保守性。

日本近代地方自治的形成被明治官僚赋予了从基层支撑天皇制国家的重要意义。因此本章还专门从地方自治与天皇制国家关系的角度探讨了地方自治的特征，认为其具有外来导入性、官治与自治的结合、地方社会的名望家体制、行政村和自然村的二重构造以及地方财政的不完全性等特征。近代日本地方自治是与天皇制国家相伴而形成的，是支撑天皇制基础的重要制度。

但是尽管如此，我们从历史发展的角度来看，发布近代的地方自治立法、实行地方自治是日本历史上从来没有过的，堪称是地方制度上的一个重大的进步，具有重要意义。

第六章　近代地方自治制度的确立

19世纪末到20世纪初,是日本近代史上重要的标志性时期。在经济上,从1886年开始的产业革命到1900乃至1910年完成,产业资本开始确立。① 在政治上,1889年颁布宪法,1890年开设国会,日本近代天皇制确立,政党政治也有了一定的发展。在对外关系上,日本先后在甲午战争和日俄战争中取得胜利,并实现了修改不平等条约的目标,日本已经跻身于世界帝国主义国家的行列,明治维新以来日本孜孜追求的"富国强兵"的目标终于实现。但是与此同时,由于日本资本主义的后发性,使其本身又孕育着很多矛盾。

正是在这样的背景下,日本近代地方自治制度进入了在地方上实际施行的阶段。由明治官僚急于在宪法制定前颁布的地方自治立法——市制町村制和府县制郡制,在地方的施行情况如何,是否取得制定者预期的效果?实际上,正如学者指出的那样,"由山县制定的地方'自治'制在实施后并没有贯彻制定者的意图,因此不得不进行了几次的修正。"②市制町村制虽然基本按时实施,但存在很多问题,府县制郡制直到1899年才基本在各府县实施(冲绳县在1909年最

---

① 大石嘉一郎:「資本主義の確立」,『岩波講座日本歴史17 近代4』,岩波書店1976年版,第96頁。

② 佐藤政憲:「明治地方自治と「村」——市制町村制をめぐって」,鹿野政直、由井正臣編:『近代日本の統合と抵抗:1868から1894』,日本評論社1982年版,第216頁。

后实行)。与此同时,原来的制度实施不久即显现出不适应来,因而在1899年和1911年,明治政府相继对府县郡制和市町村制进行了改革。通过改革,从外面引入的日本近代地方自治制度终于"日本化",最终稳定地确立下来。

第一节 市制町村制的实施

随着产业革命的完成,日本产业资本开始确立,在经济领域发生了重大变革的同时,政治和社会其他各个领域也相应的出现重大变化。这种新的背景对日本近代地方自治制度的实施产生了很大影响,本节主要探讨市制町村制在地方的具体施行情况。

一、日本资本主义的确立及其矛盾

(一)产业革命的完成

1886年,涩泽荣一在大阪建立了大阪纺织株式会社,从此揭开了以棉纺织业为中心的轻工业产业革命的序幕。此后日本棉纺织业获得了飞速发展。据大石嘉一郎的统计,日本的棉纺织工场在1886年有498家,工人数为35144人;到1900年,工场数迅速增加到4277家,工人数增加到237132人;到1909年工场数又增加一倍达到8301家,工人数增加到442169人。[①] 缫丝业作为重要的出口产业也取得了很大发展,到1894年,机械缫丝的生产额开始超过过去的手工缫丝的生产额。其他如织布业等也有不同程度的发展。特别是在日中甲午战争后,日本从清朝获得了巨额的战争赔款。以这些赔款为资

---

① 参见大石嘉一郎:「資本主義の確立」,『岩波講座日本歴史17 近代4』,第122頁表格。

本,日本政府推行了战后经营和军备扩张。从1893年到1904年期间,使用机械动力的工厂增加到原来的5.9倍。

重工业方面的产业革命,主要是依托于政府所创办的官营军事工场展开的。在政府的奖励政策之下,三菱长崎造船所等少数大型造船厂获得了很大的发展。在矿产业方面,由于承购官营矿山的政商在搬运手段上实现了机械化,所以煤、铜等的生产量大幅增加。与此同时,政府在扩充官营军事工厂的同时,为争取实现军事工业基础的钢铁的自给,建造了官营八幡制铁所。到日俄战争后,八幡制铁所的生产已经走向了正轨。这样到20世纪初,日本基本完成了产业革命,日本的产业资本开始确立。

但是作为后发展的国家,日本的产业革命同时存在着重大缺陷。大石嘉一郎即指出,"机械制工场生产化具有一般的低位型、脆弱性,重要机械和主要原料依赖进口的从属性,官营军事工业主导的颠倒性以及通过对朝鲜和中国发动军事进攻以确保主要原料进口的侵略性等特征。"①

(二)农村社会的变化

资本主义的确立带来了工业与农业比重的变化,日本的社会开始向工业社会转变。我们可以从农林业和非农林业的人口、生产价额和生产国民所得三方面进行对比。1878年,农林业在三方面都占绝对的优势,到了1908年,非农林业人口和农林业人口已经从原来的相差1150万减少到约差600万。但在生产总值上却基本持平,而在国民生产所得方面,非农林业已经超过了农林业。② 可见工业在

---

① 大石嘉一郎:「資本主義の確立」,『岩波講座日本歴史17 近代4』,第141页。
② 以上参见大石嘉一郎:「資本主義の確立」,『岩波講座日本歴史17 近代4』,第133页表格。

产业中所占的比重越来越大,农业比重相对缩小。在税收比例中,工商业税收也开始超过农业。

产业革命的完成,资本主义的发展,也带来了日本农村社会阶级关系的变化。一方面是农民的分化加速,大地主有增加的趋势,并开始寄生化,农民则日益沦为佃农。另一方面,地主、商人即高利贷资本的资金开始向产业资本转化,大地主在1897年前后基本上开始向寄生地主化发展,而且转化为商业资本家和产业资本家。与之相反,商业资本家与产业资本家则投资土地,向大地主的方向发展,日本的寄生地主制确立起来。在这种状况下成立的劳动市场即小农民相对于地主的独立性开始增大。由于商品经济的浸润,地主和佃农的关系出现了变化,封建关系开始稀薄化。这种情况带来了大地主和寄生地主对农民的名望家统治弱化,使得地方名望家中的寄生地主、大地主的地位相对下降。

(三)政治形势的新变化

经济基础的变化必然带来上层建筑的改变,与这种经济上的变迁相应的是日本政治形势的新变化,其最大的表现是政党政治的初步发展。议会初开设时,藩阀官僚为了对抗议会民党,宣布实行"超然主义",即要政府"超然于政党之外,居于至公至正之道"。[①] 但是他们很快发现,因为议会具有的预算审议权,政府的这种"不偏不党"的"超然主义"很难维持下去。在议会中,民党利用自己手中的预算审议权打出了"节俭经费"、"休养民力"的口号,对政府的支出进行削减,使得藩阀官僚政府不得不改变对策。议会开设后的第一

[①] 首相黑田清隆在明治宪法发布第二天所做的演说,见伊藤隆、福地悙:「藩閥政府と民党」,『岩波講座日本歴史15 近代2』,岩波书店1976年版,第273—275页。

届内阁首相即顽固反对政党政治的山县有朋,不得不通过拉拢立宪自由党党员的方式使预算案经过削减后勉强通过。继任的松方正义内阁采用强硬手段解散议会,但仍然面临大选后议会中民党的责难,最后不得不以天皇发布的诏书来度过危机。可见政府的"超然主义"从一开始就遇到了阻力,注定是无法实行的。1894年发生的日中甲午战争,为民党和官僚意外地达成妥协提供了良机。从此,近代日本的议会进入了官僚和民党相互妥协的阶段。1898年出现了日本最初的政党内阁即隈坂内阁,到1900年,伊藤博文成立了立宪政友会,官僚、资本家和地主成了日本资本主义体制的政治支柱。它表明,反对政党政治的藩阀官僚已经无法阻碍政党政治的大形势,不得不采取一定的妥协政策,而另一方面,民党为了早日掌握政权,也开始保守化,向官僚势力靠拢,日本的政党政治获得了一定的发展。但是值得注意的是,这种政党政治同时存在着极大的脆弱性,是在特权官僚机构的掌控和指导下展开的。

总之,在日本资本主义确立、社会发生变化和政党政治取得发展的同时,也存在着深刻的矛盾。因此,日本近代地方自治制度在这样崭新的背景下实施,其间必然会产生许多始料不及的新问题。

二、町村大合并

为了市制町村制能够顺利实施,1888年2月中旬,山县有朋召集各地地方官到东京,举行了町村制市制讲究会。在会上,各府县知事代表联名提出延缓施行等建议。因此,1888年3月21日,内阁会议正式决定,市制町村制在1889年4月1日以后实施。同月27日,决定在内阁设立地方事务临时调查委员,大森钟一、末松谦澄等7人被任命为委员,开始对各地展开调查和进行实施的准备。

前已论及,为了强化町村的自治能力,实现无公课町村的目标,

第六章　近代地方自治制度的确立　199

明治政府规定在实施市制町村制前,首先对町村进行大合并。维新初期,明治政府曾经对町村进行了一些合并。但是三新法实行后,又反对进行町村合并。明治十七年改革后实行联合户长役场制,实际上已经开了町村合并的先河,不过这"只是町村的联合,各町村的独立依然被保障"。① 但是在市制町村制施行前,为了节俭经费,使町村具有作为地方团体的自立能力,进行真正的合并已经势不可免了。②

据统计,到1886年12月末,日本全国的町村数约为71573个,其中只有名称而无人居住的达801村,户数在百户以下的有48420个,约占全国町村总数的七成以上。③ 这些小的町村不仅无法实现经济的自立,而且也会加重政府的财政负担,因此政府实行了强制的町村合并政策。

1888年6月13日,内务大臣向各地方官发出第352号令,声称,"町村制的施行,原则上町村独立保持原来的区域,但是为了达到独立自治的目的,各町村有必要具备相当的资力,因此町村的区域过于狭小或户口过少没有足以独立自治的资力者,应合并为独立有力的町村"。同时提出了町村合并标准,要求以300至500户为新町村的标准。此外,还有关于新旧町村名称的处理、财产处分方法及设立町村组合等事项。在此训令的基础上,各地方开始了町村的合并。经过合并后,町村数由原来的71435村减少到14016村,④ 约只剩下原

---

① 大島美津子著:『明治国家と地域社会』,第189頁。
② 東京市政調査会編:『自治五十年史』第一卷制度篇,第266頁。
③ 東京市政調査会編:『自治五十年史』第一卷制度篇,第267頁。
④ 大森鐘一、一木喜德郎:『市町村制史稿』,原口敬則編:『明治史料』第三集,第43頁。此外山县有朋在「徵兵制度及び自治制度確立沿革」中提到合并后的町村数为13347个、市39个,二者略有差异。

来的五分之一。

由于日本的町村具有很强的一体性,政府对其强行进行合并,必然要遭遇到很多阻力,整个町村合并过程可谓是纷扰不断。这里以新潟县村松町为例考察町村的合并状况。在新潟县,1888年篠崎知事向山县内务大臣提交了关于町村合并的调查报告书。在报告书中,计划把当时新潟县所辖的4410个町村合并成759个。为此,新潟县于5月3日设置了市制町村制实施调查委员会,专门负责町村合并的事务。委员会制定了县的"市制町村制实施要纲"和"町村合并标准",其具体规定如下:(1)町村合并要造成具有三百户以上户数的町村;(2)合并时"依原来之关系参酌地形人情等";(3)各郡下的町村合并计划由郡长立案,交由委员会查定,再向郡长咨询。郡长关于此町村合并原案要召开户长咨询会,倾听当地町村的意见,将其预想向县上报。县厅经过调查认为无碍后确定;(4)市制町村制的施行定为1889年4月1日,町村合并于1888年11月末完成。经过合并后,新潟县町村数减少到815个。其中村松町原有的45个村最后合并为6个行政村,除了最大的村松町还保持独立外,其余五个村皆由若干个村合并而成,其中川内村由16个村合并而成。新合并的村除了五个村外,均为三百户以上。具体情况见下表。①

村松町合并表

新町村名	合并町村数	新町村户数和人口
村松町	1町	人口7577人,户数1474户
菅名村	5村	人口3516人,户数600户

---

① 参见村松町史编纂委员会编:『村松町史』下卷,第195—196頁表格。

川内村	16 村	人口 3487 人，户数 565 户
五箇村	3 村	人口 1091 人，户数 181 户
大蒲原村	10 村	人口 3055 人，户数 546 户
十全村	10 村	人口 2383 人，户数 388 户

尽管在合并过程中，政府规定府县"要酌量町村之请愿且力求平稳调和"，但同时要求必须在半年内使町村数大为减少，因此各地为了完成任务，采取了相当强制的手段，①由此在各地引起了很大的纷争。对此政府是尽力进行说服，如果不能说服，则采用强制的手段。关于其纷争原因，大岛美津子认为大多是因为要合并的町村差别过大。"在各方面的条件一致的区域，或具有超越村规模的结合的地区，则合并平稳地进行。"②在村松町，由于要求合并各村的差别不大，因此合并基本上没有起太大的波澜，只有个别地方例外。

但是町村合并在长野县就遭到了很大的反抗，据统计，在长野县当时的 707 个町村中，只有 143 个赞成县的合并咨询案，只约占 20%；初对咨询案有意见，经县方劝说后转为赞成的为 179 个町村，占 25%；对咨询案有意见最后被强制合并的町村数为 377 个，达到 53% 的过半数。③ 在埴科郡五加村，由于各町村在入会、町村财产等方面存在差异，合并遭到很大的反对，以至于有人向内务省申诉，要求进行合并的五个村都提出了独立的要求。在要求中最先提出的理由"都是担心由于町村的合并，共同体的诸事业惯行遭到破坏，从而

---

① 村松町史編纂委員会編：『村松町史』下卷，第 193—194 頁。
② 大島美津子著：『明治国家と地域社会』，第 194 頁。
③ 大石嘉一郎、西田美昭著：『近代日本の行政村』，第 83 頁。

原来的负担关系和共有财产的处理产生混乱,酿成大的损失"。① 此外,对政府性急的合并政策的抗拒,担心由于合并给生活和生产带来困难也是重要的一个原因。经过合并后,各村的独立性依然很强,而且内部的斗争非常激烈,因此,在很长一段时间内,行政町村都没有稳定下来。

主张依托于传统的町村自治的井上毅对政府强制的町村合并进行了批判,他认为:"今全国之町村十之八九一时被强制合并,则其骚动混杂实在想象之外,不可料想将有何等之反对结果。"②山县有朋在后来的回忆中也不得不承认町村合并是"合并自然发达之天然部落,不是没有暴断之处",但实是"为实施新自治制而不得已","然急迫时,无暇进行把旧町村所有财产变为新町村公共财产之协议,因此新町村制实施后,在多数町村,其内旧町村之部落依然拥有财产,作为区有财产残存至今日。"③即日本的町村不同于中国的村,其町村有共有地山林等自己的财产,实行町村合并后,如何处理町村财产是相当大的难题。因此后来山县有朋决定先保留部落有林野,直到日俄战后部落有林野的合并才最终完成。

不过佐藤政宪通过研究也指出,民众对町村合并的反对,主要是"着眼于目前的生产、生活的利害关系所左右的行动",对此政府也不仅仅是采取强制的行动,而是"不得不求得合意"。④ 总之,政府强制进行的町村合并虽然遭到了各地的反抗,但其反应也是多种多样

---

① 大石嘉一郎、西田美昭著:『近代日本の行政村』,第84頁。
② 井上毅伝記編纂委員会編:『井上毅伝』史料篇第一,第520頁。
③ 山県有朋:「徴兵制度及び自治制度確立沿革」,国家学会編:『明治憲政経済史論』,第424—425頁。
④ 佐藤政憲:「明治地方自治と「村」——市制町村制をめぐって」,鹿野政直、由井正臣編:『近代日本の統合と抵抗:1868から1894』,第230、240頁。

的。

町村合并实行后行政村的形成,也具有一定的积极意义。它促进了公和私的分离过程,产生了与共同体村落不同的行政村内部的公共关系,这一点是应该加以肯定的。但以往的研究基本上把它当作"官僚的公共向私的村落共同体的渗透"来把握的,都是"站在官等于公,民等于私的二元对立的观点来认识行政村的公共性,把官僚的理念无批判地理念化",具有一定的局限性。大石嘉一郎和西田美昭指出,"绝不能因此而无视近代市民的公共性理念和自治的公共关系的萌芽。"①

三、市制町村制的实施

町村合并完成后,市制町村制于1889年4月1日开始在各地正式实施。实施的情况也较好,据内务省的统计,在指定日期直接施行市制町村制的有2府33县,其他除一年后施行的香川县外,都于年内渐次实施。②

但是市制町村制实施的实态如何?是否达到了明治官僚所预期的效果?实际上,市制町村制实施后,存在着不少问题。如町村合并后,旧町村的自立性依然很强,行政村下的各部落产生很强的对立,影响着市町村自治的顺利实施,就是制度实施初期所不得不面临的问题。至于其他方面如何,下面我们通过考察市制町村制在地方具体的实施情况来进行探讨。

1. 关于选举的实态

市制町村制实施后,市町村会议员开始选举。由于实行限制选

---

① 大石嘉一郎、西田美昭著:『近代日本の行政村』,第8頁。
② 大霞会編:『内務省史』第2卷,明治百年史叢書第296卷,原書房昭和五十六年第2刷,第427頁。

举,全国有权者只占人口的10%左右。那么选举的实态究竟如何？等级选举制是否完全实行？

长野县五加村的选举在1889年4月开始实行。通过实证研究,大石嘉一郎认为在日中甲午战争前后表现出不同的样态。战争前,由于选举人没有平均在各个部落,因此选举出现分配不公平的情况,其中三个部落为此向郡提出了要求取消选举的请愿书,并要求町村长及助役辞职。对此其他两村也表示抗议,进而要求分村。最后在县和郡的调停下好容易镇压下去。但是在第二次选举中,不占优势的村雇用壮汉在门口把守,不许其他村的选举人进入会场,因而取得了选举的胜利。而且,尽管分为一级和二级选举,实际上由于部落的割据,并没有很好地执行。"等级选举制由于其忠实的实行反而带来了部落间对立的激化,使行政村的行政财政出现麻痹化的同时,也使就任村中议员及役场职位者减少,名誉职也越来越陷入功能不全的状态。"①在五加村,到日清战争后,等级选举制实际上形式化。

在茨城县胜田村,实行町村制后规定在4月22日、23日举行议员选举会,5月8日为村长、助役选举会。在村会议员的选举中,规定胜田村应选举的议员数为12人,分为二级选举制。22日,二级议员选举进行,选举了6人,23日一级选举议员6名。② 由此可见,等级选举制在胜田村得到了很好的执行。

2. 名誉职制度的实态

山县有朋所设计的地方自治的重要特点之一,是利用名望家进行地方统治,而在町村支撑名望家体制得以成立的重要制度是名誉

---

① 大石嘉一郎、西田美昭著:『近代日本の行政村』,第118页。
② 勝田市史編纂委員会編:『勝田市史』近代・現代編1,勝田市,昭和五十四年,第169—171页。

职制度。那么,名誉职制度的实行情况如何?据1889年9月上旬内务省所进行的"全国町村长及助役中有多少实行无薪"的调查,统计出"在12147个町村中(除去爱知、鸟取和爱媛各县),有薪町村长1525名,助役1348名"。① 从这一数字来看,无薪名誉职制还是得到了广泛的实行。

但是石川一三夫通过实证研究发现,"由于实行名誉职体制,在排除了多数对官厅归属感和从属感薄弱的町村长的同时,在明治二十到三十年代,与政府的期待相反,反而出现了名望家层对名誉职町村长的拒辞事态。"对于其背景,作者指出了"担任町村行政和名望家层的利益不一致、承担者的脆弱性、役场事务的繁杂、町村合并的后遗症(部落间对立)、政党政治的渗透、居民的不协助等几点原因",强调"名望家统治的脆弱性和不安定性"。② 而且他还指出,在町村名誉职制度的实施时得到的补助金往往高于薪金,因此町村长和助役实际上并不是无薪的。③ 对此,筒井正夫提出反对意见,认为"日清战后财政运营明显向积极主义转换,担任行政村和部落职务的地主、自耕农开始推进教育、卫生、兵事、土木、消防、劝业等各种行政……这一时期国家提出的公共性被地主、自耕农所接受,并积极地支持,认为他们的行动得到了民众的尊敬并获得名望"。④

山中永之佑也指出:"如果实际上不以报酬等名义支付薪俸的

---

① 大霞会编:『内務省史』第2卷,第171頁。
② 筒井正夫:「石川一三夫著『近代日本の名望家と自治——名誉職制度の法社会史の研究』」,『歴史評論』475号,1989年11月。
③ 高久嶺之介:「石川一三夫著『近代日本の名望家と自治——名誉職制度の法社会史の研究』」,『日本史研究』321号,1989年5月。
④ 筒井正夫:「石川一三夫著『近代日本の名望家と自治——名誉職制度の法社会史の研究』」,『歴史評論』475号,1989年11月。

话,町村长很难担任名誉职","这实际上等于以无薪为原则的名誉职制度并没有实行。"①

总之,由于名誉职制度所存在的矛盾,所以在日本并没有很好地实施,也没有起到保障名望家当选为町村长和议员的预期目的。韩国学者南相虎则通过对群马县新田郡绵打村和笠悬村的分析,认为自耕农和佃农从一开始就成为町村会议员或村吏,参与町村的管理,②便不是政府所期待的名望家了。

3. 町村的财政运营问题

在财政方面,政府的预期目的与实际的财政运营也存在着很大的差异。明治政府所设计的是"不要公课,足以自立"的町村,但是由于在町村合并中部落有财产没有统一到新町村,而且重要的财源都被国家和府县所收夺,因此町村的财产收入极为有限,不得不依靠国税、府县税的附加税,因此町村在完成国家的委任事务后,再进行自己的自治事务是非常困难的。③

下面我们借用大石嘉一郎的实证材料来探讨这一问题。五加村1889—1905年岁出入决算情况基本如下:由于町村长采取紧缩财政的政策,因此五加村的支出一直徘徊在1800円左右。在所有支出中,占主要地位的是役场费和教育费,1892年,小学教育费超过役场费占据了主要地位。这些经费的来源,其中交付金、基本财产收入、公债、补助金等税外收入不满5%,岁入的77%到89%依附于村税。④可见,明治官僚所设计的"不要公课町村"的目标并没有实现。

---

① 山中永之佑著:『近代日本の地方制度と名望家』,第291頁。
② 参见南相虎著:『昭和戦前期の国家と農村』,第48—49頁。
③ 大石嘉一郎著:『近代日本の地方自治』,第149頁。
④ 大石嘉一郎、西田美昭著:『近代日本の行政村』,第88—89頁。

在财政的运营过程中,采取各个部落割据的运营办法,各区基本上是独立运营。费用上关于经常费,是以行政村统一收取的税费来支付,临时费则由各个部落分别征收,具有色彩浓厚的部落割据主义。对此,郡起着调停各村、防止事务沉滞的作用。不过,从财政情况上看,尽管这一时期部落存在着复杂的共同体习惯,但是基本上都自主地在劝业、学术或风俗方面开始摸索着向近代社会转变。

但是到日中甲午战争后,五加村的财政开始从消极变为积极,积极财政是这一段时期财政的主要特点。战争后由于就学率的上升,洪水频发引起传染病的蔓延,劝业热的兴隆,交通、土木手段的改善等等,原来的部落靠自己已经不能解决这些问题,因此不得不开始依靠行政村的诸行政。但是由于府县对町村财政的限制非常严格,因而町村的财政极为紧张。

4. 政党斗争的情况

尽管山县有朋设立地方自治的目的,是"不使中央的异变波及地方",但是在1890年全国举行第一回国会议员选举时,在各府县仍掀起了很大的波澜,造成自由和改进党激烈竞争的态势,这种态势进而也波及町村。在村松町,自由党和改进党两派进行了针锋相对的斗争,不过总体上看来,改进党系统占据了优势。[①] 但在町村制初实行的长野县五加村,大石指出,民党反政府的政治能量,被部落间的抗争消耗、分解了。[②]

综上可见,市制町村制实施后面临着如下的问题:第一,帝国议会初期,吏党和民党、民党之间的政党对立波及了町村,使町村也成

---

① 村松町史編纂委員会編:『村松町史』下巻,第204頁。
② 大石嘉一郎、西田美昭著:『近代日本の行政村』,第118頁。

为基层的斗争场所,明治官僚欲通过实行地方自治把政党的影响从市町村排除的理念没有实现;第二,由于县官郡吏实行町村合并是半强制性的,因而成立的新町村内包含的部落(称为大字)的自立性还顽强地存续着,还缺乏作为公共自治体的统合性;第三,作为公共自治体的新町村同时也是作为实行国政事务的末端行政机关,还不具有完备的能力等等。① 这是町村制实施初期所具有的特点。

由于市制町村制的实施未能尽如明治官僚所预料的那样发展,因此山县有朋在1890年2月13日召集各地方长官的训令中,也不得不遗憾地说道:"据我所闻,在某地方,政事党派之倾轧渐蔓延,涉及社界百般之事,在交际上、营业上、经济上、教育上,不关涉者甚少。其弊波及市町村制实施上,该制之实施被政事党派所阻碍,不仅收不到良好结果,而且该制成为政论狂奔者流竞争之工具,供各派相斗之用。"②

总之,市制町村制基本上按时实施了,但在具体的实施过程中,并没有完全按照明治政府所预计的目标发展,而是带来了町村政党的活跃,一定程度上摆脱了明治官僚的束缚,沿着自己的方向发展。但是由于在财政来源方面的束缚,因此町村进行自己固有事务的能力极为有限,町村自治的发展受到阻碍。

第二节　府县制郡制的实施和完善

府县制郡制的实施较之市制町村制更为复杂,因此法令发布后,

---

① 　大石嘉一郎、西田美昭著:『近代日本の行政村』,第12頁。
② 　德富蘇峰编述:『公爵山县有朋传』中卷,第1098—1099頁。

在很长一段时间内没有全面施行。而且在资本主义确立和社会历史条件发生变化的新形势下,制度的不适应性日益显现出来。因此政府对府县制和郡制进行了几次局部的修改,到1899年终于进行了全面的修改,发布了新府县制郡制。新法在正式承认了府县制郡制的公法人化的同时,也缩小了府县会郡会的权限,加强了对府县郡的监督。新府县制郡制在全国实施,最终稳定地确立下来。

一、府县制郡制的实施

府县制郡制发布后,政府规定1891年开始实施,在附则中规定各地在实施前须向内务大臣申请,得到内务大臣的许可。但是府县制和郡制的实施很不顺利,这主要涉及郡的区划问题。由于市町村制实施时进行了町村合并,导致郡的区域也出现了变更。郡的大小不一,小者只包括一个町村,大者则包括20万人左右。因此在郡制实行前首先必须对郡也实行废置分合,重新划定区域。1891年就有3府29县提出要求对郡进行合并,因此还需要通过对郡进行合并的法律。但是在第一回和第二回议会上提出的关于郡分合的法律案都没有获得通过,因此郡制的施行只能一拖再拖。结果在1891年,只有10个县实施了郡制,而到1897年好容易达到36县。而在东京、京都、大阪三府和神奈川等重要的县则一直没有实施。由于郡制无法实施,府县制也无从施行。因此直到1897年前还没有实施府县制的有26县。①

不仅如此,和市制町村制不同,府县制郡制发布后受到了民党人士的广泛批判,他们积极地展开斗争,要求废除这一法律。1890年,以河野广中、末广重恭为中心的大同俱乐部就打出了"完善地方自

---

① 根据東京市政調查会編『自治五十年史』第一卷制度篇第351—352頁表格统计。

治制度"的口号,主张废除中央政府的干涉。坂垣退助的爱国公党同时也在其宣言中主张"内治不是倾向于中央集权而是以地方分权为主"。① 在1892年第三回帝国议会上,众议院议长朝长慎三、工藤行干等提出了府县制郡制全面废止案,提出应废除复选制和大地主议员制、扩张选举权、扩大议会权限及赋予条例制定权等项改革。但是改革法案虽然多次提出,却始终未能成立。

那么,府县制郡制施行的具体情况如何,下面我们以较早实施府县制和郡制的高知县为例,进行一下考察。

高知县在政府规定的1891年4月1日施行了郡制,9月1日按期施行了府县制。② 在府县制实施前的7月1日,首先进行了新法下的议员选举。11月1日,召开了新县会议员的临时议会,选举议长、副议长和名誉职、参事会员等。11月16日,普通议会召开,审议1892年度的预算。③ 总体看来,府县制发布后,高知县的议员选举和议会运营都较为顺利,这不能不归功于从地方民会开始的府县会运营所积累的经验,对地方自治的实施起到了很大的作用。但是与此同时,府县会不可避免地受到政党斗争的影响,加上高知县本是民党的集聚之地,因此当选议员主要以自由党员为主。

其他关于府县制和郡制实际运营的资料笔者还没有收集到。但是府县制郡制的实施没有如明治政府预期的那样起到应有的作用是可以肯定的。1899年,山县有朋在第十三次议会上发表演说,即遗

---

① 山中永之佑监修:『近代日本地方自治立法资料集成』3 明治後期编,弘文堂平成七年版,第11页。

② 参见大霞会编『内务省史』第2卷的表格「府县制郡制町村制施行状况」,第162—163页。

③ 高知县议会史编纂委员会编:『高知县议会史』上卷,第266—282页。

憾地指出:"地方制度施行甚为迫切,施行之日尚浅,故在地方人民还未惯熟此法律之运营时,早早蒙上党争之弊,往往成为选举中竞争之工具,实感遗憾之至。"特别是大地主议员制和复选制的实施,"未能收预期之效果。"其原因在于,"随时势变迁,大地主未必是郡内名望家。因此未取得预想之效果,反而出现弊端"。对于复选制,原本以为复选制可以使"有智识经验者"当选,且手续简便,节省费用,不会使人们在选举中陷入混乱,可以"防止自治制度之弊"。但是在实际的实行中,使人们更关心在市町村会议员的选举,市町村成为政党斗争的场所,反而加剧了市町村议员的竞争热度,"妨害了市町村自治制度之发达。"[1]山县的演说,指出了大地主郡会议员制和府县郡会议员复选制并没有如当初政府所预期的那样,实现大地主名望家的地方统治,反而导致了影响町村自治的弊端,因此府县制郡制的改革很快提上了日程。

二、府县制郡制改革

由于府县制郡制的施行不顺利,而且不仅没有取得预期的效果,反而加剧了市町村议员的选举竞争程度,正因如此,政府决意全面改革府县制郡制。1899年府县制郡制改正案终于在议院获得通过,3月16日以法律第64号和法律第65号发布了府县制改正和郡制改正。原来的法律案同时废止。新法案的具体内容如下:

(一)府县制改正

新府县制由7章147条组成,分别是:第一章总则,第二章府县会,第三章府县参事会,第四章府县行政,第五章府县的财务,第六章

---

[1] 「貴族院における山県有朋総理大臣の演説」,山中永之佑監修:『近代日本地方自治立法資料集成』3 明治後期編,第255—256頁。

府县行政的监督和第七章附则。与原府县制相比,主要做了如下的改动:

1. 明确规定了府县的公法人格。"接受官的监督,在法律命令的范围内,处理其公共事务及原来依法律命令或惯例及将来依法律敕令属于府县的事务"(2 条)。①

但法案仍然没有给予府县自治立法权,虽有进步,但府县"仍是不完全的地方自治体"。②

2. 关于府县议会,首先废除了府县会议员的复选制,变成了直接选举。规定有选举权者是"府县内的市町村公民,具有市町村会议员的选举权,而且在府县内一年以来缴纳国税三圆以上者",被选举权和旧法一样,为"缴纳国税十圆以上者"(6 条)。"从这点上看,府县会是大地主、资产阶级的议会这点和原来没有变化。"③其次,府县会的权限实质上缩小了。在议决事项中删除了"公有不动产的质入书入,府县有薪吏员的报酬旅费及支付方法"(41 条),即使应征求府县会意见,但在府县会未召集议案未成立或未明确意见时,官厅可以不待其意见,直接进行处分(45 条 2 项)。

3. 在府县行政上设置一般的有薪吏员,同时强化、扩大了府县知事的职务权限,主要包括强化对吏员的统率权、扩大了原案执行权,及主务大臣许可事项的专决处分等,并重新规定了府县知事与府县会的关系。山中永之佑指出,改革"与承认了府县法人格相反,图谋府县自治非政治化的同时,企图缩小府县会的权限,扩大府县知事及

---

① 以下"府県制改正"内容引自内務省地方局内自治振興中央会編:『府県制度資料』上巻,第 447—475 頁。
② 山中永之佑著:『日本近代地方自治制と国家』,第 271 頁。
③ 山中永之佑著:『日本近代地方自治制と国家』,第 271 頁。

中央政府的权限"。其根本目的在于能"官治的、有效率地处理日清战争后激增的委任事务"。①

4.府县财政制度的改革。主要有以下几个方面：(1)新承认使用费和手续费的征收(99条);(2)关于府县税及其赋课征收方法，除法律规定之外，详细的规定以敕令定之(103条1项);(3)地税附加税的限制从四分之一扩展到三分之一(134条2号),加到二分之一的附加税赋课也不需要内务、大藏两大臣的许可(敕令第315号);(4)府县可以依敕令所定,将其费用分赋给市町村(103条2项);(5)新承认设置公积金谷和设定特别会计(98条)等等。

改革内容在随后发布的"改正要旨"中被总结为以下几点:"一、复选制反而使市町村会议员的竞争激烈,阻害地方自治的发达,因而废止;二、明示选举的资格效力等;三、明示府县的法人性;四、府县会设通常会每年一次;五、设立关于府县税的规则;六、开根据府县事情设置府县吏员之途;七、明了会计规则"。②

由此可见,改革虽然正式承认了府县的公法人格,但是却强化了地方官僚组织,整理了官治的行政机构,缩小了府县会的权限。在财政方面,虽然"强化了地方团体的财政力",③但也使"府县财政在过重的委任事务下,几乎没有任何余力"。④

（二）郡制改正

新郡制由8章129条组成,第一章总则,第二章郡会,第三章郡参事会,第四章郡行政,第五章郡的财务,第六章郡组合,第七章郡行

---

① 山中永之佑著:『日本近代地方自治制と国家』,第272页。
② 内务省地方局内自治振兴中央会编:『府県制度资料』上卷,第475页。
③ 大霞会编:『内务省史』第2卷,第167页。
④ 山中永之佑著:『日本近代地方自治制と国家』,第272页。

政的监督和第八章附则。其所改变的内容主要有如下几点：

1. 新法在总则中也明确规定了"郡为法人"（2条）①,和府县会一样正式承认了郡作为地方公共团体的法人格,"但未给予课税权。"②

2. 关于郡议会,首先在郡会议员的选举上,废除了大地主议员制和复选制。在后来的理由要旨中介绍说,之所以废除复选制,是因为"复选制使町村会议员的选举竞争激化"。而改革大地主议员制是因为这一制度"未必适合"。③ 郡会议员变为以各町村为选举区进行直接选举,有选举权者为"町村内的公民,有町村会议员的选举权者,一年以来缴纳直接国税年额三圆以上者"。被选举权为"缴纳直接国税五圆以上者"（6条）。和府县会一样,"郡会依然在大中地主和资产阶级的统治之下,"但直接国税三日元以上,也包括了自耕农的下层。其意图是"把郡会和府县会的支持基础扩大到自耕农下层,使其支持名望家的统治秩序"。④ 此外,郡会议员任期由六年改为四年,议长不再直接由郡长担任,改为由郡会议员选举。

3. 新增加的第四章郡行政规定在郡设置有薪的郡吏员,对郡长的地位权限和与郡会的关系进行了新规定,给予了郡长对吏员的惩戒权,在特殊情况下的"专决处分权"等很大的权限,"确保郡依然是中央政府统治地方的有力机构。"⑤

1899年府县制和郡制的改革,大石嘉一郎称为"是同日清战后

---

① 以下"郡制改正"内容引自内务省地方局内自治振兴中央会编:『府県制度资料』下卷,第718—747页。
② 山中永之佑著:『日本近代地方自治制と国家』,第273页。
③ 内务省地方局内自治振兴中央会编:『府県制度资料』下卷,第746页。
④ 山中永之佑著:『日本近代地方自治制と国家』,第273页。
⑤ 山中永之佑著:『日本近代地方自治制と国家』,第273页。

经营相对应展开的改革"。① 通过改革,政府一方面"把中央政治和地方自治特别是市町村自治进行分离,在防止政党势力对地方渗透的同时,也使大地主以外的资产阶级也参加到府县郡的政治中来",②从而扩大国家统治的阶级基础。另一方面,为了高效迅速地进行行政事务,政府再次整顿了地方官僚组织,进一步完善了政府(内阁—内务省)—府县—郡(市)—町村的地方行政官僚体系。

改革后的府县和郡,被赋予了过多的委任事务,实行固有事务的能力大大缩小。但与此同时,我们也应该看到,经过改革后的府县制和郡制也确实比旧制度规定更加细致和完备,府县制和郡制在实施过程中发现一些不完备的地方得到了修正。③ 原来模仿普鲁士所设计的大地主特权制被废止,④也表明了自治法一定程度的"日本化"的实现。因而新发布的府县制郡制迅速在全国施行,标志着日本近代府县郡地方自治制度的最终确立。

三、新府县制郡制的实施

新府县制和郡制发布后,迅速在全国各府县实施。基本上在1900年除了冲绳县外(冲绳县是1909年实施府县制)全部施行。但是存在的问题是模仿普鲁士所设立的郡制从一开始就存在着异议,又很快就出现了要求废止郡制的声音。1905年内务大臣芳川显正提出了要求郡制废止的意见,接着1906年原敬内务大臣在进行演说中也提出郡制应该废止。他认为"像市町村,古来虽不完全,但仍具几分自治因素,因此制定法律完善其自治是有必要的,但郡古来几乎

---

① 大石嘉一郎著:『近代日本の地方自治』,第131页。
② 山中永之佑監修:『近代日本地方自治立法資料集成』3 明治後期編,第12页。
③ 都丸泰助著:『地方自治制度史論』,第90页。
④ 都丸泰助著:『地方自治制度史論』,第87页。

无自治要素,对于无自治要素者以法令实施自治制,徒酿成自治组织之复杂",而且"施行郡制后费用增加",希望通过废除郡制"减少人民的负担"。① 当然,原敬提出的郡制废止实际上是和山县有朋进行斗争的武器,此后郡制废止案多次在议会提出,但都是在众议院通过而在贵族院未审议完结或被否决。

1921年郡制废止案终于在议院通过,1923年郡制被正式废除,1926年郡役所和郡长被废止,仿造德国设立的中间自治体郡,终于显现出在日本的不适应性,"作为名望家制度保障的堡垒的郡"走向了终结,同时也反映了日本名望家体制的脆弱性。

第三节　日俄战后的市制町村制改革

1904到1905年的日俄战争是一场黄种人打败白种人的战争,在当时的世界产生了重要影响。战后日本资本主义继续发展,并开始向帝国主义转化,在这种新的国内国际形势下,政府为加强对地方的统治,不仅实行了地方改良运动,而且于1911年对市制町村制进行全面的改革。通过这些改革,日本近代的地方自治制度终于确立下来。

一、日本向帝国主义转化与地方自治的新矛盾

19世纪末20世纪初,日本基本上实现产业革命,资本主义确立下来,但是在资本主义确立的同时,特别是日俄战后,日本开始向帝国主义转化。因此,日俄战后的日本面临着新的形势,这给地方自

---

① 「原内務大臣演説」,山中永之佑監修:『近代日本地方自治立法資料集成』3 明治後期編,第487頁。

治，主要是町村的自治也带来了新的矛盾。

首先是寄生地主化进一步发展，地主对农村的统治体制开始动摇。随着产业的勃兴，大地主进驻大都市，投资工商业，向商业资本家、产业资本家转化和商业资本家、产业资本家投资土地成为寄生地主的倾向进一步发展，导致农村日益被资本主义经济浸润的同时，小农民的相对独立性进一步增大，在农村本来即不稳定的地主名望家统治进一步出现动摇。

町村自治所面临的更大的矛盾是财政贫困。整个日俄战争期间相关经费的支出总额达到18亿多日元，相当于战前1903年的六倍半多，日本为此借了8亿余日元的外债。如此庞大的经费额无疑最终都成为国民的负担。其中有14亿7000万日元公债发行收入，2亿1000万日元是增税和强化专卖的收入，其他以一般会计剩余、特别会计资金、一时借入金、军资献纳金等方式筹措。[1] 日俄战争时发行的大量公债的利息无疑成为战后的巨大负担。这些巨额的财源都需要从国民的租税和公债中提取。因而财政的膨胀并未因战争的结束而得以缓解，而是仍然持续下去。战时所增加的非常特别税在1906年加以改革，在战后仍继续赋课，而且，当局在1907年还提高了烟草定价，1908年又提高了造酒税、啤酒税、酒精税、酒精饮料税和砂糖消费税。到1910年，地税、所得税、营业税等虽然有一定的减轻，但其他战时税几乎都没有撤销，以间接税为中心战后的租税负担反而增加了。

政府的财政膨胀政策给地方特别是町村财政带来深刻的影响，根据《全国町村总岁出比较指数》表所显示，町村财政也存在着同样

---

[1] 大島美津子著：『明治国家と地域社会』，第274—275頁。

的膨胀。町村不仅要负担国家的军事费、公债费、殖民地经营费等国家岁出,战后町村的财政也有大幅度的增加,其中町村债费和教育费的增长最为显著。町村债费本质上可谓租税提前征收的利息,它的大幅度增加"显示了町村财源的枯竭"和"町村财政的不健全"。①教育费的膨胀则反映了日俄战后国家主义教育的进一步加强。因此,町村民众的税负担进一步增加了。由地方自行掌握的相当于人头税的户数税大幅度增加,同时利用村落共同体规制而征收的捐款也成为町村民的主要负担。

因而可以说,日俄战后日本国家财政的膨胀并不是以国民生活水平的提高为基础的,而是更加无视国民生活的强制搜刮,由此而导致町村经济的极度疲弊。下面我们以胜田县前渡村为例,看其日俄战后町村财政的膨胀情况。

日俄战争后的租税(直接税)负担　(单位:日元)②

	明治三十八年 (1905)	明治三十九年 (1906)	明治四十年 (1907)	明治四十一年 (1908)
国税	4519	4696	4808	4966
县税	2274	2985	3302	4012
村税	3760	4236	3519	5949
计:实数 　指数	10553 (100)	11917 (113)	(11629) (110)	14927 (141)
平均每人:实数 　　　　指数	2.50 (100)	2.79 (109)	2.70 (108)	3.43 (137)

---

① 大森鐘一、一木喜徳郎:「市町村制史稿」,原口敬明编:『明治史料』第三集,第286页。
② 表格参见胜田市史编纂委员会编:『勝田市史』近代・現代编1,第482页表格。

由上表可见，日俄战争后的村税年年增加。与村税增加的同时，村税的滞纳者也增加了，根据对前渡村的统计，1908年，村税滞纳者140人，金额为107.27日元，而1909年滞纳者一下子增加了95人达到235人，而金额达到455.17日元。① 由此可见农村的疲敝。

尽管如此，日俄战争后，明治政府为了防止俄国的复仇，并加紧吞并朝鲜和攫取中国东北的利益，开始进行所谓的战后经营，更加扩军备战，增加军费开支，资本主义刚刚确立的日本迫不及待地开始向帝国主义体制转化。这些战后经营包括军备扩张、铁道国有及扩建、建立八幡制铁所和电话事业的扩展等等。不仅所需经费要增加民众的租税赋课，而且要求地方进一步加强处理不断增加的国政委任事务的能力。因此需要地方特别是町村提高财政能力的同时，还要进一步提高町村处理委任事务的能力，加大对町村行政的监督。为了实现这一目标，政府不仅实行了地方改良运动，还对市制町村制进行了全面的改革。

二、地方改良运动

地方改良运动也称地方改良事业，是明治政府为适应日俄战后向帝国主义转化的新需要，努力缔造一个使国民自上而下的自觉响应国家的协力体制的运动。地方改良运动的开始以1908年的戊申诏书发布为标志，于第二年即1909年在内务大臣平田东助的指导下正式在各地展开。在戊申诏书中，政府号召民众"宜上下一心，忠实服业，勤俭治产，惟信惟义，醇厚成俗，去华就实，荒怠相诫，自强不息"，②这成为地方改良运动的核心指导思想。

---

① 根据勝田市史編纂委員会编：『勝田市史』近代・現代編1，第485页表格。
② 山中永之佑监修：『近代日本地方自治立法資料集成』3 明治後期编，第575页。

地方改良运动的内容主要有以下几个方面：

1. 鼓励制定"町村是"，举办地方改良事业讲习会。首先政府号召在各地召开戊申诏书的捧读会，同时鼓励各地制定将戊申诏书具体化的町村运营基本方针"町村是"。"一方面使町村吏员从各方面认识町村的现状，另一方面使其把町村的发展方针同国家的发展对应地把握。"① "地方改良事业讲习会主要是以町村吏员和地方有志者为对象展开，对以地方自治的经理经营为主及与之相关的产业、教育等方面进行必要的讲习。"②

2. 强化行政村，实行部落有林野的统一和神社合祀。前已述及，在1888年市制町村制施行前所进行的町村合并，没有将各部落所拥有的财产统一到行政町村。在地方改良运动中，为了强化行政村的财政基础，因此政府将各部落的林野进行合并，作为行政町村的财产，从而打破各部落的割据性，加强行政町村的自治能力。但是大石嘉一郎指出，实行部落有林野的统一，在强化行政町村的财政能力这点上，实际上除了个别村外，并没有太大的效果。③ 神社合祀，也称神社整理，是"即存神社的废止、合并或转移到其他的神社境内的总称"。④ 1906年8月政府发布"关于神社寺院佛堂合并旧址让与之件"的敕令，开始由内务省在全国推广。神社合祀不顾各个部落守护神信仰的不同，强行实行"一町村一社"制度，把各个部落的神社强制合并到行政町村，并废止许多不能置神祇的神社。1906年开始

---

① 都丸泰助著：『地方自治制度史論』，第100页。
② 都丸泰助著：『地方自治制度史論』，第100页。
③ 大石嘉一郎著：『近代日本の地方自治』，第169页。
④ 森岡清美著：『近代の集落神社と国家統制——明治末期の神社整理』，吉川弘文館昭和六十二年版，第3页。

正式实行神社整理,到 1912 年(大正元年),各地无格社及村社约整理了 6 万 5 千余社,非公认神社被彻底整理。① 内务省进行神社整理的根本目的是消除部落的割据精神,以行政村为规模进行国民的精神统一。② 与此同时,合并后的神社被纳入到以伊势神宫为顶点的金字塔形的国家神道体系中,标志着国家神道制度进入了完成期。③

3. 收集自治体改良的模范事例,在全国设立模范典型。早在日俄战争时,内务省及其外围团体就对町村自治体改良的功劳者进行了表彰。地方改良运动中,当时在全国选出了三个改良村作为典型,它们分别是静冈县家茂郡稻取村、宫城县名取郡生出村和千叶县山武郡源村,对其业绩进行宣传。如在稻取村,全体村民在村长田村又吉翁的指导下团结一心,重建濒于破产的农家经济和村财政的事迹,就得到广泛的宣传。④ 官方借此号召其他各地町村民都向他们学习,自力更生解决日俄战争后农村所普遍面临的农村疲弊问题,并培养自主的奉公精神,以推进地方公共事业的发展。

4. 建立各种行政辅助组织。在改良运动中,政府号召地方成立各种辅助组织:有为了税务行政的纳税组合、储蓄组合;为了劝业的农会、实行组合、产业组合;为了教育的学童保护会、夜学会;以及以日本町村传统的年龄阶梯制团体等新改组的互助会、青年会、妇女会和宣传二宫尊德思想的报德会等教化组织;甚至还有为军事目的组

---

① 孝本頁:「神社整理と地域社会」,选自笠原一男编:『日本における政治と宗教』,吉川弘文館昭和四十九年版,第 246、313 頁。
② 有泉貞夫:「明治国家と民衆統合」,『岩波講座日本歴史 17 近代 4』,第 236 頁。
③ 村上重良著:《国家神道》,商务印书馆 1990 年版,第 138 頁。
④ 江守五夫:「地方改良運動に於ける村落共同体の再編成」,高橋幸八郎編:『日本近代化の研究』上,東京大学出版会 1972 年版,第 371—387 頁。

织的在乡军人会、军人遗族保护团体、爱国妇人会等等。特别是各地报德会的形成,宣扬二宫尊德的"勤俭、分度、推让"的美德,借此号召农民通过节约来改变家计和财政的窘迫,培养"推让、分度"的美德。为了推动各地报德会的形成,政府于1905年组织成立了大日本报德会,积极推动报德运动在各地的发展。通过这些行政辅助团体,最大限度地调动地主以外的各个阶层,通过把他们组织到行政补助组织中来给予他们发言的场所,求得他们的理解和协助,从而达到安定名望家统治的目的。

不过,以上的行政辅助组织,基本上是以部落为基础组织的,有的地方甚至复活了德川时代以来的五人组、十人组等组织。对此,学界有不尽相同的认识。石田雄认为这是"共同体秩序的重组强化"。[1] 但是宫地正人反对这种观点,他认为顺应日本资本主义向帝国主义阶段的转化,相应的地方统治即统合政策也发生变化,特别是自然村(村落共同体)被破坏,并统合到行政村中。宫地批判了石田把部落有林野统一事业作为村落共同体秩序重组和强化的观点,认为地方改良事业等是在日俄战后的国际环境中构筑了日本帝国稳固基础的町村,构筑国家的共同体,即在破坏行政村和自然村二重构造的基础上,使行政村转化为国家共同体的政策。[2] 桥川文山认为,"在明治末年的地方改良运动中,进行部落有财产的统一和神社合并政策,是试图改造自然村的信仰秩序,把自然村规制到国家行政内。"[3]

---

[1] 见石田雄著:『近代日本政治構造の研究』,第52—54頁。
[2] 引自大石嘉一郎、西田美昭著:『近代日本の行政村』,第9頁。
[3] 橘川文山:『近代日本政治思想の諸項』,未来社1968年版,转引自山田公平著:『近代日本の国民国家と地方自治』,第491頁。

但是山田公平反对以上观点,他从"地域公共关系确立"①的角度出发,指出,"部落和组的重组强化不是原来的共同体秩序的单纯重组强化,而是公共行政的推进补助,即部落、组的行政村化,同时部落组的行政村化绝不是部落私的共同体性格的解体,而是维持着共同体性格的行政村化。"②

由上我们可以看到,地方改良运动所具有的两个不同的倾向,即一方面通过部落有林野的统一和神社合祀加强行政町村的自治,另一方面则利用传统的村落共同体作为行政村自治的补充。从历史的普遍发展规律看,传统的封建共同体解体,才会产生近代的地方自治。但是日本的近代地方自治是利用了传统的村落共同体,在共同体没有解体的情况下使其成为近代地方自治的补充,与此同时,还实现了村落共同体自身向行政村的转变。我认为,这既是日本地方自治的特色,同时也是后发展国家实行地方自治所具有的一个重要特点。即反映了后发展国家地方自治有其局限性,不得不通过传统的利用给予一定的补充。

三、1911 年市制町村制改革

继地方改良运动实行后,明治政府又对市制町村制进行了改革。市制町村制实施后 20 年间,在法令上存在的不完备、不适合之处日益显露出来,因此不断有议员提出要求改革的法律案,例如在 1899 年府县制郡制改革后,也提出了市制町村制改革案,但由于时机的不成熟,都没有在议会中获得通过。但是到了日俄战争后,与地方改良运动实行的同时,市制町村制的改革终于提上日程。1906 年提出的

---

① 山田公平著:『近代日本の国民国家と地方自治』,第 529 頁。
② 大石嘉一郎著:『近代日本の地方自治』,第 168 頁。

《市制町村制改革法律案理由要领》指出：旧的制度"其规定不精密，文意有欠明晰，因而常常在执行机关和议事机关间或私人与官厅之间，因解释不同而酿成诉愿诉讼。而且规定与实际不相符，因此如欲依照法律条文，则往往妨害政务之实行，若遵循实际之便利，则又违背了法律条文"，因而对实际的政务造成很多弊害。更重要的是，"和上级机关缺乏一致性和联络"，而作为最下级的地方自治体，不仅要处理团体的事务，更重要的是还需要具有承担国家委任事务的能力，"使之不影响国府县的政务。"① 要领详细论述了原来的市制町村制所存在的问题并指出应进行改革。作为内务大臣的原敬等也指出市制和町村制"不备之点甚多"，"必须加以改革。"② 由此可见，市制町村制的具体实施没有完全如明治官僚所预期的那样起到应有的作用，因此在日俄战争后日本开始向帝国主义转化的重要时期，政府下定决心改革市制町村制。

1. 市制町村制改革的内容③

1911年（明治四十四年）4月7日公布了法律第68号的市制改正方案和法律第69号的町村制改正方案，规定同年10月1日开始施行。原来由一个法律发布的市制町村制变成了两个法律。新市制由10章组成，分别为总则、市会、市参事会、市吏员、薪金和津贴、市的财务、市的一部分事务、市町村组合、市的监督和杂则，共181条。新町村制由9章组成，分别是总则、町村会、町村吏员、薪金和津贴、

---

① 山中永之佑監修：『近代日本地方自治立法資料集成』3 明治後期編，第795頁。
② 「市制町村制改正法律案（政府提出）第一読会」上原敬の发言，见山中永之佑監修：『近代日本地方自治立法資料集成』3 明治後期編，第809頁。
③ 以下「市制改正」、「町村制改正」内容选自山中永之佑監修：『近代日本地方自治立法資料集成』3 明治後期編，第668—691、812—833頁。

町村的财务、町村的一部分事务、町村组合、町村的监督和杂则,共161条。市制和町村制改革的内容总结起来有如下几点:

(1)在总则中,扩充了市町村及市町村长对委任事务的诸规程,保证市町村长和市町村役场作为国家先头机关的功能。新法在明确了市町村的公法人性质的同时,也明确规定了其权利和义务的范围,特别是调整了委任事务的规定。在旧法中具体列举了市町村长的委任事务,但新法中有关市町村长及其他市町村吏员"依法令之所定掌管府县及其他公共团体的事务"的表述,变成了抽象的规定,新法规定除市町村长外,一般市町村吏员也有承担委任事务的义务。新法通过撤销委任事务的具体限制,实际上扩大了委任事务。①

(2)在市町村会,强化了市町村长对市町村议会的权限。旧法规定市参事会及町村长对议会的权限可以进行匡正,但只限于议会的议决超越权限、违背法律命令或者损害公众利益时。新法则还增加了如何认定违反会议规则和市町村的收支不适当两项内容。旧法规定市町村会由议长召集,但如果议员四分之一以上请求时以及市长或市参事会请求时,议长有召集的义务,但新法规定市町村会的召集权和开闭权都属于市町村长,议员请求改为三分之一以上。

(3)新法规定市的执行机关由原来合议体的市参事会改为独任制的市长,市参事会从议决机关改为咨询机关。实际上是弱化市参事会的权限,扩大和强化了市长的权限。这是新市制最重要的改革。

(4)在市町村吏员中,对委任事务以外的町村行政官的监督强化。名誉职制发生了改变,变成了有薪吏员。规定"町村长助役为名誉职,町村可以町村条例规定町村长及助役为有薪"。

---

① 山中永之佑著:『日本近代地方自治制と国家』,第283页。

(5)町村财政力的强化。新法规定市町村有捐赠和补助的权能,对居民租税征收进行强化,但町村的财政力没有得到根本扩充。

(6)改革町村组合规定,新设市组合。

2.改革的评价

政府对市制町村制进行改革的主要目的,"是通过扩大和强化市町村长的权限,扩充和强化国家对市町村的委任事务的规定,同时强化内务省和监督官厅对市町村长的监督权",通过改革,市町村作为"国家派出机关的性格"更加强了,①政府加紧了对地方的官僚控制,使官治性这一日本近代地方自治制度的主要特色再次得到了加强。因此从这点上看,市制町村制改革和府县制郡制改革的指导理念是一致的,同时也与地方改良运动是一脉相承的,是地方改良运动的集大成。

但是,通过改革,日本地方自治制度中的一些不完善或不适合日本之处(如市参事会制度的实施等)也得到了修正,因此有人认为,这意味着从德国引进的地方制度终于"日本化",②在日本最终确立下来。

如上所述,日本近代地方自治的立法形成后,在地方上施行的时期,也是日本近代天皇制国家确立的时期。在经济上,产业资本得以确立,即日本资本主义经过日中甲午战争和日俄战争两次战争后终于形成。经济上的变化反映到政治制度上,就是明治宪法体制的形成,在天皇制下,成立了地主和资产阶级联合政权。但与此同时,日

---

① 山中永之佑著:『日本近代地方自治制と国家』,第292页。
② 大霞会编:『内務省史』第2卷,第177页。

本开始向帝国主义转化。在这种背景下进行的地方自治改革反映了法令的施行同政府预期目的的背离，政府进一步加强了对地方的官僚统治，是和日本近代地方自治的基本特征一脉相承的。但是改革同时也修改了法令中的不合理之处，特别是修改了仿照德国制定但不适合日本的地方，使地方自治法完成了"日本化"的过程。明治政府制定的地方自治终于随着资本主义的建立在地方上稳固地确立下来。

当然，随着社会形势的变化，尤其是社会经济条件发生变化时，日本的地方自治制度也不断进行改革。例如在资本主义获得飞速发展，中间阶层不断增加的大正时代，日本终于废止了大地主的堡垒——郡制，1926年府县市町村会议员又实现了成年男子的普选，1929年地方自治权进一步扩大。但是不论如何改革，由明治时代所确立近代的地方自治的基本特征一直没有改变，并一直保持到战争结束。

尾　　章

　　明治维新后,日本政府在对地方制度的探索中最终选择了移植德国的地方自治制度,以 1888 年市制町村制和 1890 年的府县制郡制的发布为标志,表明近代地方自治的立法形成,而后市制町村制和府县制郡制在地方的施行过程中又进行了修改,最终随着日本资本主义的确立,作为天皇制的基层构造而稳定下来。那么,日本近代地方自治制度在其形成过程中,究竟有怎样的特点? 其形成的原因是什么? 在战前日本政治近代化中的地位如何? 对战后日本地方自治产生怎样的影响? 本章将对此作一个概略的总结。

　　不仅如此,正如序章所论述的,研究日本近代地方自治的现实意义,是希望能够对中国的国家与社会、中央与地方关系提供某种借鉴和参考。日本近代地方自治制度形成后,一度成为中国清末到民国时期学习的对象,因此本章还将对日本近代地方自治对近代中国产生的影响以及近代中国实行地方自治失败的原因进行简要分析。同时,还将对我国今天构建和谐社会,调整中央与地方关系提出自己的见解。

一、日本近代地方自治制度的形成总结

(一) 日本近代地方自治制度形成的原因

　　明治维新后日本的地方制度几经演变,通过初期具有过渡性质

的地方行政制度—初步承认底层町村自治的三新法—明治十七年改革的地方自治的新反动,终于在1888年发布了市制町村制、1890年发布了府县制郡制,几乎与宪法同步建立了地方自治制度,此后这一制度在地方的实际实施中又进行了若干的修改,在明治末年随着日本资本主义的确立基本上稳定下来。综观日本近代地方自治制度形成的过程,我们可以看到它之所以能形成并稳定地确立下来,有国家和社会两方面的因素在起作用。

首先,近代统一的中央集权国家的形成,明治政府的建立,强有力的官僚集团的组织,是日本近代地方自治制度得以形成的不可缺少的首要原因。

作为后发展国家,虽然历史上存在着一定的分权和自治传统,但是在面临着西方资本主义列强的威胁下,迅速建立起统一的中央集权国家,组织起强有力的中央政府和官僚体系,集中力量进行近代化的转型,是日本摆脱危机、成功实现国家独立的重要保证。在地方制度方面,政府在不断的探索中,最终以山县有朋为中心的明治官僚决定学习德国,引进西方的近代地方自治制度。而且随着时代的变迁,地方自治制度也在经过了一定的改革后,终于在日本稳固地确立下来。由此可见,没有统一的中央集权政府自上而下的主导作用,日本近代地方自治制度不会与宪法发布同步建立起来。自上而下、外来导入,既是日本近代地方自治制度的特点,同时也代表着后发展国家成功实行地方自治的一种有效模式。可以说,日本近代地方自治的成功,为后发展国家提供了很好的经验。

但是必须强调的是,明治官僚所设计的地方自治,是作为天皇制国家的基层构造,为了便于天皇制国家的统治,而不是立足于保护民众的自治民主权利而设立的,因而这种地方自治就存在着相当的保守性,这也是自上而下的地方制度近代化同时带来的弊端之一。

其次,日本近代地方自治的形成,地方社会的推动起到了重要的作用,并一定程度上影响了地方自治制度的特性和发展方向。

这里我们提到的地方社会首先是地方的分权传统和自治传统。在序章中我们回顾了日本历史上的分权和自治传统。分权传统,特别是江户时代的幕藩体制,它保证在近代国家实行中央集权后地方上仍然保持一定的独立性,政府也在实行中央集权的同时不得不在一定程度上重视地方的权利。因此中央集权下的地方有限分权是近代日本地方自治的特点。地方的自治传统对日本地方自治制度的形成也起到了不可忽视的作用。特别是在明治初期最底层的町村的自治传统对推动政府开始承认町村作为"居民社会的独立区划",实行有限的町村自治起到了重要的推动作用。而且即使是近代市制町村制发布,以合并后形成的新行政村为单位的地方自治制度实行后,传统的村落共同体仍然在发挥着一定的作用(当然因部落割据也给市制町村制实施带来阻碍),以至于在日俄战后为了弥补地方自治的不足,而最大限度地利用了村落共同体的传统,反映了在后发展国家实行地方自治时,传统对地方自治的重要影响。

此外,受西方自由民主思想影响的启蒙主义者和自由民权运动乃至后来民党的自下而上的推动也是日本近代地方自治形成的重要原因之一。在明治初期,政府着手整顿中央政务,无暇顾及地方特别是府县以下地方事务时,在受西方自由民主思想影响的开明地方官的主导下,地方陆续开设了民会,在自由民权运动的推动下,地方民会日益发展,水平也不断提高,促使政府不得不改变对地方实行的单纯行政统治,而改为部分地承认地方自治,正式允许开设府县会和町村会等,使日本的地方制度从完全的行政向初步承认地方自治迈出了有意义的一步。府县会和町村会成立后,成为民权者争取权利、同政府斗争的舞台。同时府县会和町村会也积累了地方议会的经验,为后来地方自治制度的形成和运营奠定了基础。地方自治制度形成后,自由民权派又组织政党,成为在地方议会中的重要力量,对地方自治产生了极大的影响。

第三,近代地方财政制度的形成,为近代地方自治制度的形成提供了物质保障,并影响着近代地方自治制度的运营。日本学者在研究地方自治问题时,总是行政财政并提,如大石嘉一郎的《日本地方财行政史序说》和大岛太郎的《日本地方行财政史序说》等,可见财政问题的重要性。近代地方自治制度的形成,同时应该伴随着近代地方财政制度的建立。明治维新后日本首先实行地税改革,把当时主要的财源地税收归为国税,并着手建立地方税,使地方税和国税分离,在地方上实行具有过渡性质的民费财政。三新法后,地方税正式设立,在地方财政运营上实行府县会进行的预算决算审议制度。町村财政运营虽然也由町村会进行审议,但属协议费财政,直到明治十七年改革后才部分地实现公共化。1888年市制町村制和1890年府县制郡制发布后,尽管地方的财源有限,但毕竟已经明确地赋予了地方财政的公共性,而且实现了地方财政的议会运营,因此标志着日本近代地方财政制度的形成,成为地方施行自治制度的物质保障。

但是地方财政的收入来源有限,实行国税的附加税主义,支出则以国政委任事务为主,这在最底层的町村表现最为明显,地方上缺乏进行自治体固有事务的财源,这是近代日本地方自治力薄弱的重要原因。

(二)日本近代地方自治制度的影响

首先,日本近代地方自治制度的形成,标志着日本地方制度实现了近代化。明治维新后,政府在实行何种地方制度上几经探索,最终选择了实行地方自治制度,这是日本地方制度的进步,标志着地方制度近代化的实现。因为地方自治制度不仅是当时主要资本主义国家所普遍选择的地方制度,而且它给近代日本的发展带来的利益也是显而易见的。即日本近代地方自治虽然存在着保守和落后性,但是它的施行,分中央事务于地方,减轻了中央的压力;成立了地方议会,为国家的宪政运营提供了经验,一定程度上缓解了国家与社会的紧张关系。而且,地方自治也为日本近代民主的发展也提供了舞台。

日本近代地方自治形成后,虽然几经变迁,不断进行修改,但其根本的特点始终未变,一直保持到战争结束。如在大正时代出现了民主化的倾向,大地主制度的堡垒郡制终于被废止,废除了町村的等级选举制,地方议员的选举也实现了成年男子的普选,实现了公民权的扩充,地方财政自主权也有所扩大。但是到昭和恐慌后,以及侵华战争爆发后,政党政治动摇,农村出现大恐慌,国家进行统治强化,地方的自治权限又开始缩小了。但是除了1943年战时的地方统治强化,使地方自治形同虚设外,整个近代日本地方自治制度的基本特征始终没有改变。

其次,日本近代地方自治制度对战后地方自治的影响也极为深远。战后在美军的占领下进行了改革,把地方自治条款明确地写入了宪法,并制定《地方自治法》和《地方财政法》。但是战后日本的地方自治,其特点仍然是国政委任事务过于繁重,而且中央的补助金制度仍然存在,"七分专制,三分自治"的评价仍不绝于耳。这种状况直到上世纪90年代才有所改变。因此可以说,很长时间以来,战后日本的地方自治一直受到战前地方自治的影响。不过,也有学者持战后和战前的"断绝论",即认为战后日本的地方自治已经和战前有不同的特点。① 但不管怎样,日本近代地方自治的特点对战后地方自治产生了很深的影响。

第三,日本近代地方自治在世界历史中占有一席之地,给予中国为代表的亚洲后发展国家以很大影响。世界上最典型的地方自治产生于西欧,虽然因其特点不同,被分为以英国为代表的居民自治和欧洲大陆各国的团体自治,但是总体说来,西欧各国地方自治制度的形成,是指近代统一的民族国家形成后,原来具有高度地方自治功能的城市转变为近代民族国家的具有高度自治权的地方自治体。

但是在亚洲等后发展国家,历史上地方分权和自治的传统较弱,缺乏像欧洲那样发达的自治传统,近代以后又面临着西方列强势力入侵的危机,因此建设近代中央集权的统一国家成为首要目标,而近代地方自治制度则是中央集权国家成立后由中央政府自上而下实施的。也就是说,作为后发展国家,不可能像欧美的发达国家那样走自下而上的道路,不能允许先去发展地方自治权,再去争取国权,自下而上地实行地方自治,而是在强有力的中央政府的主导下,顺应本国的历史传统和时代形势,实施适合本国特点的地方自治模式。而这样形成的地方自治同时也不可避免地带来地方自治权力极为弱小等弊端。日本就是走这一条道路的典型代表。日本建设地方自治的经验也给近代亚洲其他国家,特别是中国以重要的影响,一度成为这些国家学习的楷模。

---

① 参见村松歧夫著:『地方自治』,第22—34頁。

二、中国近代学习日本的地方自治

尽管各国的国情和发展道路不同,但在近代的资本主义国家中,基本上都不同程度地实行了地方自治。而中国从清末到民国时期,也不止一次地进行了地方自治的尝试,地方自治思潮也曾一度影响颇大。但其结果,众所周知,都以失败而告终。在此,笔者通过中国近代地方自治与日本的关联和对比的分析,总结中国地方自治制度失败的原因。

1. 近代中国学习日本的地方自治

历史进入到近代以后,中国和日本的国际地位发生了变化。特别是中日甲午战争爆发,亚洲的老牌帝国被"蕞尔小国"日本打败后,使中国不得不开始重新审视这个已经发生了巨变的邻邦,一时间以日本为师的思想竟充斥了全国,这在地方自治方面也表现出来。以康有为和梁启超等为代表的维新派很早就注意到了日本的地方自治问题,到清末乃至民国年间,中国倡导实行地方自治,也多以日本为师,仿效日本,日本近代地方自治对中国产生了相当大的影响。中国近代向日本学习后实行的地方自治主要有:

清末立宪改革中学习日本,实行地方自治。清朝末年从 1905 年开始以天津为试点进行了地方自治实验,1909 年,清政府发布《城镇乡地方自治章程》,1910 年发布《府厅州县地方自治章程》,宣布全面实行地方自治。此次地方自治的实行,清政府即以日本为主要学习对象,派遣五大臣和其他官员对日本的地方自治制度进行了考察,并任用了大批从日本归国的留学生,其两个法令也以日本的市制町村制和府县制为蓝本。① 如在具体内容上也引进了日本的名誉职制度和等级选举制等。② 尽管清政府的地方自治终究不过是伪立宪运动的一环,在地方上并没有很好地施行,但是袁世凯在天津县主持实行的地方自治却取得了一定的成绩,成为在其他地方实施自治的典范。

值得一提的是,五大臣及政府官员等对日本的地方自治制度进行考察后,普遍羡慕至极,无限感慨,主张中国应该引进日本的地方自治制度。而当时的在日留学生也都把日本的地方自治制度当成是救国的良药。在救国图存的思想引导下,中国人大多看到了日本地方自治的优点,而对其缺点视而不见。③ 这是当时中国人对日本地方自治的普遍印象。

军阀阎锡山在山西实行的地方自治。阎锡山(1883—1960年)早年留学日本,对日本的地方自治制度印象颇深。因此他在回国掌握了山西的大权后,开始在山西实行地方自治。阎锡山实行的地方自治主要是村制,时间大致从1918年到1930年左右。④ 1917年,山西颁布《县属村制通行简章》,1918年又模仿日本的行政村,开始了对自然形成的村落进行大规模改编的"编村"运动。在"行政网"初步整顿后,开始实施"村本政治",主要内容是整理村范、开设村民会议、议定村禁约、成立息讼会和组织保卫团等。⑤ 阎锡山实行的村治

---

① 黄東蘭著:『近代中国の地方自治と明治日本』,第254頁。
② 参见《城镇乡地方自治章程》,故宫博物院明清档案部编:《清末筹备立宪档案史料》下册,第727—741页。
③ 黄東蘭著:『近代中国の地方自治と明治日本』,第207頁。
④ 虽然村制在1937年山西省被日本军占领后仍然继续实行,但在1930年阎锡山因"中原大战"中失败逃亡大连后,山西村制事实上处于停止状态。见黄東蘭著:『近代中国の地方自治と明治日本』,第346頁。
⑤ 李德芳著:《民国乡村自治问题研究》,人民出版社2001年版,第45—58页。

初期模仿日本之处很多,如模仿日本在日俄战后设立的模范村等,但是后来"开始脱离清末以来日本地方自治模式的常轨,走上了所谓'民治主义'的自治之路"。① 因此后来实行的村制有很多内容是不同于日本的,其中最大的不同是"舍去了日本地方自治制度的府县会、郡会、市町村会由地方名望家参加政治的方面,代之以实施全体的村民会议"。②

阎锡山实行的村制后来被蒋介石南京国民政府部分地继承。其实孙中山也曾主张实行地方自治。"孙中山主张革命后的政治分为军政时期、训政时期及宪政时期……在训政时期,政府把考试合格者派往各县,援助人民,互相协助计划准备自治",即他认为"训政时期的重要工作是完成地方自治"。③ 但是孙中山的地方自治理论是"基于主权在民学说","与清末以来就被国人所模仿的日本地方自治模式完全不同,它具有鲜明的民主主义特征。"④不过,军阀割据分裂的现实使孙中山的理想最终没有实现。蒋介石掌握南京国民政府的主导权后,1928年,他接受阎锡山的建议,先后发布《县组织法》、《区自治施行法》、《乡镇自治施行法》、《乡镇职员选举及罢免法》、《乡镇间邻选举暂行规则》等法规,部分地借鉴阎锡山的山西村制,推行地方自治。但实际情况是"年来国难深刻,灾祸频繁,而且无人才经费,事实上很少进行"。⑤

2. 中国近代实行地方自治失败的原因

---

① 李德芳著:《民国乡村自治问题研究》,第58页。
② 黄東蘭:『近代中国の地方自治と明治日本』,第318頁。
③ 董修甲著,岡本彦彥訳:『支那地方自治問題』,生活社昭和十四年,第19—20頁。
④ 李德芳著:《民国乡村自治问题研究》,第134页。
⑤ 董修甲著,岡本彦彥訳:『支那地方自治問題』,第17頁。

同样作为亚洲的后发展国家,同样是引入了地方自治制度,为什么地方自治在日本稳固地确立下来,在中国却半途而废,最终归于失败,其原因究竟是什么?中国史研究界对这一问题的探讨由来已久,且观点颇多。如沈延生和张守礼就认为,"日本的地方自治搞得比较成功,但这恰恰是和宪政民主齐头并进的结果,市町村自治与颁布宪法、召开国会大体同步,现行的地方自治法也是和新宪法一起制定的。"[①]对此,笔者在吸收旧有成果的基础上,通过对日本近代地方自治制度形成的具体分析,得出了进一步的认识,总结为以下几点:

首先,从日本近代地方自治制度形成的历史看,后发展国家的地方自治制度必然以建立中央集权的近代国家为依托,以有效率的国家官僚体制的形成为保障。不仅后发展国家,甚至包括一部分西方先进国家,从其近代地方自治形成的历史来看,不管其前近代存在着何种特点的自治传统,其近代地方自治的形成都是以近代民族国家的形成为基础的。而后在近代中央集权的国家官僚主导下尊重地方的自治传统而实行地方自治。日本在明治维新后,建立了强有力的中央政府,而后在以山县有朋为中心的明治官僚的主持下,通过学习德国制定了地方自治法律,实行了近代的地方自治。

而近代中国则不同,中国走入近代正是在清朝的统治之下。随着一次次不平等条约的签订,中国一步步滑向半殖民地深渊的同时,清朝政府也一点点失去了统一全国的威信,导致地方实力派兴起,革命者也纷纷而起,把推翻腐朽的清朝政府作为革命的目标。因此近代中国走了一条不同于西欧和日本的道路,在西方国家和日本从封

---

① 沈延生、张守礼:《自治抑或行政——中国乡治的回顾与展望之二——自治化:理想与实践的背离》,中国农村研究网。

建分权或有限分权走向中央集权的近代,中国却从历史上的高度集权走向了分裂和割据,不仅清朝统治者不能承担起统一全国、建立强有力的中央集权国家的重任,民国政府以及各个军阀政府实际上也都没有完成全国的统一,更谈不上建立有效率的中央政府了。近代以来中国的分裂是给中国带来巨大灾难的一个主要原因,也是地方自治制度最终归于失败的重要原因。

在清末立宪过程中推行地方自治的清朝政府,其统治早已摇摇欲坠,与明治政府的决心与明治官僚的效率相比,都不可同日而语,也决定了清末地方自治不过是一场立宪丑剧的一环而已。至于阎锡山实行的村制,不过是为了加强对民众的重新控制,也就是所谓的"政权的内卷化"而已。① 因此,近代地方自治尝试的失败也就不足为奇了。

其次,地方社会缺乏自下而上的推动力。这表现为中国基层社会"缺少凝聚力状态",② 地方公共关系不发达。中国自古以来国家强大,社会弱小,地方上缺乏有序的秩序。特别是当近代民族国家即将出现时,中国却几乎没有为近代社会的到来准备好诸如地方团体、地方居民会议等组织,新的进步思想的推动力量也极为有限,这是导致近代地方自治不能成功的另一个不可忽视的重要原因。

当然,前已述及,中国历史上并非没有自治传统。清末以来的官员和学者都努力地从中国的历史中去寻找自治的传统。从"周之闾胥、比长"到"汉之三老、啬夫",再到清朝的"行政止于县",县以下的地方绅士和宗族统治,虽可曰为自治,但是我们如果深入分析,就会

---

① 参见[美]杜赞奇著,王福明译:《文化、权力和国家:1900—1942年的华北农村》,第184—185页。
② [美]巴林顿·摩尔著,拓夫等译:《民主和专制的社会起源》,第165页。

发现,无论是三老还是绅士等,总结起来都是一种个人的自治,不是集团的自治,缺乏有序的秩序。乡绅自治是以乡绅的个人资质为基准的,缺乏发达的公共关系。乡村的传统专制与混乱是导致这种乡村自治失败的重要原因。总之近代以前中国的传统社会缺乏公共关系是中国近代地方自治失败的重要原因。巴林顿·摩尔认为,中国社会的特点是"缺乏聚合力(更准确地说,这是一种弱聚合状态,因为某种程度的协作总会存在的),会对政治行动形成严重的阻碍,因此,其政治后果是保守主义"。① 战前日本的学者也指出中国的国家与社会的分离,孙中山也曾强调说中国是"一盘散沙",这些都是对中国社会弱聚合状态的总结。日本侵略中国时由满铁所进行的"中国农村惯行调查"也指出"中国的农村社会实际上不存在日本近世社会的高度自治"。② 实际上,中国在历史上从来没有出现类似欧洲那样的地方自治传统,甚至像日本那样的传统也没有。因此在封建社会向近代社会的转型过程中,传统社会没有为近代社会做应有的制度性准备,这是中国近代地方自治制度得以失败的深层社会原因。

第三,没有实现地方财政的近代化。有学者已经发现了这一问题,黄东蘭即认为:"近代地方自治制度的成立必须以近代的税财政制度的整备为前提。但是在清末的中国,没有确立从中央行政独立的地方财政制度。在这样的制度下导入地方自治会产生很多问题,这是不难想象的。"③也就是说,近代中国在实行地方自治时,由于地方上没有进行相应的财政制度的公共化,因此地方自治缺乏有力的

---

① 巴林顿·摩尔著,拓夫等译:《民主和专制的社会起源》,第385页。
② 内山雅生:「『中國農村慣行調查』と中國農民」,收入『岩波講座近代日本と植民地4 統合と支配の原理』,第274頁。
③ 黃東蘭著:『近代中國の地方自治と明治日本』,第161頁。

物资保障,难以真正实施下去。另一方面,中国乡村社会缺乏关于财政的共同协议分割传统,地方议会的预算审议权限没有得到应有的重视,因此这不能不说是一个重要的缺陷。

三、中国的和谐社会构建与地方自治

改革开放近30年来,我国经济不断发展,国力不断提高,取得了举世瞩目的巨大成就。但是,随着社会主义现代化建设的飞速发展,许多影响社会和谐的新问题也暴露出来,一些新的课题也摆在我们的面前。如新型的国家与社会关系的构建,中央与地方关系的重新调整等,已经成为不可忽视的重中之重。为了调整国家与农村社会的关系,我国在1987年开始实行村民自治,但实行过程中存在的很多问题还需要进一步研究解决。对于中央与地方关系,许多学者和有识之士提出了中国应该逐步实行地方自治的建议。[①] 的确,新中国成立后,除了在少数民族地区实行民族区域自治,在香港和澳门实行高度的自治外,中国大部分地区还是地方行政制度,没有采用近代以来先进国家所普遍采用的地方自治制度。但是随着我国政治民主的不断发展,在地方制度上采用地方自治制度又是历史的必然。因为迄今为止,还没有其他任何更民主的地方制度。

但是如何实行具有中国特色的地方自治之路,又绝不是一条简单的道路,绝不能草率行之。对于当代西方国家所实行的地方自治制度,我们不能实行直接拿来主义。要知道,西方国家的地方自治制度是经历了相当长的时间,是和西方国家的历史传统和现代的民主

---

① 熊文钊著:《大国地方》,北京大学出版社2005年版,第140页。

政治情况相适应的,对于各项改革刚刚起步的我国来说是不适合的。日本近代地方自治制度因作为支撑近代天皇制国家的基础构造,只赋予地方有限的自治权而遭到广泛的批判,但是从历史的角度看,它使地方摆脱了历史上所一贯施行的国家对地方的行政统治,实现了日本地方制度的近代化,是有一定的进步意义的。因而回顾明治维新后日本地方制度的不断演变到近代地方自治制度的最终形成的历史,深入分析其存在的特点、成功之处与存在的弊端等,对我国处理好中央与地方关系具有一定的参考价值和借鉴意义。

通过对日本近代地方自治的研究,笔者对中国实行地方自治提出如下建议:

1. 应该合理处理好地方分权与中央集权的关系

地方分权是地方自治的重要内涵。但是一个国家实行何种程度的地方分权,要和历史传统和当时所处的社会环境相适应。如果历史上缺乏分权传统,地方分权就不能一蹴而就,而应循序渐进。中国历史不同于西方国家和日本,一直实行着高度的中央集权体制。既不像西方国家那样高度地方分权,也不像日本那样有限的地方分权。所以当我们实行地方自治时,应该对这一点有深入的分析。当然,历史上的集权和分权各有所长,高度的地方分权有利于民主的发展,而高度的中央集权则出现了中国历史上的高度文明。但是到了近代,这种高度的中央集权就显现出不适应来。在面对外国势力的入侵时,地方缺乏应有的自主性,加之清王朝的腐败,所以就导致中国的落后。新中国成立后,实行的仍然是地方行政制度,使中国人更缺乏对地方自治和地方分权的理解和认识。因此,从中国的历史传统上看,中国不可能以一蹴而就实行西方国家那种高度的地方分权。这种分权实行不好,就有可能导致国家分裂,地方分权变成了国家分裂,不利于我国国家的建设。

日本近代地方自治的形成和近代中国实行地方自治的失败已经从正反两个方面证明了这一点。应该说日本地方自治的形成得益于近代中央集权国家的迅速建立,而近代中国则一直在集权与分权中徘徊,中央集权与地方分权问题始终没有处理好。以20世纪20年代的联省自治运动为例。有学者指出,民国初年中国一度出现了主张地方主义的联省自治运动,"地方主义的反中央集权趋向,是一个国家在走向民主政治早期过程中的正常现象",[①]因而有一定的进步意义。但与此同时,其副作用也是极明显的,它阻碍了孙中山的北伐统一大业,给中国历史也带来了不利的影响。[②] 因此,地方自治制度虽然是近代化的产物,但落后国家要实行地方自治,实现地方制度的近代化,一定要处理好地方分权与中央集权的关系。即在后发展国家中,地方分权和中央集权是辩证的关系。只承认中央集权,不承认地方分权,就无所谓地方自治;而像西方国家那样过分承认地方分权,而不承认中央集权,更会对国家产生不利的影响,甚至导致国家的分裂。

一些学者指出,我国当前在中央与地方关系上,虽然没有明确表示实行地方自治,但是中央已经实行有限的地方分权。如何根据新中国成立以来在地方治理上取得的经验教训,吸收日本近代以来实行地方自治的优缺点,在我国地方制度的现代化中合理处理好地方分权与中央集权的关系,实行适合中国特点的地方自治制度,是我们必须面临的课题。

---

① 胡春惠著:《民初的地方主义与联省自治》,中国社会科学出版社2001年版,第337页。

② 参考胡春惠著:《民初的地方主义与联省自治》,第337—341页。

2. 注重基层社会的自治,培育地方社会的自主性

注重培育基层社会的自治传统,采取循序渐进主义。正如前述,日本近代地方自治是外来引入的,但它之所以能形成并确立下来,地方社会的推动,即地方上自治传统的存在和自由民权运动由下而上的推动起到了很大的作用。而中国近代地方自治之所以失败,缺乏社会层面的推动也是主要的原因之一。我国实行村民民主自治已经近20年,但在农村的实行情况并不十分乐观,还有许多不完善之处。我认为其根本原因,是农村社会缺乏有效的自我管理能力,基层社会缺乏依据现代民主精神实行的自治传统。

对此国家应该进一步加大、放宽农村的自治权利,制定法律明确农村属于国家行政事务和地方自治事务的界限。对于农村所处理的自治事务,应该引导其充分尊重民意,培养良好的习惯,充分培育基层社会的自治精神,重视基层社会独立风气的培养。只有这样,才能逐步实现农村社会的自我管理和自我完善,推动农村自治的发展。不仅是农村自治,我国现在实行的社区自治也应该如此。

基层社会是国家的细胞,只有基层社会良好运营,一个国家才能和谐发展。因此注重基层社会的自治,培育地方社会的自主性,由下而上,循序渐进,才能使将来的地方自治制度真正保障人民的民主权利,真正稳固地确立下来,并进而推动我国现代化建设的顺利发展。

3. 合理处理好地方财政问题,实现地方财政的公共运营

日本近代地方自治的成功,得益于近代地方财政的建立。因此我国欲实现地方自治制度,也要处理好地方财政问题,建立地方公共财政。

建立地方公共财政问题首先是实行地方财政分权,给地方上一定的财政自主权,即涉及中央与地方的财政关系。实际上我国目前

虽然实行地方行政制度,但在财政上还是实行一定程度的地方分权的。如何用法律的形式将其固定下来,保护地方实行自治的物质基础,是调整中央与地方财政关系的重要内容。

其次在地方自治体内部的财政运营上,要实行地方财政预算决算的地方人民代表大会审议制度,不仅要做到地方财政透明、争取民众对财政的知情权,还要真正实现人民的财政运营参与权,加速地方财政公共化的步伐。

为了建设和谐社会,就要调整国家与社会、中央与地方的关系。现代化的国家与社会关系、现代化的中央与地方关系,应该是一种在现代理念基础上的良性互动关系,因此我们研究和了解战前日本所走过的道路,吸取其经验和教训,对我们的改革无疑是有益的。不过,我认为,日本近代地方自治给我们最大的启示就是,注重分析本国的实际情况,任何事情都不能照搬照抄,而是探索一条适合本国地方制度发展的道路,这是我们得以成功的关键所在。

参考书目

一、文献类
日文文献
1. 海野福寿、大島美津子編:『家と村』,日本近代思想大系20,岩波書店1989年版
2. 国家学会編:『明治憲政経済史論』,宗高書房大正八年発行,昭和四十九年影印
3. 福島正夫、徳田良治著:「明治初年の町村会」中の町村会資料,明治史料研究連絡会編:『地租改正と地方自治制』明治史研究叢書第二巻,御茶の水書房1956年版
4. 尾佐竹猛著:『日本憲政史論集』中の藩議院と地方民会資料,育生社昭和十二年版
5. 井上毅伝記編纂委員会編:『井上毅伝』史料篇第一,国学院大学図書館,1966年
6. 井上毅伝記編纂委員会編:『井上毅伝』史料篇第二,国学院大学図書館,1966年
7. 井上毅伝記編纂委員会編:『井上毅伝』史料篇第五,国学院大学図書館,1966年
8. 明治文化研究会編:『明治文化全集』第一巻憲政篇,日本評論新社昭和三十年改版

9. 明治文化研究会編:『明治文化全集』第九卷正史篇上卷,日本評論新社昭和三十一年改版
10. 明治文化研究会編:『明治文化全集』第二十一卷雜史篇,日本評論新社昭和三十一年改版
11. 大霞会編:『内務省史』第2卷,明治百年史叢書296,原書房昭和五十六年第2刷
12. 大霞会編:『内務省史』第4卷,明治百年史叢書第298,原書房昭和五十六年第2刷
13. 内務省地方局内自治振興中央会編:『府県制度資料』上卷,歴史図書社1973年版
14. 内務省地方局内自治振興中央会編:『府県制度資料』下卷,歴史図書社1973年版
15. 小早川光郎等編:『史料日本の地方自治』第1卷近代地方自治制度の形成:明治維新——1920年代,学陽書房1999年版
16. 原口敬明編:『明治史料』第三集,明治史料研究連絡会,1957年
17. 春畝公追頌会編:『伊藤博文伝』中卷,統正社昭和十七年版
18. 大山梓編:『山県有朋意見書』,明治百年史叢書16卷,原書房昭和四十一年版
19. 大久保利謙編:『近代史史料』,吉川弘文館昭和五十五年第7刷
20. 山中永之佑監修:『近代日本地方自治立法資料集成』1 明治前期編,弘文堂平成三年版
21. 山中永之佑監修:『近代日本地方自治立法資料集成』2 明治中期編,弘文堂平成六年版
22. 山中永之佑監修:『近代日本地方自治立法資料集成』3 明治後期編,弘文堂平成七年版

23. 大津淳一郎編:『大日本憲政史』第三卷,原書房昭和五十四年第2刷

24. 谷川健一等編:『日本庶民史料集成』第13卷,三一書房1979年版

25. 南郷町史編纂委員会編:『南郷町史』上卷,南郷町,1985年

26. 村松町史編纂委員会編:『村松町史』下卷,村松町,1982年

27. 白川村史編纂委員会編:『新編白川村史』中卷,白川村,1998年

28. 徳富蘇峰編述:『公爵山県有朋伝』中卷,明治百年史叢書89,原書房1969年版

29. 慶応義塾編纂:『福沢諭吉全集』第八卷,岩波書店昭和三十四年版

30. 『元老院会議筆記』二

31. 『元老院会議筆記』四

32. 『元老院会議筆記』五

33. 『元老院会議筆記』六

34. 『元老院会議筆記』七

35. 長野県編:『長野県政史』第一卷,長野県,1971年

36. 国学院大学日本文化研究所編:『近代日本法制史料集』第七,東京大学出版会1982年版

37. 国学院大学日本文化研究所編:『近代日本法制史料集』第十,東京大学出版会1988年版

38. 国学院大学日本文化研究所編:『近代日本法制史料集』第十九,東京大学出版会1998年版

39. 高知県議会史編纂委員会編:『高知県議会史』上卷,高知県,昭和三十七年

40. 勝田市史編纂委員会編:『勝田市史』近代・現代編1,勝田市,昭和五十四年
41. 富田正文編:『福沢諭吉選集』第5巻,岩波書店1981年版
42. 富田正文、土橋俊一編集:『福沢諭吉全集』第五巻,1959年版
43. 権藤成卿:『自治民範』,平凡社昭和七年再版
44. 太政官修史館編纂、東京帝國大学史料編纂所修補:『明治史要』下,活文社昭和八年版

中文文献

45. 故宫博物院明清档案部编:《清末筹备立宪档案史料》上下册,中华书局1979年版
46. 梁载熊编纂:《日本地方自治市町村制精义》(上下两卷),北京大学留日学生编译社,1912年
47. 唐演编纂:《日本地方自治制度调查记》,北京大学留日学生编译社,1909年

二、著作类

日文著作

1. 山田公平著:『近代日本の国民国家と地方自治』,名古屋大学出版会1991年版
2. 大石嘉一郎著:『近代日本の地方自治』,東京大学出版会1990年版
3. 大石嘉一郎著:『日本地方財行政史序説』,御茶の水書房1968年第2刷
4. 大石嘉一郎、西田美昭著:『近代日本の行政村』,日本経済評論社1991年版
5. 大石嘉一郎著:「地方自治」,『岩波講座日本歴史16 近代3』,岩波

書店 1971 年版
6. 大島美津子著:『明治のむら』,教育社 1986 年第 3 刷
7. 大島美津子著:『明治国家と地域社会』,岩波書店 1994 年版
8. 大島美津子著:「地方政治」,福島正夫編:『日本近代法体制の形成』上巻,日本評論社 1981 年版
9. 大島美津子著:「地方自治制の制定」,歴史学研究会編:『明治維新史研究講座』第 4 巻,平凡社昭和四十四年第 2 刷
10. 大島美津子著:「地方制度」,鵜飼信成、福島正夫、川島武宜、辻清明編集:『講座日本近代法発達史——資本主義と法の発展』第 8 巻,勁草書房 1959 年版
11. 大島太郎著:『日本地方行財政史序説』,未来社 1968 年版
12. 大島太郎著:『官僚国家と地方自治』,未来社 1981 年版
13. 大島太郎著:「地方制度」,鵜飼信成、福島正夫、川島武宜、辻清明編集:『講座日本近代法発達史——資本主義と法の発展』第 5 巻,勁草書房 1958 年版
14. 山中永之佑著:『日本近代地方自治制と国家』,弘文堂平成十一年版
15. 山中永之佑著:『日本近代国家の形成と官僚制』,弘文堂昭和四十九年版
16. 山中永之佑著:『日本近代国家と地方統治——政策と法』,敬文堂 1994 年版
17. 山中永之佑著:『幕藩・維新期の国家支配と法』,信山社平成三年版
18. 山中永之佑著:『日本近代国家の形成と村規約』,木鐸社昭和五十年版

19. 山中永之佑著:『近代日本の地方制度と名望家』,弘文堂平成二年版
20. 山中永之佑編:『日本近代法論』,法律文化社1994年版
21. 戒能通孝著:『入会の研究』,日本評論会昭和十八年版
22. 辻清明著:『新版日本官僚制の研究』,東京大学出版会1977年版
23. 辻清明著:『日本の地方自治』,岩波書店1976年版
24. 徳田良治著:「我国町村会の起源」、「明治初年町村会の発達」,明治史料研究連絡会編:『明治権力の法的構造』,明治史研究叢書第二期第一巻,御茶の水書房1959年版
25. 福島正夫、徳田良治著:「明治初年の町村会」,明治史料研究連絡会編:『地租改正と地方自治制』,明治史研究叢書第二巻,御茶の水書房1956年版
26. 石田雄著:『近代日本政治構造の研究』,未来社1985年第16刷
27. 御厨貴著:『明治国家形成と地方経営』,東京大学出版会1980年版
28. 藤田武夫著:『日本地方財政論』,霞之関書房昭和十八年版
29. 藤田武夫著:『日本地方財政制度の成立』,岩波書店昭和十六年版
30. 藤田武夫編:『地方自治の歴史』,三一書房1961年版
31. 藤田武夫著:『日本地方財政発展史』,河出書房昭和二十六年再版
32. 藤田武夫著:『現代日本地方財政史』上巻,日本評論社1976年版
33. 福武直著:『日本農村の社会的性格』,東京大学出版会1956年

版

34. 福武直著:『日本の農村』第2版,東京大学出版会1988年版
35. 福武直著:『日本社会の構造』,東京大学出版会1981年版
36. 福武直著:『中国インドの農村社会・世界農村の旅』,福武直著作集第十巻,東京大学出版会1976年版
37. 松本善海著:『中国村落制度の史的研究』,岩波書店1977年版
38. 海野福寿、渡辺隆喜著:「明治国家と地方自治」,原秀三郎、峰岸純夫、佐々木潤之介、中村政則編:『大系日本国家史4 近代1』,東京大学出版会1975年版
39. 大江志乃夫著:『明治国家の成立』,ミネルヴァ書房昭和三十四年版
40. 中村雄二郎、木村礎編:『村落・報徳・地主制——日本近代の基底』,東洋経済新報社昭和五十一年版
41. 村落社会研究会編:『村落社会研究』第15集,御茶の水書房1980年版
42. 村落社会研究会編:『村落社会研究』第16集,御茶の水書房1980年版
43. 東京市政調査会編:『自治五十年史』第一巻制度篇,良書普及会昭和十五年版
44. 東京市政調査会編:『自治制発布五十周年記念論文集』,東京市政調査会,昭和十三年
45. 伝田宮著:『豪農』,教育社1979年版
46. 佐佐木潤之介著:『世直し』,岩波書店1979年版
47. 木村礎著:『近世の村』,教育社1985年版
48. 都丸泰助著:『地方自治制度史論』,新日本出版社1982年版

49. 田村明著:『自治体学入門』,岩波書店 2000 年版
50. 富永健一著:『日本の近代化と社会変動』,東京大学出版会 1990 年版
51. 富永健一著:『近代化の理論——近代の西洋と東洋』,講談社 2001 年版
52. 日本地方財政学会編:『分権化時代の地方財政』,勁草書房 1994 年版
53. 高寄昇三著:『地方自治の財政学』,勁草書房 1975 年版
54. 旗田巍著:『中国村落と共同体理論』,岩波書店昭和四十八年版
55. 清水盛光著:『支那社会の研究』,岩波書店昭和十五年第 2 刷
56. 日本地方自治学会編:『日本地方自治の回顧と展望』,地方自治叢書 2,敬文堂 1989 年版
57. 日本地方自治学会編:『地域開発と地方自治』,地方自治叢書 6,敬文堂 1993 年版
58. 佐久間強著:『地方自治制度』,学陽書房昭和四十七年版
59. 村松岐夫著:『地方自治』,現代政治学叢書 15,東京大学出版会 1991 年第 4 刷
60. 尾佐竹猛著:『日本憲政史論集』,育生社昭和十二年版
61. 中村吉治教授還暦記念論文集刊行会編:『共同体の史的考察』,日本評論社 1965 年版
62. 安井英二著:『地方制度講話』,良書普及会 1935 年第 3 刷
63. 亀卦川浩著:『明治地方制度成立史』,厳南堂書店昭和五十五年第 2 刷
64. 亀卦川浩著:『地方制度小史』,勁草書房 1962 年版
65. 亀卦川浩著:『明治地方自治制度の成立過程』,東京市政調査会

1957 年版

66. 日本政治学会編:『近代日本政治の中央と地方』,年報政治学 1984 年,岩波書店 1985 年版

67. 土方成美著:『現代日本文明史』第六巻財政史,東洋経済新報社 1940 年版

68. 渡辺隆喜著:『明治国家形成と地方自治』,吉川弘文館 2001 年版

69. 宮本憲一著:『日本地方自治の歴史と未来』,東京自治体研究社 2005 年版

70. 中村吉治著:『日本の村落共同体』,日本評論新社昭和三十三年第 2 刷

71. 前田多門著:『地方自治の話』第二朝日常識講座第六巻,朝日新聞社昭和五年版

72. 金原左門編:『日本民衆の歴史』7 自由と反動の潮流,三省堂 1985 年第 5 刷

73. 鈴木安蔵著:『日本憲政成立史』,学芸社昭和八年版

74. 中田薫著:『法制史論集』第二巻,岩波書店昭和四十五年版

75. 青木美智男等編:『争点日本の歴史』5 近世編,新人物往来社平成三年版

76. 南相虎著:『昭和戦前期の国家と農村』,日本経済評論社 2002 年版

77. 前田正治著:『日本近世村法の研究』,有斐閣昭和五十三年版

78. 山中永之佑著:『日本近代国家の形成と家制度』,東日本評論社 1988 年版

79. 神谷力著:『家と村の法史研究——日本近代法の成立過程』,御

茶の水書房 1976 年版

80. 高木正朗著:『近代日本農村自治論』,東京多賀出版社 1989 年版

81. 高久嶺之介著:『近代日本の地域社会と名望家』,柏書房 1997 年版

82. 金長権著:『近代日本地方自治の構造と性格』,刀水書房 1992 年版

83. 黄東蘭著:『近代中国の地方自治と明治日本』,汲古書院 2005 年版

84. 高寄昇三編:『明治地方財政史』第 1 巻明治維新と地方財政,勁草書房 2000 年版

85. 高寄昇三編:『明治地方財政史』第 2 巻三新法期の地方財政,勁草書房 2001 年版

86. 高寄昇三編:『明治地方財政史』第 3 巻自由民権と財政運営,勁草書房 2004 年版

87. 高寄昇三編:『明治地方財政史』第 4 巻地方財政制度の成立,勁草書房 2004 年版

88. 高寄昇三編:『明治地方財政史』第 5 巻府県町村制と財政運営,勁草書房 2006 年版

89. 小林孝雄著:『大森鐘一と山県有朋:自由民権対策と地方自治観の研究』,出版文化社 1989 年版

90. 大石嘉一郎著:『日本近代史への視座』,東京大学出版会 2003 年版

91. 水本邦彦著:『近世の村社会と国家』,東京大学出版会 1987 年版

92. 大石嘉一郎著:『日本における地方自治の探究』,大月書店2001年版
93. 石川一三夫著:『近代日本の名望家と自治——名誉職制度の法社会史的研究』,木鐸社1993年第1版第4刷
94. 石川一三夫著:『日本の自治探求:名望家自治の系譜』,名古屋大学出版会1995年版
95. 都丸泰助著:『現代地方自治の原型:明治地方自治制度の研究』,大月書店2000年版
96. 北住炯一著:『近代ドイツ官僚国家と自治:社会国家の道』,成文堂1990年版
97. 甲斐英男著:『明治地方自治制の成立:広島県の事例をとおして』,広島女子大学1981年版
98. 河合義和著:『近代憲法の成立と自治権思想』,勁草書房1989年版
99. 岩本由輝、国方敬司編:『家と共同体』,法政大学出版局1997年版
100. 安藤春夫著:『封建財政の崩壊過程』,酒井書店1962年第3刷
101. 佐々木潤之介編:『世直し』,日本民衆の歴史5,三省堂1983年第4刷
102. 吉岡健次著:『日本地方財政史』,東京大学出版会1981年版
103. 鹿野政直、由井正臣編:『近代日本の統合と抵抗:1868から1894』,日本評論社1982年版
104. 佐藤進著:『日本の自治文化——日本人と地方自治』,株式会社ぎょうせい1992年版
105. 有泉貞夫著:『明治政治史の基礎過程』,吉川弘文館昭和五十

五年版

106. 鳥井正臣、熊谷開作著:『日本近代法と村の解体』,法律文化社 1965 年版
107. 藤田省三著:『天皇制国家の支配原理』,未来社 1968 年版
108. 後藤靖編:『近代日本の社会と思想』,吉川弘文館 1992 年版
109. 『岩波講座日本歴史 2 古代 2』,岩波書店 1975 年版
110. 『岩波講座日本歴史 3 古代 3』,岩波書店 1962 年版
111. 『岩波講座日本歴史 15 近代 2』,岩波書店 1976 年版
112. 『岩波講座日本歴史 16 近代 3』,岩波書店 1976 年版
113. 『岩波講座日本歴史 17 近代 4』,岩波書店 1976 年版
114. 石母田正著:『日本の古代国家』,岩波書店 2001 年版
115. 新野直吉著:『日本古代地方制度の研究』,吉川弘文館昭和五十三年第 2 刷
116. 小野武夫著:『日本村落史概説』,岩波書店昭和十一年版
117. 董修甲著、岡本武彦訳:『支那地方自治問題』,生活社昭和十四年版
118. 高橋幸八郎編:『日本近代化の研究』上,東京大学出版会 1972 年版
119. 森岡清美著:『近代の集落神社と国家統制——明治末期の神社整理』,吉川弘文館昭和六十二年版
120. 鳥海靖、松尾正人、小風秀雅編:『日本近現代史研究事典』,東京堂 1999 年版
121. 笠原一男編:『日本における政治と宗教』,吉川弘文館昭和四十九年版
122. 『丸山真男集』第七巻,岩波書店 1996 年版

123. 新藤宗幸著:『地方分権』第 2 版,岩波書店 2002 年版
124. 中村吉治著:『体系日本史叢書 9 社会史Ⅱ』,山川出版社昭和五十六年版
125. 津田秀夫著:『近世国家の解体と近代』,塙書房 1979 年版
126. 歴史学研究会、日本史研究会編集:『講座日本歴史 6 近世 2』,東京大学出版会 1985 年版
127. 歴史学研究会、日本史研究会編集:『講座日本歴史 8 近代 2』,東京大学出版会 1985 年版
128. 歴史学研究会、日本史研究会編集:『講座日本歴史 4 中世 2』,東京大学出版会 1985 年版
129. 重森暁著:『入門現代地方自治と地方財政』,自治体研究社 2003 年版

中文著作(包括译著)

130. [日]大隈重信等著,王云五主编:《日本开国五十年史(四)》,商务印书馆民国十八年版
131. 鲁义著:《日本地方自治制度》,吉林大学出版社 1993 年版
132. 张健、王金林著:《日本两次跨世纪的变革》,天津社会科学出版社 2000 年版
133. 吴廷璆编:《日本史》,南开大学出版社 2004 年第 5 次印刷
134. 李德芳著:《民国乡村自治问题研究》,人民出版社 2001 年版
135. 胡春惠著:《民初的地方主义与联省自治》,中国社会科学出版社 2001 年版
136. [美]杜赞奇著,王福明译:《文化、权力与国家:1900—1942 年的华北农村》,江苏人民出版社 2004 年版
137. [日]吉川源太郎著:《地方自治》(上下两册),中国政法大学出

版社 2004 年版
138. 熊文钊著:《大国地方——中国中央与地方关系宪政研究》,北京大学出版社 2005 年版
139. 魏光奇著:《官治与自治——20 世纪上半期的中国县制》,商务印书馆 2004 年版
140. [日] 远山茂树著:《日本近现代史》第一卷,商务印书馆 1992 年版
141. [日] 今井清一著:《日本近现代史》第二卷,商务印书馆 1992 年版
142. 孙晓莉著:《中国现代化进程中的国家与社会》,中国社会科学出版社 2001 年版
143. 马克斯·韦伯著:《儒教和道教》,江苏人民出版社 2003 年版
144. [美] 巴林顿·摩尔著,拓夫、张东东等译:《民主和专制的社会起源》,华夏出版社 1987 年版
145. 罗荣渠著:《现代化新论》,商务印书馆 2004 年版
146. 吴寄南著:《战后日本的行政改革》,时事出版社 2003 年版
147. 孙立平著:《现代化与社会转型》,北京大学出版社 2005 年版
148. 费孝通著:《乡土中国 生育制度》,北京大学出版社 1998 年版
149. [美] 吉尔伯特·罗兹曼主编,国家社会科学基金"比较现代化"课题组译:《中国的现代化》,江苏人民出版社 2003 年版
150. 邹钧著:《日本行政体制和管理现代化》,法律出版社 1994 年版
151. [日] 依田熹家著,卞立强等译:《日本两国现代化比较研究》,北京大学出版社 1997 年版
152. 曾祥瑞著:《新日本地方自治制度》,中国法制出版社 2005 年版
153. 邵丽英著:《改良的命运——俄国地方自治改革史》,社会科学

文献出版社 2000 年版

154. 马小泉著:《清末地方自治与宪政改革》,河南大学出版社 2001 年版

155. [日]藤井胜著,王仲涛译:《家和同族的历史社会学》,商务印书馆 2005 年版

156. [美]科恩著,聂崇信等译:《论民主》,商务印书馆 2005 年版

157. [日]依田熹家著,卞立强等译:《日本通史》,北京大学出版社 1997 年版

158. [日]依田熹家著,卞立强等译:《近代日本与中国 日本的近代化——与中国的比较》,上海远东出版社 2004 年版

159. 张思著:《近代华北村落共同体的变迁——农耕结合习惯的历史人类学考察》,商务印书馆 2005 年版

160. 张静著:《现代公共规则与乡村社会》,上海书店出版社 2006 年版

161. 赵世瑜著:《小历史与大历史 区域社会史的理念、方法与实践》,三联书店 2006 年版

162. 沈荣华:《中国地方政府学》,社会科学文献出版社 2006 年版

163. 梁漱溟著:《乡村建设理论》,上海世纪出版集团 2006 年版

164. 麻国庆著:《家与中国社会结构》,文物出版社 1999 年版

165. [德]马克斯·韦伯著,康乐、简惠美译:《韦伯作品集Ⅵ 非正当性的统治——城市的类型学》,广西师范大学出版社 2005 年版

166. 周刚志著:《论公共财政与宪政国家》,北京大学出版社 2005 年版

167. 徐健著:《近代普鲁士官僚制度研究》,北京大学出版社 2005 年版

168. [日]升味准之辅著,董良果译:《日本政治史(第一册)》,商务印书馆1997年版
169. [美]约翰·惠特尼·霍尔著,邓懿、周一良译:《日本——从史前到现代》,商务印书馆1997年版
170. 徐勇著:《中国农村村民自治》,华中师范大学出版社1997年版
171. 沈晓敏著:《处常与求变:清末民初的浙江咨议局和省议会》,三联书店2005年版
172. 李国庆著:《日本农村的社会变迁——富士见町调查》,中国社会科学出版社1999年版
173. 吴毅著:《村治变迁中的权威与秩序——20世纪川东双村的表达》,中国社会科学出版社2002年版
174. 张树义著:《中国社会结构变迁的法学透视——行政法学背景分析》,中国政法大学出版社2002年版
175. 孙柏瑛著:《当代地方治理——面向21世纪的挑战》,中国人民大学出版社2004年版
176. 李国忠著:《民国时期的中央与地方的关系》,天津人民出版社2004年版

三、论文类
日文论文
1. 上條宏之:「明治前期における村内選挙の実態と自治——自由民権運動の底流」,『信濃』30卷10号,1978年
2. 青柳直良:「長野県における町村会の開設過程(一)」,『信濃』24卷6号,1972年
3. 青柳直良:「長野県における町村会の開設過程(二)」,『信濃』24卷7号,1972年

4. 青柳直良:「地方三新法と松本奨匡社——地方自治の要求を中心として」,『信濃』17巻11号,1965年

5. 青柳直良:「松方デフレ政策の展開と長野県会(一)」,『信濃』18巻6号,1966年

6. 尾崎行也、百瀬哲夫:「村方政治の明治維新期変革への対応(一)——信州佐久郡加増村の場合」,『信濃』19巻7号,1967年

7. 尾崎行也、百瀬哲夫:「村方政治の明治維新期変革への対応(二)——信州佐久郡加増村の場合」,『信濃』19巻8号,1967年

8. 青柳直良:「松本奨匡社における地方自治要求の生成と展開(一)」,『信濃』19巻8号,1967年

9. 青柳直良:「松本奨匡社における地方自治要求の生成と展開(二)」,『信濃』19巻9号,1967年。

10. 上條宏之:「一八八四年における長野県会と松沢求策」,『信濃』22巻11号,1970年

11. 奥村弘:「「大区小区制」期の地方行財政制度の展開——兵庫県赤穂郡を中心として」,『日本史研究』258号,1984年2月

12. 奥村弘:「三新法体制の歴史的位置——国家の地域編成をめぐって」,『日本史研究』290号,1986年10月

13. 有泉貞夫:「明治前期における地方政治の展開——山梨県の場合」,『日本史研究』41号,1959年3月

14. 住友陽文:「公民・名誉職理念と行政村の構造——明治中後期日本の一地域を事例に」,『歴史学研究』713号,1998年

15. 筒井正夫:「日本産業革命期における名望家支配——静岡県御殿場地域の事例にそくして」,『歴史学研究』538号,1985年2月

16. 飯塚一幸:「連合町村会の展開と郡制の成立」,『日本史研究』326号,1989年10月
17. 今西一:「村の自由民権運動——宮崎六佐衛門「日誌」から」,『日本史研究』326号,1989年10月
18. 石川一三夫:「名誉職自治の理念と実態——明治地方自治制度論に関する一視点」,『日本史研究』247号,1983年3月
19. 堤啓次郎:「地方民会活動の展開——佐賀地方を素材として」,『日本史研究』217号,1980年9月
20. 甲斐英男:「地方民会をめぐる階級的対抗関係——小田県臨時民選議院を中心に」,『日本史研究』156号,1975年
21. 原田久美子:「民権運動期の地方議会——明治十三年京都府における地方税追徴布達事件」,『日本史研究』38号,1958年9月
22. 松沢裕作:「「大区小区制」の構造と地方民会——熊谷県の場合」,『史学雑誌』112編1号,2003年1月
23. 谷口裕信:「郡をめぐる地方制度改革構想——明治十年代を中心に」,『史学雑誌』110編6号,2001年6月
24. 松沢裕作:「明治十七年の地方制度改革——埼玉県の事例を中心に」,『史学雑誌』109編7号,2000年7月
25. 伊藤隆:「明治十年代前半における府県会と立憲改進党」,『史学雑誌』73編6号,1964年
26. 奥村弘:「近代日本形成期の地域構造」,『日本史研究』295号,1987年
27. 大江志乃夫:「民権運動昂揚の政治情勢について(Ⅰ)——三新法をめぐる一考察」,『歴史学研究』216号,1958年2月
28. 大江志乃夫:「民権運動昂揚の政治情勢について(Ⅱ)——三新

法をめぐる一考察」,『歴史学研究』217号,1958年3月
29. 住友陽文:「近代地方自治確立期の地方行政——地方改良運動と地方運営秩序」,『日本史研究』368号,1993年
30. 長井純市:「山県有朋と地方自治制度確立事業——地方債構想を中心に」,『日本歴史』535号,1992年
31. 長井純市:「山県有朋と地方自治制度確立事業——明治二十一年の洋行を中心として」,『史学雑誌』100巻4号,1991年4月
32. 毛利憲一:「六・七世紀の地方支配——「国」の歴史的位置」,『日本史研究』523号,2006年3月号
33. 筒井正夫:「近代日本における名望家支配」,『歴史学研究』599号,1989年10月増刊号
34. 斎藤善之:「幕藩制における村落共同体と年貢勘定」,『歴史学研究』548号,1985年11月
35. 橋川文三:「地方改良運動について」,『地方史研究』16巻5号,1966年10月
36. 永原慶二:「『20世紀日本の歴史学』についての若干の弁疏」,『歴史評論』第646号,2004年2月
37. 内山雅生:「近現代中国華北農村社会研究再考」,『歴史学研究』796号,2004年12月
38. 稲永祐介:「地方改良運動における中間団体の性格——一木喜徳郎の自治構想を中心に」,筑波大学大学院人文社会科学研究科歴史・人類学専攻『年報日本史業』,2004年12月
39. 矢切努:「明治前期三重県における郷組の実在と地方制度改革——日本近代国家形成の視点から」,『アジア研究』42号,2005年。

中文论文

40. 娄贵书:《日本封建时代的地方自治权》,《贵州师范大学学报》2004年第2期

41. 郑永福、吕永颐:《论日本对中国清末地方自治的影响》,《郑州大学学报》2001年11月

42. 于云汉:《浅谈日本的地方自治制度》,《地方政府管理》1994年10月

43. 黄东蘭:《清末地方自治制度的推行与地方社会的反应——川沙"自治风潮"的个案研究》,《开放时代》2002年第3期

44. 陈绍方:《地方自治的概念、流派与体系》,《求索》2005年第7期

45. 高旺:《清末地方自治运动及其对近代中国政治发展的影响》,《天津社会科学》2001年第3期。

四、书评类

日文书评

1. 坂本忠次:大石嘉一郎著『近代日本の地方自治』,『史学雑誌』100巻10号,1991年10月

2. 望田幸男:山田公平著『近代日本の国民国家と地方自治——比較史研究』,『歷史学研究』629号,1992年2月

3. 田崎公司:小林孝雄著『大森鐘一と山県有朋——自由民権対策と地方自治観の研究』,『歷史学研究』608号,1990年7月

4. 奥村弘:大石嘉一郎著『近代日本の地方自治』,『歷史学研究』624号,1991年10月

5. 深谷克己:水本邦彦著『近世の村社会と国家』,『社会経済史学』54巻6号,1989年6月

6. 中村哲夫:旗田巍著『中国村落と共同体理論』,『社会経済史学』

40卷6号,1974年6月

7. 米田雄介:新野直吉著『日本古代地方制度の研究』,『日本歴史』1975年10月号

8. 大江志乃夫:宮地政人著『日露戦後政治史の研究』,『日本史研究』156号,1975年

9. 後藤靖:大石嘉一郎著『日本地方財行政史序説』,『日本史研究』60号,1962年。

10. 高久嶺之介:石川一三夫著『近代日本の名望家と自治——名誉職制度の法社会史的研究』,『日本史研究』321号,1989年5月

11. 筒井正夫:石川一三夫著『近代日本の名望家と自治——名誉職制度の法社会史的研究』,『歴史評論』475号,1989年11月号

12. 阿倍恒久:有泉貞夫著『明治政治史の基礎過程——地方政治状況史論』,『歴史評論』367号,1980年11月号

13. 奥村弘:有泉貞夫著『明治政治史の基礎過程——地方政治状況史論』,『日本史研究』267号,1984年11月

中文书评

1. [日]山田公平著,王晓葵译:《黄东兰著〈近代中国的地方自治与明治日本〉》,《历史研究》2006年第5期

附录

千叶县议事则

第一条 夫县厅乃保护人民者,而非抑制人民者。

第二条 故县厅之命令无一不是为使人民实现自由,享受其幸福利益。

第三条 但有时上下之情不通,发出之命令不能贯彻到实际施行中。

第四条 此上虽为民意,下反而害民。

第五条 然使管下之百万人民皆议后施行又不可能。

第六条 因此斟酌更定旧印旛、木更津两县之议会规则,此次设议事所,选举议员,大兴议事会,以议民事。

第七条 议员人数为千叶县管下十六大区各置二人。

第八条 此议会认为可,即管下百万人民认为可,说否即管下百万人民认为否。

第九条 此议员乃管下百万人民所选举,故此人所议无异论。

第十条 凡开垦土地、修道路、通水利、兴物产、劝工艺、授产业、建学校、设医院及其他赞教化、劝风俗等事皆为议事之要务。

第十一条 议此等事时,各议员要用其头脑中全部智慧进行讨论。

第十二条 其议员有议事之权但无行事权,故其所议事必要实际施行。

第十三条 议长以县令或参事充之。

第十四条 议长与议院亲密相议,决案后行不行由县厅处断。

第十五条 故议长虽由县令或参事充之,但议长只可判决议之可否,不可将所议在行政上直接施行,故不能误认为议长决定可即县令或参事决定可。

第十六条　增加国益兴民利不可不问众人,故虽非议员,但受县厅保护、得其庇护,为保全自由者或为人民应该陈说。

第十七条　因此不论何人都应建言,县厅接受后,交给议事会决定可否。

第十八条　建言书必详记大小区郡村姓名,加以实印,无者不采用。

(译自尾佐竹猛著:『日本憲政史論集』,育生社昭和十二年版,第157—158頁。)

地方官会议日志　卷十四

七月八日

上午十时十五分开议　第一次会

地方民会议问

〇议长曰:如明治七年五月二日及本年四月十四日诏书中,希望一般人民渐次进步,固不待言。近来时有以地方官意开民会端绪者,但还未成为全国通法。因此今下发此法案。抑维新以来时日尚浅,都鄙之景象大为相异,在一县内其通邑与偏地亦不相同。夫议会者,本由人民而起,政府随之设立法制,非以少数之人员成立。且起议会时,有小区会区会府县会之顺序。故今圣意希望适应实际之形势,进行公平忠良之众议。

书记官给议员发议问,并朗读。

欲开设地方民会,关于其地之民费及公益事等採众议决定,新设议会法,用公选议员,或是暂且以区户长为议员,孰更适合今日之民度,对实际有益,其得失如何。

○议长又曰:审议议问中所载得失如何,议定用公选议员或用区户长事,然后问府县会区会之方法。然在此只言府县会区会,未提及小区会(即町村会)为何?盖有此问。据去年明治七年之调查,全国人口除开拓使琉球藩外,三千三百三十五万七千三百八十八人,户数七百零八万三千八百九十八,平均一户人口四人七分。又町村数八万零三百七十二,一町村平均户数八十八,平均人口四百一十余人。今欲设町村会,选其议员,必须是二十一岁以上户主,又不可不设土田财产有无多少之限制。此除去女户主及二十一岁未满男户主及官吏、兵队、教导职、囚狱服刑人等,一町村户主概不满五十人,再加以财产限制,真正成为选举者寥寥无几。此为不能在全国普遍设町村会之原因。然因地方不同,非无大村大町,也可以合数町村起会议。此亦因地方之适宜,但如其议员选法规则限制等,在全国施行则不可有大不同。故已经设立和将要设立者,皆应上报后施行。

○渡边升问:此议问是政府已经决定起民会,而议其议员选举方法,还是议是否应起会议?

○议长曰:圣上之意固希望人民进步。然普遍实行还不知是否可行。非不能行而强行,只是随其进步而必然实行。今全国开府县民会者七县,开区户长会者一府二十二县,其无议会者二府十七县,其余不明。以此观之,可知其未必必行。故望各员以公平忠实之意,讨论适度之宜,上奉答圣意,下求人民之幸。

○楠木正隆问:所谓公益谓何,是指关于县治一切否?

○议长曰:民会必有权限,公益也不可侵犯其权限,此权限应以章程定之。

○岩村高峻问:区户长各县选法不同,有民选,有官选,如何?

○议长曰:可适宜。

高峻又问:如官选则不可称民会,如何?

议长曰:既实际上不能公选,则无所谓如何。难以强行,不得不用区户长。

○岩崎长武问:是否用区户长则不立民会规则?

○议长曰:先议定二者,决定后再议其则。且众议如果决定公选,各县实际决不实行,也不可强制实行,又即使决定用区户长,现已有进行民会之县,难道又要废止?此等应另上奏,请求圣裁。

○安冈良亮问:若有不可起民会之议,如何?

○议长曰:本议问是问议员是公选还是用区户长。然果有不可行之事理,也不妨论之。

又问:所谓公益是否为县内之事,民会不可议天下之宪法。

议长曰:然,区会议区内事,府县会议府县内事,其议不可出于区域外,此乃各国通则。

此外尚有问答,今录其要。

质问毕,议长问可否直接开第二次会,或午后召开?众员退席,主张午后再开者众,鸣钟退出,时十一时三十分。

地方官会议日志　卷十五

七月八日　午后一时　　第二席

第二次会

地方民会议问

○议长曰:此前会议下发之法案大要已定,而议其方法。今日之地方民会议问则不同,不可不先决议其大要。兹遵从议院规则第十一则,在今日上午第一席上辨明了圣问之大旨,现又召开第二次会,各位可遵从规则第十二则，或陈述各自所见，或进行演说。然后退席再召开第三次会，遵从规则第十三则，看各员决定可否之二端各有多少。希望各员遵守规则。

〇神田孝平曰：答此议问极难，因何？为顺应今日人民之适度，取得实际之利益，是应开公选民会，还是应开区户长会，此二者中必须选一。考察民会之本色，岂有认为不可公选者？只是有人主张为了到召开公选民会期间之补缀，可以开区户长会，或委托区户长为民选议员，或由区户长公选一名、推举一名，立官民混同议会。然问其最终归着，无不是公选民会，故在二者中选一之下问，只能是公选民会可。如现今之兵库县，区户长已经习惯议事之体，现欲一区增加公选一人，渐渐转变成民会。做个比喻，假定途中者所到之处为东京（公选民会），问现在是否姑且到其中途大阪（区户长会）即可？此实难回答，我不能回答。

〇渡边升曰：此议问非前途之事，因不知现今人民地位到达何处也。故对于人民地位到何处，以我等之实验，回答并非难事。以理论之，公选民会至当，但察今日之实况、人民开化程度，认为区户长会适当。即公选民会得其人，才有真正利益，但若不得其人，则不过徒模仿开化之态，反而对行政有害。今日欲将三百年来之害一时矫正，有一利也有一害固不足怪。或者因为拘泥于道理，多无利反而受害。视今日之实况，报纸和世上之论者皆喋喋不休讨论之状，似乎日本人民非常进步，但一般人民则不然，依然是昔日之日本人。论者频频谴责政府压制，压制之实证今究竟在何处？如果是旧时政府擅自命令屠腹那种压制，人民有理由进行抵抗，但是今日之政府非压制，而是欲除去压制弊害之政府。压制之根本在于上意不下通、下情不上达而产生，今日之要在于疏通此上下之情，使互相了解，为互相了解，以区户长会最为适当。或有人曰:区户长乃行政官吏,不应为议员。然我等现在此席者,不皆为行政官否?因此我认为以区户长会对实际无妨。如问人民地位如何,断然应在此。至于将来民会之趣意,当在问时陈述。

〇柴原和曰:神田渡边两论各有道理。我思考这两说,更有一见解,现陈述之。观察此议问之体裁,公选民会实如目的地东京,由北由南赴东京,未必期待急进速步到达,力不足者暂时到大阪,此亦为间接到达东京之手段。此即如议问中(新设议会法用公选议员)和(姑且使用区户长为议员)。品味此(新)和(姑且)两词,政府之目的为公选可以明了。现今之要点,向我等所问为目下人民进步到何种程度,命令我等根据在地方之亲身实验,以公平思想量其度,进行论述。我谨体此意,叩两端论之。前已提及,今在地方,开设近似于公选民会者七县,设区户长会者一府二十二县,仍未着手开会者二府二十二县。概括起来,可知即便区户长会,还有未达开设程度之地方。试以我千叶县实际言之。前年以来召开了以二重选举法选举人民议员之县会,然最初不仅人民不知议事为何物,而且议员也多不辨议事体裁,故以县令为议长,且以各主管中十一等以上官吏为议员,使之习惯议事法则等。然官吏中有人发奇异论,敷衍明辨时全场悚然倾听,复无疑义,因此通常在决议法外并行一种命令决议,以拯其弊,成议事体面,故议员虽公选,但其实可谓官民协同会议,非单纯民会,而来岁月累积,人民习惯久矣至于今日,议员开始能痛言切论以畅达其意见。公选议会之难即如此,以此推之,全国府县内公选民会暂且不谈,区户长会难以迅速实施之地亦不少,加之又有诸多顾虑者,近时全国人民着实之力甚乏,浮躁之气有余,故由轻佻进步之辈所引导,成起私立民会等动辄抵抗管厅命令之风。当此之时如果召开公选民会,则忘其权限所在,将论及大政府之举措,如果遏止,则又云被束缚、被压制,使公选议会成为无益之政事论场。如此不仅为行政之害,而且足以伤害风俗。故第一,以公选民会为最终目的,第二以区户长会为今日适应民度之中途,第三,可规定人民未进步之地未必要求开设区户长会。若问议会对实际有益选何者,从全国一半情况看,我同意渡边之意见,认为区户长会适度。

○中岛信行曰:我意见与认为开区户长会为今日适度完全相反。今日之下问乃民会之咨问。关于开设民会问题,请看此前之情况。在去年之地方会议诏书、本年四月十四日诏书中,圣意已决定起公选民会。诸位仅以人民地位还未发展到开公选民会之程度为口实。若真未达其度,则区户长会也未达其度,若区户长会适应民度,为何公选民会不适应? 我认为诸位只着眼于应不应间,没有看出更明了之道理和实证。区户长由县令任命,必是人才,公选议员乃人民选举,必不是人才? 我知区户长有非人才者,信平民中亦有人才。看世上不屑于今日之区户长之市井平民,可预知一旦公选此人必会被选举。区户长为何职务,即属于行政一部分之官吏,使官吏为议员,已经违反议会之根本道理。毕竟开区户长会容易,因此即认为可,但岂能将难易作为此时之见解。故我认为,假如开始着手,则不论有多少困难,应断然开设公选民会,绝无不可开之道理。公选民会不惯于议事,故有以无功绩为口实者,但谁会从一开始便习惯。试看征兵,初入营时不习惯训练,公选民会亦如此,随人民智识之进步,增加国家之光荣,诸氏不亦如此? 而其智识进步,主要是人民重各自权利,知其义务。非依公选民会,此外还有何策,实应重视加以了解。所说不适合人民地位云云,待数十年后仍不适合。今日之急务,在于尽力起公选民会而已。

○田中光仪曰:可先以区户长为议员。其原因,在公选区户长之地,区户长已成为人民之代表,已经很明了不待论。在以官选命令区户长之边土,实际上人民无异论,诸事只依仗区户长,因此可知先以区户长为议员无妨。然区内人民多数希望公选时,则适合民会要点承认为至当之事。应该先姑且着手起区户长会,后渐次实现民会法则。本文(姑且)一词应有此意。

○楠本正隆曰:开公选民会可否,不待论而自明。今向我等垂问,乃是问在今日实况下,是开公选民会适度,还是暂且开区户长会为好,即如何适度。故我欲以平素实验所得回答此问。细观天下之形势,人民概不知公选民会为何物,即使普遍实行区户长会,我尚不能保证尽其端绪,何况欲向天下颁布公选民会,使之遵奉?此为徒重其名而不顾实际功绩如何。为养民力,开民智,民会固必须要开,但未到可开之期开设,则只招致弊害。此为最应注意之处。故不察人民之情形而开民会,急欲赋予其权利者,乃不得策之说。我希望政府现今应更沉着,循序渐进,以达到目的。不可以一县之情形测度天下。如越后,举行区户长会已近两年,其所议对人民实际极为有益,足以证明适合民度。不能恋其虚名之美,而宁得实际之益。进而更进行区户长公选之时,皆是人民观望之辈。此辈集而成为议员,散而为区户长,其便宜不待说,实顺应日本人民之适度。

○安场保和曰:为答此垂问,应先拜读四月十四日之诏书。

圣旨明确希望举行公选民会之正理。基于此正理,应断然以公选之方法,确定人民会议正则。评论实际施行之利害者,是拘泥于此民会问题中,绝不在今日开设之体裁上。又如论事实,论及大纲领,废压制之惯习,希望伸张民权,此即大纲领。而诸民欲将此大纲领束之高阁,因此我等应首先以此正理之公选为正则来遵奉。对于地方之实况，如实有难以迅速举行此正则之情况，则无论区户长会，或官民混同，可以作为变则姑且行之。至于天下一般之正则，则除公选之外再无正则。我所希望，今年实行此正则，草定选举人和被选举人限制、会议权限、町村会区会县会分界，将其颁布全州，以明确前途目的。以今年之经验，在来年商议。

○安冈良亮曰：今日断然开设区户长会为适当。夫政法有数种，但在日本百般皆由上而成，今则取此议院法，议员皆为地方官之行政官吏，以此类推，县会以区户长，区会以下皆以此为准。假如现在强用选举人，虽有利益，但其害反而更多。且有人主张学习各国选举法，但我不认为适合本邦人民之情势。加之有误解民权嗷嗷者，故应加速提高学问之力和开化之运，辨义务知权限后方可施行公选法。

○三吉周亮曰：开设公选民会，使人民到达开明之域，此圣虑之所在。以敕谕足可证明。然辨明道理之人民，三千余万人中没有一分。国家无确定之宪法，村町无可成为民间规则者，此施行顺序甚为担忧。因无宪法自然越权限，难保有各自随意之弊端。故适度如何我不能回答。

以下诸议员，各根据自己认识，论述以甲为是，以乙为利，但视其最终所归，认为区户长会为今日适度者，其大要同渡边柴原楠本；以公选民会适度者，大要同中岛安场，因此虽堂堂演说长论，皆一概略之。只记孰者为是，其所说趣旨，同前者稍有不同者纪录之。

○岩村高俊曰：公选民会可，据四月十四日圣诏，乃为渐次变为立宪政体，分划立法、行政、裁判三权之趣意。而立法之一部始于此民会，逐渐发展以至于国议院。议自人民而起无益，地方官应起民议加以诱导，使人民知从事公利公益之义务。

○关口隆吉曰：意为公选民会可。论者谈及人民进步程度还未至召开公选民会之地位,但是认为已到区户长地位为何未至公选民会之地位。智识高低和开明迟速即便有不同,再低再迟,绝无不到地位之理。认为公选民会不可之论者,频频主张逾越权限紊乱分界之弊,但此种弊害是在公选民会实体上产生,还是在民会规则章程上产生?即使是区户长会,如不守其规则章程,也会有逾越权限紊乱分界之弊害。故应定町村会区会县会之分界,划其权限,以规则约束之,以章程节制之,则其弊害不必过虑。

(中略)

同日

午后四时

第三次会

前会议毕,议长再开此会,命令众议员在所发议案之封面用朱笔写出可否后提交。书记官朗读。

应用区户长会者三十九人。

　内应用区户长会交杂公选者两人。

不应开民会,不得已姑且用区户长会者一人。

应公选者二十一人。

　内应公选但姑且用区户长者八人。

　应公选但不言今日适度可否者一人。

半主张用区户长,半主张用公选,不说可否者一人。

以多数决定用区户长。

(译自「地方官会議日誌」,收入明治文化研究会編:『明治文化全集』第一卷憲政篇,日本評論新社昭和三十年改版,第312—322頁。)

地方体制等改正事之上书

大久保利通　明治十一年三月十一日

改定地方体制及地方官职制设立地方会议法之主义

第一　地方体制

一新以来,已设各地方之区划及区户长之制,但其制乃专为户籍调查而设,欲一洗原来庄屋名主年寄等之旧弊,非为广泛谋求行政之便。故或区有大小二阶段;或只有小区一阶段。划分大区有用原来之一郡域者;亦有跨二三郡者。而其职员,有在大区置大区长,小区置小区长者;亦有大区置区长,小区置副区长;大区置区长,小区置户长等,不伦烦冗颇甚。总之,其制不仅不得其宜,而且破数百年来惯习之郡制,设新规之奇异区划,颇不适人心,又缺便宜,对人民绝无利益,只有弊害,今不可不改正。思之,如地方之区划,无论如何美法良制,如不依固有之惯习而起新规之事,则其形虽美,其实无益。莫如虽不完全,但依固有之惯习,此乃政事家最应注意之要点。因此应变更现今区划之制,恢复古来之郡制为行政区,各郡之广狭虽有异同,但不分合,只改正其境界之错综。其最广阔者,若其间地理及人情通义等甚异之地方,则依其景况在其郡内进行适宜之区划,称某郡某部(东部、西部、南部、北部、中部)。其一郡内事务之实行,宜为其郡内居民之便宜,在郡内适宜分设若干方面,使附属于郡长之郡吏在勤分任,如此则无论郡之广狭,绝无官民之不便。然旧制其行政区划与其居民社会独立区划主义混淆不明。从而不仅官民相互侵犯权利,岁出入之事即官民费用之事亦颇混杂,往往招致地方之物议。今政理渐明,人智渐开,政体亦应有所变革。政府今已着眼,如立法、行政、司法分权已顺次改良,独地方之制依然未改,其行政区划和其居民社会独立区划主义混淆。为将来之计,其混淆必然要分。然今日如只仿欧美之制，其形虽美，其实不适。宜斟酌我邦古来之惯习及方今人智之程度，设适宜之制。依前陈之主义，使府县郡市具行政区划和居民社会独立区划两种性质，村町有居民社会独立区划一种性质，在郡市置吏员，使其兼掌两种性质之事务，村町由行其村町内共同之公事者即行事人掌独立之公事。

第二　地方官职制

地方既已区分为行政区划与居民社会独立区划之性质，其吏员之职掌亦应适当分权。然如原来府县之职制，不仅属于其职掌之权限事项与属于处务规则事项相混淆，而且其事理小而琐屑之事项，徒仰上司裁决，而其事理重大者反而无限制等等，其权限猥杂，行事时只汲汲于烦冗间。而其影响必损害天下公众之利益，以致妨害国势之进步。夫行国政，无论在道理上还是在政略上，岂能为如此不利益之事？因此今为改正其，应先对府知事县令之职掌和郡市长之职掌，依地方之制即行政区划与居民社会独立区划二种性质之区分，且斟酌方今国势之程度，进行适实之分权。如其处务规则不以法律，诸省卿和府知事县令间，府知事县令和郡市长间，遵从法律所定之分权限制，彼此关系应设相当之规则。

第三　地方会议法

既已使地方独立地方官吏分权，就不应以中央政权行其独立之事即其居民共同之事，而应以其独立之公权行之。以其公权则在于设地方会议法。先试论地方会议之得失，原来在地方行事上往往酿成至难之事，现有数府县下凶徒蜂起，妨害其地方之安宁。其实未必只是府县官缺乏治术，或法令失宜，其阳所托莫出于此。其所以然者无他，即凡地方之事，不分行政权与独立权，皆在中央政权内，从而即便一区区小官吏，户长之处分错误，也归于中央政权。若设立地方会议之法,在其地方独立权之事,利害得失皆为其会议之责、其居民共同之责,对中央政权不怀小怨,只仰其监督之公力。如此则地方安宁毋论,进而于国之安宁上其效亦大。由是观之,不可不设地方会议法。然今概只仿彼欧美之制,其形虽美,其实不适。宜斟酌我邦固有之惯习和方今人智之程度,设立适实之法。思之,地方会议主义只对地方公费岁出入之事必要,不使关系立则权,即便有事由,岁出入之事自然不得不关系到立则权,使府知事县令在府县会议、郡市长在郡市会议有几分之专权,或郡市长在郡市会议毫不专权,而关于其必要之公费之事其府知事县令在其监督权内有多少之命令权,而平均其会议立则权,相信则不必有如世间漫然所倡导之民权或民选议院等徒高尚实无益有害之弊端。之所以使府知事县令对府县会议专有立则权,或依事项对郡市会议在其监督权内有专有命令权,即府县中央政权部分多,独立之实少;郡市稍稍中央政权部分少,独立部分实多;町村有纯然独立之实。推而论之,府知事县令在太政大臣及诸省卿间,更多依靠中央政权即此理。

设地方公费赋课法之主义

去年以第二号公布限制民费,思其节俭之方法,应先论从前民费巨额之因由和将来改正方法,及他日结果之效验。

从前本无赋课之法,不量民力而滥起事业,随起随课,加之其属于土地、人民普遍之共同费用和属于一己一部之私义费用混淆,又应属于官费者亦作为民费等等,实乃无谓之赋课。故今年之费额超过去年,明年之费额倍增于今年,终致民力不堪。

如前条,思将来立赋课法方法,原来称作民费者,论其支出和费用性质,属为地方共同事项支出费用者,即如地方税支付地方费一般。故今理应正其名实为地方税。但吾邦诸税法仍未整理,今又突起税名，颇关人心，毕竟政略上不得其宜。因此不如暂斟酌之，改民费之名义为地方公费、府县公费、郡市公费、村町公费，设法其实取地方税性质。即先把费用分成甲乙丙丁四种。

甲、由中央政府政务上产生之费用，全国人民都负有支出义务。

乙、由关系府县一般、郡市一般、村町一般之利害事项产生之公共费用，即府县、郡市治权内及村町公事权内之费用，其土地其人民应负有支出义务。

丙、府县内一般共同费用，但为保养民力以国费进行补助。

丁、属于其一己一部之私义，由非府县下、郡市、村町普通共同事项所产生之费用，即水池排水费用及猪鹿蝗虫防御费用等只属于田地费用由受其利害之地主承担，纳税之费用只由其物主负担，祭神佛之费用由其氏子或信仰者负担，贫困院等费用由其共同有志者负担等。

以上四种中甲为国费；丙为国费补助，由国库支出；乙为地方公费即府县公费、郡市公费、村町公费，府县为其府县下一般当地人民义务支出，郡市为其郡市内一般当地人民之义务支出，村町为其村町内一般当地人民之义务支出；丁不许作为公费赋课，只许与事项有关系之土地或人民，或其共同有志者支出。而应担负乙之地方公费，即府县公费、郡市公费、村町公费之赋课者，有地价、户数、财产、人口等种类。然以财产赋课，不知民产之法，则难以明晰；以人口赋课，贫者多富者寡则甚难权衡。此二者终究不得赋课之宜。因此，应先以地价和户数二种赋课。以地价赋课，遵从去年第二号之公布，以户数赋课则根据其家计贫富定课额，定其贫富之差等任由民间协议。再明定费用，依其费目地价若干课额若干，预算每户课额若干，定其一周年之课额，根据其费额进行事业，必不会超过其预算。而立预算定课额,府县公费由府知事县令取府县会议确定,向内务卿报告;郡市公费由郡市长取郡市会议确定,向其府知事县令报告;村町公费由行事人取村町内会议确定,向其郡市长报告。

(下略)

(译自海野福寿、大島美津子编:『家と村』日本近代思想大系20,岩波書店1989年版,第223—229頁。)

岩仓具视府县会中止意见

明治十五年十二月

明治七八年以来,民心日渐躁急,渐成乖离之状,政府之权威亦有所衰颓。此因一为创业既成,上下多少有恬熙苟安之状;一为乘民心未定,以非常之速力输入西洋自由权利之说鼓舞煽动所致。

夫创业固难守业亦不易,明治维新之业以西南暴动镇定之日终其局,但方今政体根轴犹未确定,创业守成两难兼顾,加之与外国对峙之难,此实应加以精细注意之时机。建武中兴时,后醍醐帝聪明睿智,以精忠勇武之臣辅弼,于是创业速成,始如反掌。然至守成之日,即现恬熙苟安之色,忽后门进狼,终至再度大权失坠,而后南风[①]不竞,祸乱相续,不复如何。方今之气运与建武中兴大相径庭,时运正遇三难事,一旦施政失其道,则不知灾害祸乱止于何处。

察今日之形势,忧愁无聊之徒初泄其不平之气,欲取快于一时,以口辩笔纸为利器,百方煽动无智之人民。继而其势渐增长,其力渐猖獗,猛然生取我以代之之念。只管抗击官府,为施政制造障碍,终至不易收束之形势。其在演说场所演说,在报纸所论,专为冈上犯分

---

① 指南朝。

之事,树党营私无所不至。恐法兰西革命前亦与此形势不远。

(中略)至十年,有西乡暴动之事,次年以分权自治为目的,定府县会之法。内阁中二三人有其甚不可之论,具视亦所见相同,以为此法亦开大权下移之路,施政失其顺序,因此陈其不可,但未果。乃叹曰,天下将由此多事,尔来内阁诸官及具视等从事政务,虽拮据经营不敢荒怠,但大基已不坚固,小规亦不能定,甲事将成,乙事已坏,补彼支此终日不遑。以至于去年明治十四年夏秋之际,有开拓使之事,此事虽不过行政事务之一小处分,但明治七八年以来上威软弱、下民横恣之弊渐渐积聚,有欲乘此机逞其怀抱者,一度以诡激之论说煽动人心,上下惑乱,官民鼎沸,虽平常忠实之官吏亦不定其向背,不辨诚伪黑白。此不逞之徒赤手空拳,鼓口舌,弄笔管,非有三军之众,非有剑枪利器,但却使政府岌岌可危,难得安稳。呜呼,可察大权下移渐渐至于此之机。

盖今日政府赖以为权威之重者,为一手掌握海陆军,不使人民有寸兵尺铁。然若如今日不收束人心,权柄益下移,道德伦理滔滔日下,如此虽有兵卒军士,能保会不离心倒戈。气运一旦至此,岂不重蹈一夫夜呼,关中失守之覆辙。

思之,形势渐至今日原因极多,实如前条之所论。使人民开启犯上之道,滋生蔑视政府思想者,无不在于开府县会之机犹早,失进步之顺序。故今日欲恢复政府之权威,挽回民心之颓澜,先察今明两年之景况,根据机宜,断然一度中止府县会,上自陛下,下至百官僚属,主义统一不动,目的相同不变,奋励万机一新之精神,应以陛下爱信作为股肱以国家为重之海陆军及警视之势为左右,凛然临下,使民心战栗。凡非常之际,豪杰振起,以所谓武断专制施行治术,古今其例不少。故当此之时,半期一年间虽或有嗷嗷不平之徒,亦何顾虑哉。

（后略）

（原载『岩倉公実記』下卷，译自山中永之佑監修：『近代日本地方自治立法資料集成』1 明治前期編，弘文堂平成三年版，第690—692頁。）

莫塞演述自治论

十二月十四日上午十时三十分

今叙述自治体之事。自治体有两种，地方分权和自治虽相同，但种类分为二个。先论述分权。国家有两类见解。第一曰机械国家。此(种)一方为国权，一方为人民，二者相对立，无介于其中间之团结体，介于其中间者只有国家和人民间之行政机关，此称为机械国家。此乃君主独裁政治或法国民政主义国家。与之相对立之说，乃德人（英人亦然）见解之国家。依其见解，在国家和人民之间不能不有一个有一定权利之机关。

机械国家之形态在弗雷德里兹①大王时。大王以一世之名君，运转国家机器，确立其秩序。在日本如也有巧手之机械师能运转机关，则大大整顿可使政机圆滑，但一旦其运转失误，则导致秩序紊乱。然若国家和人民之间设置郡县之自治体，即便中央政府之秩序偶有不整备，其机械之运转仍无招致祸乱之虞。为何如此，是因为其间另存在一个机关。凡国家其版图无不分割，町村郡县即是。此郡县之事务有两种，第一，只是国家之机器，施行国家意思，此即行政机关。第二个机关，是一种有独立权利之政治上之团结体，此称为自治体。自治体是权利之主体，权利之主体即为无形人，在私法上可以缔结契

---

① フレデリツキ的音译。

约、拥有财产，施行一定行为，又在公法上，一方面对人民发布规则，对政府可以表达独立意思。此无形人，为施行一定之行为且使其所执意思便于施行，不可无另外之机关。此机关由自治体公选而成，由其自治体机关任命。当然也需要政府认可。但此机关即便需政府认可，其机关乃自治体之机关，而非政府之机关。此自治体是依土地区划限定，此与国家大不同之处。依土地之区划或云町村，或云郡县。此自治体事务，第一为经济上事务，即关于自治体利益之事务。此经济事务，是出自町村之根本目的。反之郡县则当初为国家之设置，后始成为自治体。

今关于郡县之事略述意见，今日之国家并不举国家之事务都亲自施行，而是将其分割给县郡町使之施行。内务事项及财政事项最多。反之外务事项、兵事之大部分由国家独自担任。唯兵事之一小部分，即关于兵事义务之分配（例如关于野营演习事项之部分），放任给自治体。故国家应亲自担任之事务及应放任给自治体之事务之界限，并不能划一地加以限定，只能依据其国之开化程度和沿革。看凡近世之国家，无一不使其（自治体）分掌其职务，唯其境界多少有不同。倘国家事务专为和平主义，即国内安宁和在各国中保持和平一事，则国家自己对所有大小之国务均能施行。但是近世国家采用奖励人民、诱导其渐渐进开明之域主义。基于此主义任国事，则政务凑合，千端万绪，极为纷杂，不能举大小之事务悉自实行。因此将其分割，放任给自治体。而今日之势愈益倾向于此方面。如今日之日本，中央政府独自进行所有事务时，就会舍弃其固有职务，反而汲汲于琐屑事务。那么，国家固有职务为何？一般说来，统一国家事务、改良国家及法律事务，即中央政府事务。若中央政府染手于琐事，过度进行干涉，恐将全失其本分。或有人反对曰：在中央政府亦非大臣独掌其国务，而是有司吏胥其数不少分职任其事，复有何患？然其有司吏胥，皆只便于大臣之颐使，负责任者唯大臣。此责任甚洪大，非一人所能负。故涉及琐屑之事务分任给自治体，大臣能负起关于其大体之责任，此分权大优于中央集权之所。如果将其小事分任给自治体，大臣不仅能免其责任，关于其小事，自治体能措办其事务，对人民之裨益亦不少。该自治体所以能措办其事务，因自治体通晓其地事情，知悉人民需要，且又便于支出其施行费用。究其所以，凡普通人，常常对其一身之事深思熟虑，孜孜以谋求其利益，但是如果事关他人，则恬然缓慢而不顾。今自治体直接关系自己利害，用其意将更深密，亦可知也。

以上所述事项乃行政上之分权，绝非立法上之分权。如不能置此点区别，恐在议论中有带来错杂之虞。立法上之事务，即发于一般规则之事，素属国家，不可分割。故认为在各町村郡县各自设有如"巴力门"①实为大误解。自治体是施行法律，且在其范围内执行充人民需用之事务，即行政分与各自治体。进而论之，若国家将事务多分与自治体，则随之不会有统一之事务。国家分割之自治权，仅仅是自治体经济上事务时，对其统一监督就不必太严格，但是分与之事务多，随之需要统一监督多。国家之统一监督有三种：第一，不超越自治体之法律范围内；第二，遵从自治体之法律强制应尽之义务；第三，若同自治体之利益相违背时，不可不注意一般之利益，即国家利益战胜特殊利益，即自治体利益。

以上述分权之事，现移至自治体之事。以上论述了国家行政事务和自治体行政事务，现进而论述官吏或非官吏事务。官吏乃终世

---

① パーリヤメント的音译。

将其身委托给公事,不能从事其他职业者,因此不可不给予其衣食费用。非官吏也并不是完全不付薪酬,有时也给予。但是自治体之所以是一种特别,在于非官吏不接受薪酬进行事务,此曰名誉官。名誉官有两种,即国家之名誉官、自治体之名誉官。通常名誉官以执行自治体之事务为例。故名誉官可直接视为自治体之官吏。然在自治体亦以有薪官吏进行事务。若对此产生疑问,问官吏或非官吏措办事务何者更便利,一般不能判断其是否便利。凡国家,不可缺毕生委身于职务之官吏。因此,国家对于需要学术技术之事务,必须另置职员施行为常例。官吏凌驾于社会利益之上,不屈服于社会利益,在秉公持平一点上自是可比非官吏。然只让官吏掌行政事务亦有害。在只以纯然之官吏进行行政事务之国家,官吏几乎变成了一种种族,呈与人民交通断绝状态,茫然不知人民之需用如何。而官吏则昂然出入于官署,傲然端坐于绿色桌旁,至于实际人民之利害,反而自信比人民更通晓,甚而生出官吏干涉人民间小事,实行自己意见之弊端。此弊端不仅在君主独裁国存在,而且在立宪政体之国亦实行,其弊害反而比君主独裁国更甚。因何如此,在立宪政体国,有因党派倾轧,官吏属于其中一党派,欲对人民实行党派利益之弊端。因此自治体之编制在确定宪法前应早完备,此为必要不可缺之急务也。而立自治体后制定宪法,表明在实际极为必要,英美之功最多。

现进而叙述自治体和分权之利益。其利益有两种:第一,国家普遍表现之利益;第二,立宪政体中表现之利益。在第一种情况下,随着国家日渐开明,社会利益产生竞争之形势,自治体有其团结中人民共同关心之利益,因此平均了一般竞争之利益。自治体乃人民各自分散之力量和思想集合之所,自治体使人民和政府间产生之矛盾圆滑化,而且自治体可以唤起爱国心。为何?人民多不知国家为何,只在缴纳租税后才知道国家,自治体则相反,直接关系到人民,因此团结为自治体就会唤起公共心,以至于知道有国家。今列举如此之利益,非余一己之说。一八〇七年男爵冯·斯坦因向普国国王提出之有名意见书中就记载得很详细。举自治体之利益,在立宪政体之国,给予人民最高尚之国事参与权。为使之利用此权利,不可不先知道共同体,即自治体为何。在立宪政体国,给予人民议租税及岁出事之权利。如果人民不通晓共同体事务,又何能议其事?使之议如此之国家要务,如像在法国一样,唯奔走议论,不顾实务如何,自治体之利益其效验也少。总之,应采使人民共同参与国事之方向是今日之急务。自治体之事,如前内务卿格拉冯兰贝尔科夫①所述,在普国课一般之兵役,以至于今日之强大,在自治体亦对民事课一般之义务。凡国家,不注意与人民密切相关之事,即实际之事务时,就会陷入像法国那样,只奔走于高尚理论,而不考虑实际人民痛痒。察今日日本之现状,略为相似。日本人民只关注如宪法之大体之事,对道路、学校、桥梁等直接关系自己利害之事反而不注意。今日本设立国会其议员者应由如何之人民选举。若此等议员,不辨行政为何,徒奔走于高尚理论,其弊端将不胜枚举。依余所见,若不定分权及自治之事而设置国会,将会陷入如南美之情况。南美今日之情况,可以说是无民政治和军事政治相交替。

然此自治体如同各种事务一样,并非只有利益。自治体在某些方面有不周全之处。又自治体在国家有不同之样态,即各种体裁。然此弊害比起上述之利益实为微小。而且其弊害,在普国让名誉官

---

① グラフオイランベルクフ的音译。

吏和国家官吏执行自治体之政务，其弊害自然可消灭。为组织自治体，本先要人民整备其元素。人民不可不有一定学识，不可不有任义务之心。为了一般利益不可不各自让与抛却（自己之利益），不可不为人民中有资财者。若只从事自己职业，无暇进行名誉官事务，则不带有民政主义性质，反而包含着贵族政治主义。此决不能称为门阀，只以重视学识及财产。今又为组织自治体，假定有此等性质，不可不施行。在普国，一八〇七年奈翁几乎割其版图之一半，人民陷于贫困，在历史上未曾有之极度穷厄之时，但是斯坦因得到人民信任，提出意见书。依此自治体，市街日益行商，人民愈益富裕。此出于斯坦因计划精明，目的悉当之伟功，可以说普国今日之繁盛起因于自治体。如欲构成自治体，要丢掉怯意不可踌躇。断然行之，自治体事务渐渐发展，人可渐渐养成。余自信根据余之见闻，在日本此自治体并非没有必要之元素。在维新前，自治体之萌芽已一度发生。然一朝变乱，已发之萌芽就枯萎了，实在遗憾。今培养它成长，对将来维持国家之政略至关重要。不唯如此，在日本不仅存在着对自治体不可缺之元素，而且存在着对自治体担负所属之义务。为了施行自治体，预先使人民知道自治体为何物，且不可不给予相当之位置。在今日之日本，非关于是否设自治体之事空进行讨论探索之时。今设立宪法，开设议会之时已迫近，在此时议论其迟速，实际上今已达其时运，故自治体之构成必在今日断然实行。若在日本不组织自治体，而直接设立宪法，则日本如同自杀一样。

　　以上叙述了大体。幸烦诸君临席，以污视听，实不堪痛悚，敬请谅解。

　　（后略）

　　（译自国学院大学日本文化研究所编：『近代日本法制史料集』

第十，東京大学出版会1988年版，第82—90頁。）

地方自治制意见

井上毅　明治十八年冬

町村

地方自治制之说在明治十一年地方官会议之际提出，其后十五年，以户长为"有等"官吏，十六年，户长管辖区为地方官之所定，渐渐其迹绝，近时有地方改良之议，议者更说自治之美。

本来自治之方法在理论上最优秀者为普英两国，以之为完全之治体，在施行上没有障碍。但在我国，此说果应实际实行否，实乃方今政治之一问题。关于实行此说，先应考察我国旧来地方制度上之沿革，如真有适合自治制度之精神，则应该实行之区域如何，最为紧要。为解决此问题，不得不将我国地方区划之最下级町村和其第二级之郡以上区别论之。

为了先就町村回答此问题，应该考察原来之惯习。旧时町村制盖町村自己生活、自己处理，政府（藩政府）多避免干涉。

町村之首领称为年寄庄屋，年寄庄屋属民不属官，其证据有如下条项：

旧政府时每当藩主变换封地，则率其臣属迁徙，而不率民属迁徙，年寄庄屋属不迁徙之类，在土著不迁徙之类，此为町村自治第一证明。

纳贡税时，年寄庄屋为纳总代，从小前①收聚后在年寄庄屋手之

---

① 小前：普通百姓。

贡纳物，仍然属民，有火盗耗失时，人民当其赔偿之责，等到郡代手代①许可交纳后，才结束官纳，此其第二明证。

享保七年，幕府发布五人组法度各条，使名主年寄五人组连印交一票，若有五人组之外者，即云是名主组头命令不正之事，此名主组头为人民首领之第三证据。

不仅町村首领性质有自治精神，而且町村也自己运营。证据如下：

甲　町村为町村共同之事，有町村共同财产，此共同财产政府不得干涉，而由町村自己处分，现今在町村多共有储蓄金共有山林，如草场非一人之草场而是一村之草场。

乙　在町村其居住人如有为町村之公害，损伤町村名誉等事时，町村共驱逐之，称为村勘当，有村子叫上野沼田领之棚下，在村上有旷野，有村子失火时将其过失放火者放置在旷野数日之旧例，此类事情不一一枚举。

此外，政府亦将一村看做如一个人，其义务多由一村负担，即一家退转之持地荒田，使一村承担其所欠，进行耕作和纳税等，即为此类。

据以上所叙述列举看来，旧来町村之制有自治性质已很明了。旧来已有自治之性质，新制给予自治为适当，自不待言。故回答前面问题，即町村设自治制度适当。

有人问自治之区域如何，第一町村首领、第二町村财产、第三町村费用、第四町村会、第五町村自己立其警察规则之事，此中有现今应进行者和现今不应进行者不待多言，读者已有判断。

---

①　手代：江户时代，被郡代、代官和奉行等雇用的，办理收税及其他杂务的小吏。

郡(区)

设自治制度之区划应限于有自治精神之地,无自治精神则不应设立。旧来我国地方制度第一级之町村应适合自治之制,前已论及,这里论述一下第二级郡制其性质是否适应自治制。

以郡为自治,存在着是否应起郡会民选郡长、以郡为自然部落,即西洋人所谓无形人问题。此说有必要考察我国地方之实际事情如何与原来之惯例如何,做如下陈述:

第一 惯例 旧来我国之郡制和町村不同,关于町村之证例适合,在郡制则为反对之证例。大宝令中置郡领之制姑且不提,在幕政旧制,町村首领庄屋年寄大抵为其地方之人,薪金或以称为町村之庄屋给之地产,或以名誉勤务。郡则不然,称郡代或代官,随地方或藩不同名称不同,但实际上为中央政府(藩政府)派出官吏行政之手足,郡役所即为中央政府支厅,故郡代对庄屋年寄概主张政府行政精神,庄屋作为人民总代,保护被统治者之利害,此郡代庄屋关系即可以说是行政自治之界限。

第二 事情 目前地方之费用颇巨大,府县税町村费合并居国税之半,(到处)困苦之声,加之开设府县会及町村会以来会议费不少,何况更起郡会,郡役所诸般之事都变成自治之体裁,其费用几何,恐怕非民力所能堪也。

第三 郡长之选举 凡自治制之性质,一在其官吏以民选,二在其官吏者以名誉任职。故由自治之性质论之,郡长不可不民选,今任命民选之郡长,则其不能承担地方政务,已经由户长选举一事证明,更无须多言。若实行官选,则是假借自治之名,而失去自治之性质。此外还有一难事。县会及郡会议员之性质本来为名誉职,今若果不付薪,岂会每年召集,现之县会议员如何?郡会议员犹如此,郡长如不以名誉职,通达事务就任郡长者果真能有几人?

英国原来自治制盛行,地方之大小区划皆实行自治之制。普国宪法上之自由虽不及英国,但地方政事之自治决不劣于英国,法国在宪法上允许民主权,但地方政事专以中央集权为主,缺乏地方自治。此皆由各国历史上所来,非理论所能左右。而在欧洲,寻其自治制由来之渊源,乃中古大乱时,市府之人民团结,独自为政,对外预防入侵之敌,对内避免压制。因此今在我东洋,采用欧洲之美时,对我历史上没有之惯习强加进行培植,必生不少困难,难免数年之后又恢复旧制。何况我维新之际,废封建制,恢复集权之王政,釐革各地各法之弊,使全国划一后,历年未久,还不能由地方人民独自为政,其势与法国相同。

凡变革地方之制,其利害直接波及人民,因此中央政府之制度犹可屡屡更改,但地方制度绝不应屡屡改革。维新后明治四年以来,一变为大区小区制,十一年再变为郡村,十七年又三变为联合户长之制,即恢复前面之小区制,在人民已经厌倦屡屡改革时,改良之政只改其不得已者,务避免其得已者。

故自治之制仍止于町村,不及郡以上,而更定府市等特别之制,其他务依现今之设置,补其缺失,改良弊端足矣。深望能不进行理论上之胡乱修改。今将维新以来之沿革附于末尾。

在普国,置州县郡邑四级为地方政治,然最近有识者多认为,此过于重复,致使事务淹滞,增加费用,有除去州或郡之议。法国只有县郡邑,但犹有省去郡之议者。伯尔瑟尔①氏分权论云,郡厅只不过是受理文书,检查事务之所,而徒使行政淹滞,郡会非紧要,郡会之事

---

① ボルセール的音译。

务其一部分交给县会，一部分交给邑会足矣。

（译自井上毅伝記編纂委員会編：『井上毅伝』史料篇第一，国学院大学図書館，1966年，第459—463頁。）

征兵制度及自治制度确立沿革

山县有朋

（第一 征兵制度略）

第二 自治制度

明治十四年十月十二日下诏，基于明治元年五条誓文中宣布"广兴会议万机决于公论"之大诰，以明治二十三年为期，开设国会。予就职内务卿乃隔一年后之明治十六年末。当时恰是忙于立宪政治施行准备之际。然欲行立宪政治先要确立其基础之自治制度。普国之宰相斯坦因被称为彼国自治制创始者。观其回想记中言"自治制唤起公德心和协同心，使民众思想及希望与官衙方针及期待一致，培育举国民众爱国心、独立心及名誉心之效果大焉"。然以予观之，自治制之效果，不仅在于启畅民众公共心，得其行政参助之智识经验，大益于立宪政治之运用，而且使中央政局异动之余响不波及地方行政之利益亦绝不少。因何？即在立宪政治下，与帝国议会议院之趋向关联，促进内阁更迭之机势不少。故在宪法制定迫近之当时，作为其准备，整备自治制一日不可忽视。

予基于此见解，日夜惕励，与此制度调查之诸员共同锐意争取取得预期进程。然从事宪法调查之几多俊杰中，有抱先开设国会、后设地方自治制度，由纲及目由粗入细之说者，伊藤博文公即持此论之一人。然因使民众自治自掌地方行政，以致畅达参政思想，燃起图地方公共利益之精神，自行熟练地方之公事，修得地方行政之实务，此为当然之结果。具有参襄国事之实力,自觉担任国务之重责亦无疑。如此自治制应为将来采立宪之制,立国家百代基础之根底也。故予极力主张于宪法发布前,应先制定施行自治制,并终于达成目的。明治二十一年四月十七日以法律第一号,二十五日以官报公布了市制町村制,翌二十二年得以施行。维新庙谟①带来帝国振兴之进运,确立入玉成之域第一基础,当时予内心庆贺不已。

今略述市制町村制制定之沿革,初山田显义伯任内务卿时,村田保氏受其命起草町村法,明治十七年五月向予提出。该法案共由十二章组成,其第三章为五人组、第四章有户长、用挂和总代人之规定。同年末在内务省置町村法调查委员,命广泛参酌内外法制起草町村法,翌十八年六月,委员案成。此案未置五人组、总代人,但存町村用挂之规定,更设町村年寄之规定。在其他关于町村制度钻研步步发展之际,翌十九年七月二十二日,内阁雇德人莫塞氏建议有必要确定起案纲领和为此特组织一机关。其意见大要云:"宪法之制规,特别如上下两院之组织,同地方团体之构成关联处不少,且当此欲实施立宪制度之时,有必要先建地方自治体之制,以巩固国家之基础。故地方制度之改革必于宪法实施前施行。然町村制度和上级自治体之组织首尾相关联不可分离。自治机关对地方官治机关亦交互影响极多。故调查地方制度为不留遗蕴,不如特设一高等机关,命其起草大体计划,经阁议仰上裁,预先确立改革大纲。大纲一旦确定,则各条之立案不难,故应起草地方制度编纂纲领。"予然此说,经阁议,设地方制度编纂委员,予为委员长,命莫塞氏起草地方制度编纂纲领。

明治二十年二月一日,莫塞氏编纂纲领案成,经委员决议后,又

---

① 庙谟:指朝廷的政治方针。

经阁议承认。莫塞氏遂基于纲领,起草德文之自治部落制,荒川邦藏氏进行翻译,同年七月十三日,召开地方制度编纂委员会审议之。该自治部落①制案全文由一百六十二条组成,未立市町村之区别,但经委员会审议后,分为市制、町村制,加以改定。在莫塞氏本国德意帝国内之普国,亦分为市制町村制规定,故对于立此区别,莫塞氏无异议。予之所以将我法律案之起草命于欧洲人莫塞氏者,我邦从来所设之五人组、庄屋、名主、总代、年寄制度中,本存有自治制度之精神,但至明治二十年,处于欧美列国之间之当时,为图与其他制度调和,在法案形式上参照欧洲之制度殊为必要。因此如自治法案,以我邦古来之自治精神为基础,明文上则按照自治法规完备且优于其他国之德国自治制度,尊据其形体,起草我邦自治法案,乃为取得确实功效之好方法。

至是岁(二十年)九月,市制町村制两案向阁议提出,多少加以修正后,十一月十六日町村制交付元老院审议。在同院,同月二十二日召开第一读会②,两案全部付托③调查委员。委员即起草修正案,报告同院。十二月二十三日,开第二读会,翌二十四日予亦临院议,言议区区,不易议决。或主张废案,或主张延期讨议,或主张对法案之内容大加修正。

今举此等议论中二三主要之说,津田真道议官曰:"本邦古来发布政令,以由上及下为常例。今府县郡制在后,市制町村制在先,乃颠倒了施行顺序。昔神武天皇起,划分郡村,争斗纷然被平定统一,

---

① 将ゲマインデ译为部落。
② 读会:在议会审议法令之际,最初全体进行探讨,然后逐条审议,最后全体讨论决定的制度。日本的旧议院法有三读会的规定。
③ 付托:指在议院先由调查委员审查。

确立了专制政体。及至武家政治,专制益盛,其间在町村既无自治,亦无分权,所谓町村独立全无。此与欧美各国之成立大异。本邦之制度乃圣天子临全国,统万机,为政事之根轴。分之为府县、为郡、为市、为町村。古来虽几经风霜,百般之事常由中央开始而波及四方。然观欧美各国之自治制度,灿然盛行,实堪羡慕,但此素非一朝一夕所能为之。若不顾从前之惯行如何,一朝定法律行自治,其不见成功自明。"同议官又曰:"本案说明为二十三年国会开设准备之必要云云,但国会为国会,町村制为町村制,应各循其宜。夫政府要适其国。欧美之国中,亦既有君主国,又有民主国,其制度各异。在我邦,创设立宪政府乃亚细亚洲未曾有之大业,百般之事皆须适合国体国情。若只随意模仿各国之成例,此非我邦之立宪政体。如此町村制,在一般人民还未晓自治为何物之今日,实不适当。故反对本案。如若行之,先定立国家大根本之宪法,由此发布府县制、郡制、市制、及于町村制,才得顺序之宜。先发本案实属不适合我邦之事体。"加藤弘之议官曰:"现今法律调查局正从事民法、商法等之编纂,莫如将此町村制及市制和郡制府县制集中一处进行整理审查,他日会取得好结果。先设五六年间之编制岁月,而后实行,奏全效可期在二十年后。故除宪法制定外,立他年完成之大计划,循序渐进,只对其不得已者加以改正,以一时之姑息足以,总之暂不发表本案。即便法律调查局编制之诸法律,以此为不同之物不同时发行,但至少与同为行政法律之郡制府县制交互参酌,详明利害得失,同时发布。即非对本案主张废案,不外是欲暂缓发布。"尾崎三良议官曰:"我虽赞成暂缓论,但主张既然其不实行,町村制应依人民之情愿施行,盖因町村不同,实行自治制度有时会给人民带来不利。故希望町村制第一条修正为'此法律除东京京都大阪及施行市制之地外,依各町村人民之情愿,由府县知事呈报,得内务大臣认可后渐次施行。'"宫本小一议官曰:"谚语有云,名和器不可借人,以法律明文公然给予自治自由实属不当。公然以法律由政府给以自治权,将于他日产生何种弊害实难计数。故町村制案第二条'町村在法律上同一个人一样有权利、负担义务,各町村之公共事务受官之监督,自行处理'之条应删除。"如此院议百出,颇多分歧。

特别关于町村长有薪无薪之议论大为鼎沸。先前是岁三月,将地方制度编纂要领在地方官会议内示之际,地方官总代提出了如下建议:"关于町村长公选之事,由官政事务观察之,公选之得失在改正町村制后,现今户长处理之繁多官政事务,将分而转由郡长处理。税务、征兵、学务及其他有关中央诸官衙命令调查等,以今日状况推之,恐怕极为支吾涩滞,将退至十七年市长选任改正前之实况。因此举官设事务之重要,归为郡长之职务,取公选之正则,因土地状况,认为以官选优于公选者,则设官选之变则。"盖户长公选之制,于明治十一年一度采用,但由于町村行政极度紊乱,而后至十七年,改为置府县知事任命之官选户长(在町村会由町村人民中选出三人候补者,从其中任命),专图事务之整理。然予为贯彻自治之精神,决意町村长总为公选,且因在欧洲皆以名誉职行自治行政为本位,故在町村制原案中亦明记"町村长为名誉职"。然大町村之事务复杂多端,以无薪从事町村长之职务,属不得其待遇。故作为例外,明记在人口五千以上之町村,给町村长支付薪酬。对此有人主张,视町村长事务繁剧程度,町村不论大小,皆应给薪;亦有人主张,应遵照自治制度之本质,实行名誉职制。意见一左一右,不易决定。

然经多次院议后,町村制废案说与暂缓说俱被否决,以多数承认原案之大体。关于町村长,决定不论町村大小、人口多寡,总为名誉职无薪，但依町村之情况，以条例规定，可设给町村长支付薪酬之例外。在二十一年一月二十三日院议之际，予亦临其席，同二十五日移至第三读会，同三十一日町村制全部确定议了。市制于明治二十年十一月十八日交付元老院，翌二十一年二月三日召开第二读会。此时町村制已议定上奏，将其交付与町村制之同一委员，按其成案加以修正后，二月八日经第三读会全部确定议了。

二月十三日，为进行市制町村制法案讲究，会同地方官，予在其席上演述了如下趣旨："今设市制町村制，在于实行地方自治及分权主义。实行自治分权之法，乃为在立宪制上巩固国家之基础。盖町村成立于自然之部落，百端政治莫不系于町村事务。今整理中央政府制度之际，先确立地方自治制乃目下之急务。地方制度不整备，独先完备中央之组织绝非得其顺序。故如预巩固国家之基础，必先立町村自治之组织。此譬如町村为基础，国家如家屋。基础不固，家屋岂有独坚固之理。且今距制定宪法开设国会不到一两年之际，地方制度之确立一日不可犹豫。退而观今日地方行政之情形，明治十一年定府县会规则，十三年设区町村会法，至十七年，改正了户长所辖区域，尔来地方政务渐渐就绪，但此只不过是经纪地方财政，整理官政事务而已。然至本案市制町村制，许地方自治，立分权之制，与前述之法令旨趣不同。思之，本邦古来非无自治之习惯，但及至今时，不可不施行完全之制度，愈益养成自治之精神，以期国家行政和地方共同事务共得其全。（中略）基于此前经阁议决定之地方制度编纂纲领，先起草市町村制，去秋委员议决后，乃向内阁提出，经元老院议定，以至今日。由是欲再进一步，编制府县制郡制。此制度至重至大，极不容易，临其实施，应察地方之民情形势，计其缓急前后适宜处理不待论。但今考虑前途之事，今日发之行之已晚，故希望速实行。

又此法律袭用本邦旧惯之处虽多,但在地方得行自治之人,及负担町村共同事业费用上,仍多少感到困难。然本案市町村自治制即在于养成其人,充实其资力。又有先整理町村经济,充实其资力,然后施行自治制之说,亦认为先施行自治制,渐次整理町村经济为当然之顺序。总之,方今之时,发此制度,乃为立国家百年之长计,由此施政有一定之方向,稳步地计划实施顺序,诚为急务。故望为此制度之实施尽充分之力。"阐明地方官会同之目的。

对此府县知事总代对于其施行,提出了四点希望。

"一曰,征税事务改为以国费另置吏员,使之专任;或给相当之费用,由町村吏员掌管。两者选其一。一方面预防町村长税务不熟练之失,一方面减轻地方税町村费负担。

"二曰,停止特别设立学校区域,与町村区域合一。若有狭小难以维持学校者,则依町村制施行便宜组合之制,即应把普通教育作为町村自治事务。因此改正小学校令,将其设置和维持明确为町村责任,校舍及附属器具物品为町村所有财产,确立小学校维持法之根本。

"三曰,原来所要之统计报告省略,停止随时命令轻易命令,如有关登记及地所证明事务,移给专务登记役所。此一可省市长町村长之繁杂,一可图节约市税町村税,并简化地方各官厅之事务。

"四曰,为巩固町村自治团体,多少有缘故之官有地可特别交付其町村,即便无缘故,但在管理上政府无显著收益之官有土地山林及河岸堤塘地之用地等,给予所属町村使用权,其栽培保护及警察遵从森林法及其他法令在町村实行,一方面图管理之便利,一方面有助于造成町村基本财产。云云。"

关于市制町村制施行时期,其总代更提出如下建议。

"依该法案，由地方官向内务大臣呈报，得其许可，应在某年某月施行，虽不限制其年月，但预先定其缓急，按实施计划进行。由于法章精微、组织新颖、实施困难，考虑到向担当执行任务之郡长以下、郡町村吏员及人民解释，使其了解困难颇多，因此发表后，先假以一年岁月，使之充分熟练，一方面又在郡市町村分合上进行精确调查，进行实施准备，以期无轻举粗漏或纷杂涩滞。"

然予对于前段施行之四条希望，认为无必要在市制町村制施行前先实行，允许其希望之暂缓一年，确定于二十二年四月一日以后，裁酌地方之状况，由府县知事呈报，渐次施行之意见，二十一年三月十二日市制町村制施行之件向阁议提出。

"市制町村制基于客岁阁议所定之纲领，同年九月经地方制度编纂委员评议向阁议提出，寻经元老院议定，将仰亲裁。客月之初，在地方官上京之际向各府县知事内示，使之为实施准备而反复讲究，得先了解其要领。其提出了四件实施之附带必要施行之建议，如别纸所记。然此四件外关于施行之要点没有意见。又关于其施行，关系到町村费用，进行调查后，如别表所列，难免有几分增费，但此非町村负担不可堪之巨额，地方官亦对此无陈述意见者。因此为进一步考察实施之缓急顺序，施行新制度之急务已由庙议所定，今不复言。但察实施之难易如何，本来重大改革在施行之初必会有多少困难。但去春以来，向地方官所示制度编纂纲领之大要，又附上郡市町村区划之改定标准，使其预先尽其考案，定其计划后汇报，去年末各府县大致都完结。是故虽非确定之考案，但依此略得准备之端绪。而今各地方官对于市制町村制之成案，皆已详悉其旨趣所在，具体参照实际利害，明言尽其考案准备不难。不仅现今实行极为必要，而且应断然施行。加之，地方制度改正之议起，凡与此关联之事业不需要急施者姑且停止，不少等待其改正之日。若今延缓其实施，其影响不少。因此，希望速得亲裁。但至于实施期限，本案未设各地方一定之期，而是裁酌地方之情况，府县知事之呈报，依本大臣指挥施行。相信如此则其操纵之机万无失误之悔。然以地方官意见参照各地之情况，并非完全无谓，故在实施前使其先进行充分准备之犹豫，极为紧要。因此今得亲裁后随即发表，但实施期限欲定为明治二十二年四月一日以后。审查地方官之四条建议，皆切合实际利害，希望迅速施行，但其事非属于本大臣主管，且以上之事在府县郡制度成立之前难以直接施行。即如第一项国税征收费之件，应由国库支付相当之费目，将国税征收事务委任给市町村吏员，非到府县制郡制设定后一起协议难以断定。盖府县制郡制制定后，郡费由府县补助，町村费应由郡补助。但其府县以下制度未能完备，则不能明确划分部分，定其费途出所。确定府县以下费目之部分后，始可论及应由国费支给之部分。而府县制郡制成案亦近，待其提出之日，方能达成建议之旨趣。又其第二项关于小学令改正之件，其旨趣得当，关于学令之旨趣，不另评议。其第三项、第四项省略统计报告，改正登记事务，及造成町村基本财产等件，皆为应采用之事项，可以经调查后实施。但此等皆非与市町村制实施有直接关系者，未必同时施行，在其施行前后渐次执行亦无妨。因此，今附本议提出，以供阁议参考。

"又町村费之概算，客岁依府县知事之内部报告，基于新制度之旨趣，立预算，在实际施行中仍难保不产生几分增减，总之比起从前，有应增者也有应减者。其详情让于别表，不在此陈述。依此回之改正，町村增费总额为四百五十六万余圆，但一方面，废除地方税中户长以下薪金旅费之费目，从地方税中减少四百一十万余圆。因此此金额对纳税者负担毫无影响，町村经济实际增加不过是差额四十六万余圆。又现今由町村协议费支付之总代、组长、伍长等薪金旅费有四十八万余圆。此额是将来费用,对区长、区会及其他费目必要,在别表计算之外,只为参考,作为附表列出现今之支出额。又关于町村费收入之财源,保存现今之科目,将不加以修改。但此回之增费四百五十六万余圆内,从地方税中移为町村费,扣除四百一十万余圆,四十六万余圆为新增加,不得不求新税源。但新制度中有附加税特别税等科目,相信对此增加,无苦于收入途径之患。

"因此以上市制町村制先前在元老院议定上奏案上更加以修正,向地方官内示发布,希望早日实施。"

（别纸略）

于是三月二十一日,在总理大臣官邸召开阁议,决定市制町村制施行。但关于市长选任方法及三都之市制,阁员中有提出异议者,反复讨议后,遂加以修正,再交付元老院检视。盖对于元老院之决议上奏案,在阁议修正时还要交付元老院检视。

此前经阁议交付元老院之原案,市长为官选,在东京、京都、大阪三都不施行一般市制。另定其制度。元老院关于此点,尽管决定如原案,但阁议一变,修正为市长总由市会选举,市制亦在三都一样实施。予早在明治二十年府县知事会同之际,内示地方制度改正纲领,地方长官多数反对町村长公选之制,但从自治制之精神考虑,町村长必须公选,无论原则还是例外,主张町村长断然不可官选。但对于市长,其职务上之地位和町村长不同,从当时国情民度考虑,抱持官选说。其理由为,担任町村行政者本为町村长,担任市行政者为市参事会,主要由公选之名誉职参事会员组织,市长只不过执行其议决,从此点看来,市长与町村长不同,未必必须公选。不仅如此,市长掌管之市内国政事务比起町村长掌管之町村内国政事务远远要重要复杂,处理极难,且其成功与否对中央行政影响不少,所以到公选市长可充分得其适任者前,官选市长可得其适任者,为更安全之道。故初莫塞氏起草市制之际,市长由市会选举,予主张其应官选,市制案中,规定市长由内务大臣上奏选任,可否使市会推荐其候补者,由内务大臣依便易取舍。此案经阁议向元老院提出。

在元老院,有主张市长不可官选者,提出了市长由市会推荐三名候补者,从中选任之修正案。然议官多数主张市长公选不仅不适合当时之国情民度,而且有他日开启郡长公选端绪之虞,依此理由反对此修正案,院议终否决之。一议官折中公选官选两说,提议可设市会推荐之候补者得不到裁可,到再推荐得到裁可前,可选任临时代理者或派遣官吏之规定。但未被众议认可,因此院议决定官选说。然阁议一变,修正为市长公选,予忧虑其公选结果如何,经深思熟虑后,决定抛却前说,提议从候补者三名中经上奏裁可之制,阁议决定,再交付元老院检视,同院亦同意。

关于三都适用市制问题,初关于东京、京都、大阪三都是否适用一般市制非无议论。认为三都存在特别之状况,且人口数多,实行一般小都市之制不适当,依此理由决定对三都另定制度。交付元老院之议案亦以此趣旨编成,得院议承认。然阁议一变,决定三都亦使用一般市制规定,再交付元老院检视,院议执前日之议,主张市制不可适用于三都。即适用于普通都市之制度,用于全国首府乃为不伦,且府知事和市长间有产生权限错乱纠纷之虞,故认为内阁修正不妥,几乎以全院一致向内阁提出了三都之市制另外编成之意见书。盖交付元老院检视,在该院有意见时,只有向内阁提出意见书之途。

元老院提出意见书之要旨在于,三都以区各为一市,适用于市制。其时楠本正隆、井田让两议官又另提出三府知事兼任市长之意见。后者与予怀抱夙愿甚为符合。初市制町村制交付元老院审议时,曾向二三议官提出此意见。然在内阁,依然固执于一般市制适用三都之意见,因此予介于内阁和元老院之间,无可奈何,忧虑多年苦心制成之自治制度之实施或许因此而失败。当时予赋诗一首,抒发情怀。

  自治元来是国基,百年长计莫迟疑,

  唯当打破五更梦,须及樱花烂漫时。

然当予处于荏苒瀰旬①不能决定时,本不应漠视府知事兼任市长在欧洲也有其例,援引法国巴黎市之制度为其实例,向伊藤总理说明,内阁遂决议设三都之特例,其特例案二十二年二月二十一日交给元老院审议。

然市制町村制不管关于此三都之市制问题如何,经裁可,于明治二十一年四月二十五日以官报公布,其施行期亦因此特例案交给元老院审议延后一月余,关于特例案之成立,加以苦虑之处不少,最终加以几分修正后,通过了三市特例案。此即原来至明治三十一年被废止之所谓特别市制。

继而苦虑者是进行町村制实施当然准备之町村合并。抑町村之自治是在邻保团结之旧惯基础上进行,故对原来存在之町村区域不应随意变更。恰如数家合并,造成团结快乐之一家般不自然,不能得到好结果。因町村各存在其特别之名称、沿革及风俗,因此合并数町村为一町村,其町村民相协同实行自治极难,此为当然之悬念。故莫塞氏关于町村合并之点,亦惧其结果如何,亲自到各府县旅行,视察当地情况。然当时全国町村数七万余,最小町村仅有三十户或四十

---

① 瀰旬:拖延时日。

户。今对其适用新町村制,要奏其效果实如拥炭火求凉风。即多数之町村终究没有作为自治体之独立能力,此极为明了。因此日夜殚思,终于决意排除百艰,在新町村制实施以前,先断然进行町村合并。

在进行町村合并时,为避免各地方针不同,决定先定町村郡市区划标准并明示之。据此标准,原来町村其区域人口多,具备相当资力,认定可以达成独立自治之目的者,其区域不变更。町村希望独立,能负担自治义务者,亦不强变更。但贫弱之町村,认定无论如何不能独立者应将其合并。其他不仅参酌町村之惯习及町村之情愿,而且尽量依据当时所属之户长役场区域定其区划。盖在当时,合五个村乃至十个村为一户长役场区域,因此认为大体以此为新町村区域最为适当。若在地形民情上对町村合并极为不便时,不得已为町村组合,以待合并时期。此亦草创之际不得已。然新町村制自二十二年四月渐次实施,必须在此以前合并完了。因此急速在全国四十余府县,对七万余町村悉数进行调查,经町村会咨问后,开始实行合并。且町村有人口二万五千以上者为市,施行市制,在新市制、町村制实施当时,如此之市数量计三十九个,町村数达一万三千三百四十七个。新町村数比起户长役场区域数一万一千五百余来,约增加二千,对照旧町村数则减少到约五分之一。

原来此町村合并处分从一方面看来,是合并自然发达之天然部落,不是没有暴断之处,但另一方面看来,与为实施征兵制度断然实行废藩置县相同,为实施新自治制不得已进行町村合并。然急迫时,无暇进行把旧町村所有财产变为新町村公共财产之协议,因此新町村制实施后,在多数町村,其内旧町村之部落依然拥有财产,作为区有财产残存至今日。即没有与町村合并处分一起实行町村有财产之统一,至今予仍感遗憾。

以上所述即为新市制町村制制定实施之经过,为使一般官吏、公吏、议员、市町村民等充分了解新自治制,其实施不留遗憾,因此起草了市制町村制理由书,和两制一起公开发布。在法律发布之时,附加理由书,虽然前无其例,但自治制度乃立宪政治之基础,而且其规定细密恐难以充分理解,因此发布此理由书,明了此法之精神。

　　在该理由书中写道:"依分权主义,分行政事务与地方,使国民负担共同之事务,实现自治之实,为此除技术专门之职,或作为常职应任之职务外,要使地方之人民为了名誉,无薪执其职。担任其职为地方人民之义务。此乃国民者为国应尽之本务,与丁壮年服兵役原则相同,或更进一步。然使人民普遍负担此义务,其任又不轻。故一朝实行此制颇为难事,但其目的在国家永久之计,不期效果速成,只在渐次扩张参政之道,熟练公务。云云"。以上所说,乃予特别注意之事。夫地方自治制度应和政党政派无关系,以地方独立之意思行公共事务,担心政治热波动影响地方自治行政,因此明治二十二年末,予对地方官作如下之训示:

　　"当此宪法之实施已临,国家盛事期日可待之时,另一方面,人心激昂,政论竞争,党比相争,生出狂澜颓波之势已在所难免。加之,此际亦以外交事件之困难,转而成为物论汹起之媒。

　　"当此之时,中外官僚之务,唯在一意纯成,奉体圣旨,凌百艰,支颓势,同心协力,赞立宪之大事,以收终局之美果之一途。本官虽不肖,但愿和各位一同竭尽全力,以完成此至难之义务。

　　"地方之施政,各位担当分忧之任,其计划措置各有一定之方针路线。今所最应注意者,乃当此艰危之时,各位不仅应毅然为中流之砥柱,亦为人民立适当之标准,抑其偏颇,勉励其所向之不谬。盖行政乃依至尊之大权委任,中外当其局者宜立于各种政党之外,去引援附比之习，专取公正之方向，以对其职任之重。

"教育、殖产及其他内地事业，有要改正提起者，但依二十年来之经营，渐其进步飞速，前途可望。今如因一时政论之激动，挫折停滞，以至忽现退却之状。此亦应加以劝导，以继续前绪，以期增进人民之幸福。

"一地方之公益未必和全国之公益相干涉。故如欲增进各地人民之幸福，宜立于政论之外，各在其区域中筹划。一村之人民各增进其一村之公益，一郡之人民各增进其一郡之公益，一县之人民各增进其一县之公益，不忘各各知其本务，则全国之公益亦不失其进度，乃得必然之结果。今若反之，使一县一郡或一村反而热心于中央政论，成为政党之试验所，开一场争端，其势必延及小民。怨仇相结，狂暴乘之，春风和气育子长孙之地转而变成喧嚣纷争之衢，富家利国之业不得兴。此从各国历史看来，在古今政体变迁之际犹应恐惧、应戒备之事。此毕竟由混淆中央政事和地方施治之谬所致。今遽分析此等深奥之理论，一转地方政论，属至难之事，但各位若加恳意，提携训导，以诉良知，使其释然，则犹可救其横流于未决，使前途归于平正。

"治道之要，在于平易近民，无民情阻隔之所，在法律规则之外，蔼然亲和。由于处务手段繁细及延滞，使小民徒失其实，乃招致厌苦之道。此亦应以简易敏速为主，务除烦苛之弊。

"地方之经济其要在勤俭。奢美相竞乃殖产少之国最富源流毒。亲民之官，宜守清廉，痛斥货利豪华之习。地方风气一旦败坏，则人心离散，以至于不可收拾。本官和各位相见之期近，但地方之事，宜深加忧念。谨在此受圣旨，聊示施治之务，望各位厚体此意。"

予为完备自治制度，继市制町村制之实施，迅速制定郡制府县制，尽管在元老院有几多之议论，但终于在明治二十三年得以发布。

府县在明治十一年府县会规则发布以来,虽不完全,但已具自治团体之形体。至于郡,则原来只不过是单纯一行政区划,根据新郡制,此亦成为一自治团体,特别是对于郡制,并非无异议者,但按德国普鲁士之自治制度,在町村之上更置自治团体之郡制,以巩固地方自治之基础,认为在我邦最为切要,故予坚持郡制必要之意见。此为予关系之自治制度之沿革概要。

回想起来,明治维新以来之庙谟循序渐进,文武之规制渐渐完备,在于上有睿明神授之圣天子,树立邦家百年大计,下有忠尽无比之臣僚民众,一意报效奉诚,奖顺奉体。予之微涓①亦幸一贯五十年得无大过,一蒙圣鉴所赐,二得益友丽泽之力亦甚多。今后愈益坚韧皇基,恢宏天业,扶翊盛代之进运,百般谋猷,几多筹划,应为根轴者,炳乎若日星。前光更照,奕奕相续,冥冥相承,大成帝国蔚兴之宏图。此乃予五十年来一贯心中之所怀,今后不改之夙愿亦在此。在秋日晶明菊花芳馥之时,得回首既往清宁之半日,此亦不外是君恩之余泽。

(译自国家学会编:『明治憲政経済史論』,宗高書房大正八年発行,昭和四十九年影印,第397—431页。)

市制町村制理由

莫塞

本制之旨趣在于实施自治及分权之原则。参照现今之情势,遵从其程度之宜,在方法上开其端绪。施行此法制必先造成地方自治区。地方自治区为特立之组织,在公法和民法上都有与一个人相同

---

① 微涓:微小之意。

之权利，为有理事者之机关。其机关依法制之所定而组织，自治体即依此表达意思，并得以执行。因此自治区作为法人，拥有财产，有授受买卖、与他人缔结契约之权利，负有义务，在其区域内独立进行统治。其区域本为国家之一部分，在国家统辖之下，因此必须要尽义务。国家亦应以法律定其组织，设其负担范围，常常对其监督。

国内之人民各进行其自治之团结，政府统一执其机轴乃巩固国家之基础。如欲巩固国家之基础，应以地方之区划为自治之机体，使其负担内部之利害。

现今之制，在府县之下有郡区町村，区町村稍存自治之体，但看不到完全之自治。如郡，则为完全之行政区，府县本来为行政之区划，兼有几分自治之制，但亦不可谓有完全之自治制。今依前述之理由，有必要以此区划为完全之自治体，即以府县郡市町村为三级自治体。设此级对于实施分权之制极为紧要。盖在自治区，不只任其自治体共同之事务，属于一般行政之事务但对全国统治极必要，因而官府处理之外，以地方分任为最上策，故以町村之力可承担者让其负担，其不堪者交给郡，其郡之力不及者由府县负担，如此不厌级之重复，反而有利。

维新之后政务集揽，统一于中央政府，地方官虽各有其职权，但只不过依政府之委任代之处理事务。今改地方制度，即将政府之事务委任给地方，使人民参与之，以省政府繁杂，同时使人民尽其本务。从而政府掌握政治大纲，授以方针，举国家统御之实，人民分以自治之责任，养成专门图划地方公益之心。盖随人民参政思想之发达，利用之，使之练习地方之公事，知施政之难易，渐渐养成任国事之实力，此为将来立宪制立国家百世基础之根源。

故依分权主义，将行政事务分任地方，使国民负担共同事务，完全自治之实，为此除技术专门之职位可作为常职外，外盖由地方人民以名誉无薪担任，而且担任其乃其地方人民之义务，乃国民为国应尽之本务，与丁壮者服兵役之原则相同，或更进一步。然要使人民普遍带有此义务，其任又不轻，一朝实行此制，颇属难事，但其目的在国家永远之计，不期望速见效果，在渐次扩张参政之道，使之熟练公务。因此当使地方有名望者担当此任，提高其地位，加厚其待遇，不使其负无用之劳费，产生倦怠之念，如此则渐渐知其责任之重，辨其参政之名誉。且考虑到本邦旧来之制，有以无薪职任町村事务之例，各地方之习惯虽不一定，且维新后因数次变革，此习惯被破坏，但今日仍然袭用应不难。因此实施此制，虽多少有些困难，但无疑会渐次达成目的。

但从另一方面看，有时根据地方之状况，不得不多少加以酌量。如町村长虽为公选，但其选举不得其宜时，可允许临时官选或派遣官吏执其事，在岛屿或其他有特别情形，难以实施此制之地方，可以允许不实行此制（町村制第六十一条、第一百三十二条、第一百三十三条）。其他则充分在地方活用，参照地方实情给予充分之便宜。本来此等法令即依人民之情态、智识之程度而施行，从而据自治之理论，渐渐求其完备，应该慎重加慎重，此本制不得不斟酌之处。

施行本制度后不得不改正郡府县之制度，今举其概略，在郡置郡长，在府县置知事，其选任组织等如旧未加改正，但在府县会之外，新开郡会，在府县郡不得不各设参事会，但此等事要等到府县郡制制定以后才开始确定，现在只是以本制作为参考。

本制制定之市町村，是最下级之自治体，无论市或町村，只不过是依据都鄙之别名称不同而已，立其制度之原来性质并无相异之处，原来町和村在人民生计之形态上其趣不同，细细论之，很难依均一之准率,但察本邦现今之情况,依旧来之惯习看,除都会辐辏之地外,称为宿驿或町,其施政同村落并无异同,因此今使用同一制度,但其施治之细目多少有些差异,但此都在制度之范围内,在执行者之处分斟酌得其宜否。然在都会之地,人情风俗大为不同,经济上亦有很多差别,因此将之分离,另立市制,其机关组织及行政监督之例不同,此非性质与町村有区别。为市民便宜和实际之必要不得不如此。即现行之区制仍继续,但原来之区离不开郡之疆域,只不过在其行政上另置吏员处理事务而已,今改为使之独立分离,在原来之区下有町也改成市为最下级之自治体。而如三府市街,其情况与其他都会之地又有不同,因此市制中机关组织等设二三之特例。今欲施行此市制,在三府以外人口二万五千以上之市街地,可到郡制制定时再确定其要件。但今遵从内务大臣之所定施行,改区之名称为市,避免与三府中府内之区混同。町村其组织可相同,如同前述。但依其大小广狭,贫富繁闲等事情非无不同,故很难适用一定之规范。此亦应加以酌量,在法律范围内给以地方便宜(町村制第十一条、第十四条、第二十五条、第三十一条、第五十二条、第五十六条、第五十九条、第六十三条、第六十四条、第一百三十三条)。

(下略)

(译自小早川光郎等编:『史料日本の地方自治』第1卷「近代地方自治制度の形成:明治維新——1920年代」,学陽書房1999年版,第144—146頁。)

关于市制町村制郡制府县制之元老院会议演说

　　山县有朋　明治二十一年十一月二十日

　　关于郡制府县制制定之旨趣,相信在第一读会上已由内务委员说明原委，本官在此就该制度之纲要，略陈述一下意见。市制町村制郡制府县制非一朝调查所成，而是本官奉现职以来从事调查，积年累月审查渐渐编纂成功后上报政府之际，政府设置地方制度编纂委员，将已经编纂之草案供其参考，该委员拔萃添削，完备了市制町村制郡制府县制大纲，遂向内阁提出，内阁以该草案为标准，先令编撰市制町村制两法案，该两法案去秋今春经本院议定，本年四月一日以法律第一号发布。郡制府县制应与上两个法案相关联完成，在第一读会已知悉。如郡制府县制不发布，则市制町村制中重要条项成为徒法空文极多，因此郡制府县制应速在本院议决，早一日发布，此乃本官之殷切希望。若此法案不实施，则不仅失去地方自治制度设立之精神，而且也无法达成巩固国家之基础，为他日帝国议会开设后得到好结果之预期政略目的。因此这里关于两法案施行之日期欲说一言，其发布之必要如前段所陈，但今急速实施本非本官所望。各位定还记得，去年在本院议定市制町村制时，议官中有应和郡制府县制一同议定之议论，本官出席该案委员会，陈辩意见，今再重申其要领，四法案同时议定，以求完备最好。但虽说如此，却实际不能施行时，不如先发布施行市制町村制，巩固国家基础之自治分权组织，然后徐徐发布实施郡制府县制。因此在市制町村制议了后，向委员恳请交付郡制府县制。本官怀此种精神，预先想过，今公布郡制府县制，亦不能马上实施。本来此法律实施上之责任者为内务大臣即本官，本官查察斟酌地方之情况，注意其可行否本为其所，本官岂能见对国家、对地方人民不利之事情，反而强制实行之。已经发布一省令一训令，对地方之情况要注意加注意，以期其实施无障碍，不可急施此未曾有之大法律，在于不可歪曲实情。但根据市制町村制之所定，不可不改定郡府县之制度，应于今日将其方针向天下公众明示，此所以今日要制定发布本制。故希望各位不必考虑实施时期之缓急，速进行审议。犹想关于地方制度及地方分权进行陈述。明治十四年国会开设之圣诏降下以来，内阁奉戴圣旨孜孜从事国会开设之准备，整理百般之政务，调查制定起立宪政体之日可巩固国家基础之制度法律，夙夜遵奉叡旨，致力于立国家百年之长计，此各位应该知悉。如市制町村制及郡制府县制，乃其准备中最大最重者，说坚固国家之组织，巩固立宪政体之基础独在此法亦非诬言。各位试看市制町村制郡制府县制规定之代议及行政机关组织。町村制设二级选举法，财产多者赋予其重量之权利，在市制设三级选举法，其占第一级之财产一人或数人，可选举市会议员三分之一，又在郡制由町村会选举之议员和大地主组织，特别是大地主议员可以占郡会议员三分之一，到府县制由郡会及市会与参事会合同召开选举会选举议员，是郑重又郑重。故如在地方施行此法，果会呈如何之状况？盖只会使有财产备智识有力之人物占据议员地位。此等人民与国家休戚与共，必然重社会之秩序，因此致力于处理地方公共事务，将一扫如今日之漫唱架空论，议天下大政之弊，加之其自负责，担当地方共同政务时，自然熟练实际之事务，丰富政治经验，他日帝国议会设立时，其议员势必为其人。比起今日民间自称政论家，倡导不可行之空论，动则显示一身之不平者，企图紊乱社会秩序之愚蠢之徒，不啻为天壤之别。果真如此，由老成着实之人士组织帝国议会，则其议事圆滑运营，政府和议会间无倾轧，从而无危害国宪之虞，上下共同增进国富，永保帝国之安宁。神武天皇以来未曾有之宏业立宪政体兴立之美果，将在国会开设后可见。继而还有一言，有人怀此忧虑，认为此制度将弱化天皇陛下之大权，使国家之统帅权麻痹，但关于此点，已深加注意，地方制度调查委员也进行了充分考虑。即如各位所知，自治体之公共事务只不过是在法律之范围内及政府管理监督下处理,而关于官政即国家行政则依然如旧,府县知事郡长及其他府县官吏作为政府之机关,奉行政令,其官制仍存现今之制度,不加变更。故郡制府县制可谓只不过是规定了公共事务,本官接受地方制度编纂委员长之任,编纂本案,严密政府之管理监督权,对于委任给郡会府县会或参事会之事项,每条项都审议其监督法,绝不得损害国是公益,违背法律,超越职权议事,对于此点,实反复审议,倾注满腔精神。各位如若仍发现有削弱我天皇陛下之大权,使国家统率权麻痹之条款,请指示,本官愿意请教。本案地方分权之实在于委任给郡府县参事会之事项,举其事项重要者,使其参与市町村及郡行政之监督管理,只限于法律之所定,裁决诉愿或处理事情,其他只不过处理郡府县有关经济之事项。即根据府县岁出入预算表,管理其公共事务,准备郡会府县会议事及执行其议决,或选任吏员,惩戒名誉职等,而此等职务总在官之监督下实行。而如最关系国家治安之警察权或监狱及其他难以放任各地方处理之事,总为中央政府之专任事务,对其加以注意。此法案上无一可忧虑者。看现行之府县会规则,其权限只是议定地方税之收支预算,不可进一步介入其事业,常置委员也只不过是供府县知事咨询,但属地方经济事项,即使一钱一厘,也不得由府县知事之权力支出,必须经过府县会议决。但在该法第五条府县知事有不认可权,今日凭此不认可权,惩威力,在议场上生出纷杂,以后如仍强化不认可权,则其结果如何,乃本官痛心之处。细察宇内之形势,人智日开,文运月进,人民愈益富于参政思想,富于自治精神乃势所难免。因此如今日依然继续保有不认可权,则府县会和府县知事生出倾轧,纷情愈益激昂,至于帝国议会设立之时,则政党之运动更加活跃,中央和地方都将引起更大之纷扰,此势所难免。若至那时不得已分解中央集权实在可忧,因此莫不如今天预先颁布地方自治分权之制,明确应赋予地方之权利范围,使各地方自治团体有自理共同事务之权,如此,则如前述之人物辈出,依其制度之完全巩固国家组织,使具备财力智力之地方名望家各得其所,且养成他日可参与国之立法之适当人物。故制定郡制府县制之好时机除今日外别无他日。概略如以上之陈述,希望将时期如何之悬念,弱化天皇陛下之大权、麻痹国家统帅大权等忧虑尽皆扫去,早日议定上奏,若关于各条项之要点,有悬念疑惑,则反复研究。

（译自大山梓编:『山县有朋意见书』明治百年史丛书16,原书房昭和四十一年版,第189—193页。）

市町村制度的实施将给政治运动带来极大变化

德富苏峰

市町村制的发布,在我邦政治运动的历史上应大书特书,它开辟了一个新的纪元。由于它的实施,恐将给政治运动带来极大的变化。吾人今日毫不犹豫地预言。

若详细观察此市町村制度,不应充分感佩处亦不少。例如,我国原来的地方制度,多只图行政上的便宜,施行法国流的划一的制度,今回以实行德意志,不,是普鲁士的自治为主,适用于根据自然区划确定的制度,恰如在地方政治上设两重机关,此点不能忽视。因此,好不容易设立的善政美法,却有可能带来错杂。又市町村有基本财产,使其负担义务,但可成为基本财产者,并没有给予。举例说来,恰如老子命令孩子独立,但是不给其财产。市町村人民虽然觉得市町村独立难得,但苦于可堪负担的基本财产全无。若如吾人之所愿,使其备荒储蓄,或将官有山林、荒芜地、秣场①等按照适宜的方法分配给他们的话,诚为至当之事。若如此对其细条目进行批评的话,缺点相当多。但是在大体上,吾人实对此不能无感谢之情。而且特别感谢者,此市町村制将给我邦人民带来政治运动的善良模型。

市町村制发布的目的,实如其理由的说明书所明记,无外乎如下:

> 维新之后政务集揽,统一于中央政府,地方官虽各有其职权,但只不过依政府之委任代之处理事务。今改地方制度,即将政府之事务委任给地方,使人民参与之,以省政府繁杂,同时使人民尽其本务。从而政府掌握政治大纲,授以方针,举国家统御之实,人民分以自治之责任,养成专门图划地方公益之心。盖随人民参政思想之发达,利用之,使之练习地方之公事,知施政之难易,渐渐养成任国事之实力,此为将来立宪制立国家百世基础之根源。

而其草案的精神,在于自己做自己的执务官,演绎起来,在政治运动上,即国民参与政治的作用上,给予了三个原则。

(第一)由一身一家到邻里乡党以及一国之事。凡政治运动,即忘我、忘父母妻子,不顾身家,恰如委身天下事者,牺牲一町村、一乡党、一家、一身之事而不顾,所谓报国尽忠者,和一身一家的幸福不能两立。由市町村制度的精神演绎而来时,一身一家为地方自治的基础,一国之自治亦立于此基础上——治一身及一家,治一家及市町村、及郡、及府县,延而及天下事。故不治一身一家者不能为市町村自治之民,不能为市町村自治之民者亦不能参与天下的大政。如此无论何事,如不经顺序,不按阶级,则不能成为参与天下大政者。漂

---

① 秣场:收集饲草的山林原野。

漂然为啸集①群，无基础无秩序，恰如焰火升空中，灿然在政治上翻舞，但最终一事无成。

（第二）加入政治运动者皆能治产，为非为家之人不能之事。凡政治家如一种职业，治产为家之人本不会介意它，而介意者又是不能治产为家者。从事政务者作为一种阶级，被看做别的种族。彼市町村制度的精神则与其完全相反，参与市町村政治者，不是所谓的浮浪之徒，而是治产为家之人。

（第三）非为别人、代别人、为别人，而是为自己、自己做、做自己事。自治的精神实存于此。故如没有一坪地所的人论减轻地税，不制一合酒的人论减轻酒税，诚为侠义，有时极为必要，但不可以此为人生之常经②自不待言。有疾者求医，凡世间生存者，无不遵从于自存自卫的法则。故无论如何愚笨之人，都自己做自己事，比起依赖别人做自己事要得当。其得当与否虽不可判断，但自己做自己事，比起依赖别人做，更为满足，此点不可怀疑。

将以上三原则推及到一国的政治时，将给一国政治运动带来极大变化自不待言。其变化实吾人平生所希望的所谓平民主义的变化——国民参与国政，与其说是权利，莫如说是义务，不是功名富贵唾手可取的赌博精神，而是正经老实自家为自家尽职分的事务精神。由此一国的政府非宰相的政府，非武人的政府，非煽动者的政府，可谓一国人民的政府。吾人平生所希望者，即在于此。彼市町村制度的精神，加以演绎，不外乎吾人平生所希望者，吾人将如何不感谢它？但至于其果真如吾人所希望与否，到实施之时可以知晓。而其实施

---

① 啸集：互相呼应集合到一起。
② 常经：永久不变之道。

果能如此否,在分配此权之政府和受用其人民自身。吾人不得不请此二者加以注意。特别是人民成为运用自治机关的主人,不可不希望其有觉悟。

德国博士波轮求利①说:

凡设置地方自治机关,须作如下的准备。

(一)应分担政务的人民必有处理在我权域范围内事务的能力。故因任务的难易轻重,需要一定的学识自不待论。

(二)人民的勉励心,即高尚的义务心及为了公众的安宁幸福而尽力的气质,以一语言之,即不可无民德。

(三)必须有其他一定的余暇。即人民确立一家之生计且有几分余暇,有尽公务及公益的余暇,无家计私业平日亦不足的状况。

此岂不是不割股不能为孝子,不杀子不能为忠臣,不成为天竺浪人②则不能为爱国者? 非理非道之要求也。只不过是对自治之民,要求自治之民恰当的资格。非治产为家之人不能,非有教育者不能,非有德行者不能。苟具备此三者,不仅参与地方政治即市町村的政治得其宜,参与天下的政治亦得其宜自不待论。如果不以政事为苦役,不以政事为商卖,有从自己开始为邻人尽力的德义心,有处理我全县内事务的能力,如果有此种人,则不仅任市町村的参事员适当,而且任国会的议员亦适当。不仅使其为市町村的选举人适当,而且为国会议员的选举人亦适当。若无此资格,则不仅不适合参与国政,而且参与市町村的政治亦不适当。故可知,一市町村的人民参与一

---

① Bluntschli. Johann Kaspar 的音译。
② 天竺浪人:住所不定的浪人。

市町村的政治,参与一国的政事,所要求的资格是相同的,只不过是由小及大而已。未闻有熟练地方自治,却不熟练一国自治的人民。格奈斯特曾说:

> 为国会议院确立坚固的基础者在县及町村的自治。以此自治熟练习惯公务的国民可以进议院参与国政。

吾人实不疑其然。

果真如此,则热心于一国政事改良的人士,愿燕赵悲歌,莫为无顺序的空中楼阁运动,先自我脚下市町村的自治始,务达其志。千里之行自一步始,若认为此过于麻烦,漫取捷径运动,则吾人经千载也无达到目的之期。

夫皇天上帝幸降我邦,推我政府发布此制度的精神及一国大政,使我国民服膺此精神,遵照此原则,遵从此顺序,进而为一国政治上的运动,则今后将无锻治桥的监狱署①吞泪之国事犯人,无筑波山顶制造炸药之激徒,无保安条例,无派出之私密侦探,在晴天白日万民欢呼中,建设成我立宪政体。吾人祈祷此事不要只是吾人之梦想。

(原载『国民之友』二九号,译自海野福寿、大岛美津子编:『家と村』,日本近代思想大系20,岩波書店1989年版,第300—306页。)

山县有朋总理大臣在贵族院之演说

二月二十四日《贵族院议事速记录》15 第十三回议会下

○国务大臣(侯爵山县有朋君) 诸君,议会闭会之期渐次临

---

① 锻治桥的监狱署:在今东京都千代田区东京桥附近,是当时的未决监,收容从全国的上诉者和重大政治犯。

近,得见本期议会顺利结束,为国家与诸君共庆贺。深思内外之形势,以助国运进步,以期大成,政府应着手之事本不一而足,其中最急于着手之事应为财政整理。故除预算外,又提出各种增税法案,幸得诸君进行公平审议协赞,使财政之基础稍稍得以就绪,此不仅为政府,实乃国家之大幸。继财政整理后最急务者为条约实施。正如诸君所知,本年七月为新条约实施之期,距今已不到半年,对此在本议会提出之有关实施诸法案不少,此亦幸得诸君协赞,因此至此应锐意着手准备施行。此条约改正乃举国从事之事业,至今已有三十余年,今日已到新条约实施之期,实乃帝国与诸君可贺之事。依此条约改正,我应享有之国家利益愈益进步,同时依照新条约,使外国臣民应享有之权利也完善,彼我共同图幸福乃今日最紧要之事。此外关于提上本日议事日程之郡制府县制改正法案陈述一言,此府县制郡制法案乃本大臣在担任内务府时所从事调查制定,因此将当时制定之旨趣大略及此回改定主意概要一并进行陈述,劳烦诸君倾听。明治二十一年市制町村制制定发布后,二十三年又发布郡制府县制,发布此法律案在于实施自治及分权之原则,以府县郡市町村为三级自治体,以巩固国家之基础。第一,依市町村制使市町村常立于中央政界波澜之外,且使市町村之人民在中央政局之波动及于市町村时也不会阻碍国家全体之进运。第二,依府县制郡制市町村制,使府县郡市町村为三级自治体,除国家统治上之必要即国家行政上应由官府自行处分者外,都分任给自治体。而使地方人民负起地方自治责任,熟练地方公务为目的。此为实施宪法之时,立国家永远长计之最必要者,因此当时政府尽心实施此法律。然因为以上原因,地方制度施行甚为迫切,施行之日尚浅,故在地方人民还未惯熟此法律之运用时,早早蒙上党争之弊,往往成为选举中竞争之工具,实感遗憾之至。地方制度改正之事……在众议院,其改正案已数度提出,政府观察这数年之成绩,也认为有不完全之规定,认为有必要为补充现行法规中规程缺乏精密之处而进行改正,因此向本回议院提出。说到其改正中最重要者,第一在郡制中废除了大地主,第二在郡制府县制中废除了复选制二点。此废止大地主及复选制,是参照本制实施以来之状况观之,党争之弊出乎立法者预想之外,未能收到预期之效果,故以今日之现状探究利害,认为莫如废除为好。本来给予大地主特权,有此种思考,不独在郡内有名望,而且多负担郡内费用或对于郡内事业其相关利害不少,如果给予其特别之地位,则在地方制度发达上也可见显著之成绩,且有益于郡之公益。然郡制制定之遗憾为时期过迟,早早蒙上党争之弊,在选举之际往往成为党争之工具。加之参照本制实施以来十年间成绩,随时势变迁,大地主未必是郡内名望家,因而未取得预想之效果,反而出现弊端,故不如废止为好。其次是复选制,此复选制是为选举人有智识经验且又选举手续简便而设,即为不使陷入直接选举时费时费钱,而且多数人民混杂骚扰之通弊,相信能够防止自治制度之弊端。然其结果亦出于预想之外,依此复选制,府县会议员郡会议员选举之成败,同市町村议员之选举有关,因此竞争之热度更加高涨,以至于出现市町村成为关注点之情况。故此竞争之热度延而波及市町村自治之行政,妨害了市町村自治制度之发达。可知毕竟本制度施行过迟以至于蒙上弊害。故以今日之情况观之,保存复选制会愈益提高选举竞争之热度,因此废除实是不得已。上述两点属地方制度中颇重要者,为除地方自治制度之弊害,图将来地方自治制度之发达不得已者,希望诸君能够赞成,其详细之处由政府委员进行申述。

(译自山中永之佑监修:『近代日本地方自治立法資料集成』3 明

治後期編,弘文堂平成七年版,第255—256頁。)

市制町村制改正法律案理由要领

明治四十二年三月五日印刷

现行之市制町村制,观其创立施行二十年以来之成绩,其缺点明显,而且其规定不精密或文意欠明晰,因执行机关和议事机关间或私人和官厅间解释不同,往往酿成诉愿诉讼。或其规定不适实际,如专门依照法律条文,则往往妨害政务之实行;如遵从实际之便利,则显违背法律条文之形迹。或者因规定欠缺,实际上有必要之行政不能施行之憾。加之和上级地方制度规定不连贯,缺乏联络,法运用上之障碍不少。观之,市町村为最下级之自治体,不仅要谋团体之福利,处理其事务,而且作为国府县之行政区划,在法令范围内执行其特殊被委任之事务,从而其制度之得失,不唯关系市町村行政之张弛,其影响延及国府县之政务亦不待言。其制度之缺漏既如此,应速做适当之改正,以图其政务之整理与振兴。基于现行制度实施以来多年之试验,深思熟虑,进行审议,终于提出改正案。

(下略)

(译自山中永之佑监修:『近代日本地方自治立法資料集成』3明治後期編,弘文堂平成七年版,第795—796頁。)

后 记

我对日本近代地方自治问题感兴趣,并着手收集资料和进行研究,缘起于对中国农村现实问题的关心。改革开放以后,中国农村社会也迎来了巨大的转变。人民公社解体,"村民自治"这一陌生的词语走进了普通村民的生活。但是十多年过去了,我们发现"村民自治"虽然带来了中国农民民主意识的进步,但同时也存在着相当多的不完善之处。

因此我在自己的专业领域日本近代史的研究中,开始留意对基层地方特别是农村的统治和治理问题。从而意外地发现,在明治维新后不久,日本已经开始尝试实行町村自治。在对基层社会究竟是实行自治还是加强中央集权的行政统治问题上也是几经探索和尝试,而最终选择实行了地方自治制度。这与中国目前的现实情况不无相似之处,其经验和教训也足可资借鉴。因此我开始致力于相关资料的收集和进行研究。此间曾经就此课题赴日研修,并获得东北师范大学青年项目的资助。几年间,先后发表了《明治初期地方民会和日本近代地方自治》(《世界历史》2005 年第 6 期)、《三新法体制的形成与日本近代地方自治》(《社会科学战线》2006 年第 2 期)、《日本近代町村会的起源与形成》(《东北师大学报》2006 年第 5 期)等若干文章。在这些前期积累的基础上最终完成本书的书稿。如果本书的出版真能对我国目前实行的"村民自治"、乃至调整中央与地方的关系等提供某种参考,则是我最欣慰之事。

关于日本近代地方自治制度的形成,在我国学界还研究甚少,可堪参考之论不多。因此我在书稿的写作中,经历了痛苦的陌生理论的消化过程,也大胆提出了一些"一家之言"的观点。虽是多年研究所得,但因自己学术积累并不丰富,因此不免惴惴不安,自觉需深入斟酌之处亦颇多。在此恳请学界前辈与同仁,能够不吝指教,指出其中不足之处,以待日后进一步斟酌和完善。

在书的末尾我还选译了一些非常重要的资料作为附录。如大久保利通的《地方制度等改正事之上书》和山县有朋的《征兵制度及自治制度确立沿革》等,都是研究日本近代地方自治制度形成的最基本和最有价值的史料,相信通过阅读这些资料,能够增进对本书的理解。

此外,在本书即将付梓之际,我还要向对我提供过帮助的各位师友亲朋表示感谢。首先感谢东北师范大学日本研究所所长、博士生导师尚侠教授积极为我们争取出版援助,使本书得到宝贵的出版机会。其次感谢我的博士生导师、吉林大学东北亚研究院陈景彦教授几年来给予我的指导,感谢他在百忙之中帮我修改稿件,亲自作序。

在我收集资料期间,东北师范大学日本研究所副所长陈秀武教授正在日本留学,欣然为我复印了很多宝贵的资料。我将在国家图书馆和北京外国语大学日本研究中心资料的复印事宜委托给了北京大学博士生、现在日本御茶水大学留学的刘凤华师妹;将在南开大学日本研究院资料的复印工作委托给了正在那里攻读博士的吴佩军讲师,他们都给予我无私的帮助。此外复旦大学日本研究中心主任胡令远教授、徐静波教授也为我查阅资料提供了一定的帮助,在此一并表示深深的感谢。

此外，我还要感谢我的家人给我的支持与鼓励。父亲郭海泉和母亲王淑云常常不辞劳苦地帮助我料理家务，给予我极大的支持。爱人谢天聪虽然理工出身，工作繁忙，些须闲暇之际，也帮我阅读文稿，查找错别字。爱儿谢蒙，独立好学，功课从不用监督辅导，使我省下了许多宝贵的精力和时间来从事本书的写作。不仅如此，在我惰怠之时，反而常常监督于我，嘱我不可拖延进度。功课之外，他还酷爱围棋，在去年夏天举办的"迎奥运"青少年围棋比赛中，勇夺吉林省10岁组别冠军，获得业余四段段位，使我深感欣慰。

郭冬梅

2008年1月于长春东北师范大学日本研究所